华为组织运营管理体系

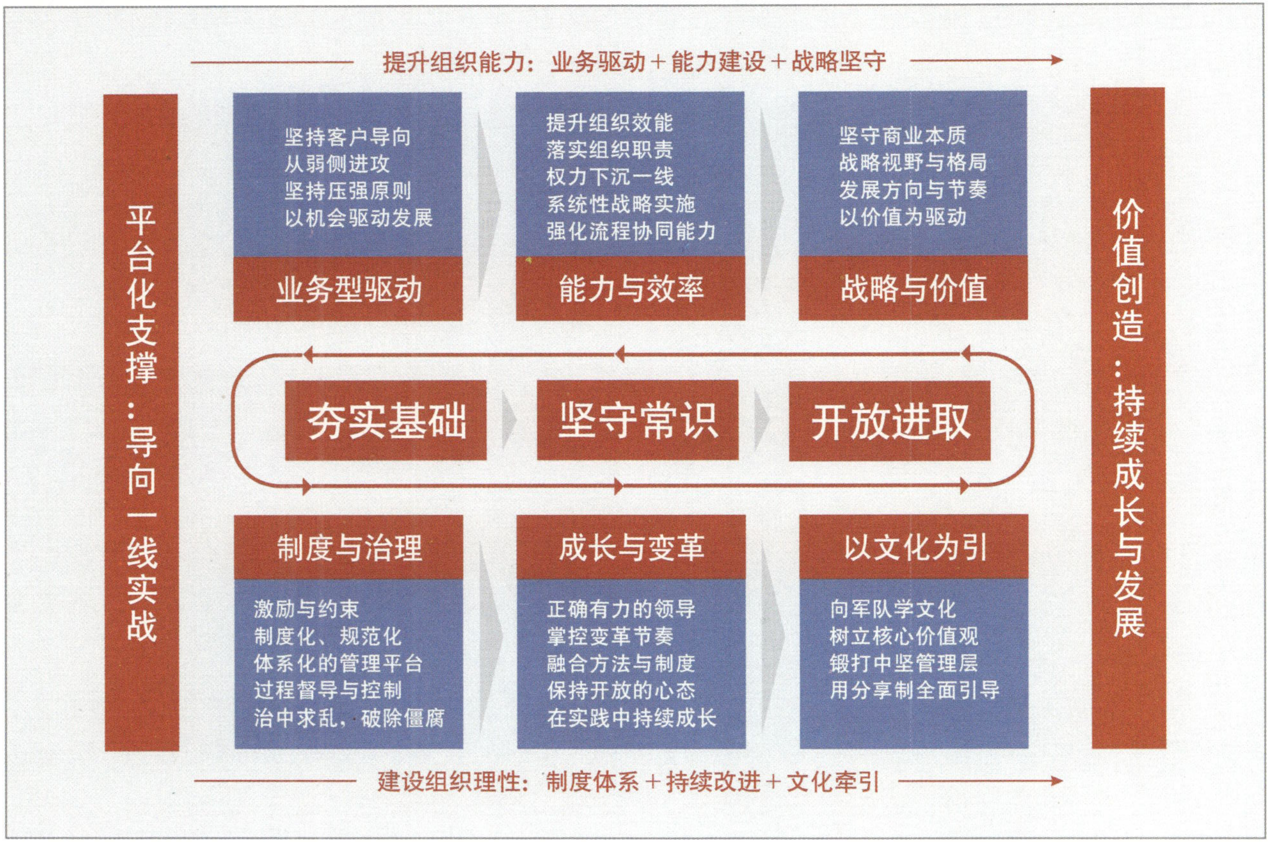

提升组织能力：业务驱动＋能力建设＋战略坚守
平台化支撑：导向一线实战
坚持客户导向
从弱侧进攻
坚持压强原则
以机会驱动发展
业务型驱动
提升组织效能
落实组织职责
权力下沉一线
系统性战略实施
强化流程协同能力
能力与效率
坚守商业本质
战略视野与格局
发展方向与节奏
以价值为驱动
战略与价值
夯实基础
坚守常识
开放进取
制度与治理
激励与约束
制度化、规范化
体系化的管理平台
过程督导与控制
治中求乱，破除僵腐
成长与变革
正确有力的领导
掌控变革节奏
融合方法与制度
保持开放的心态
在实践中持续成长
以文化为引
向军队学文化
树立核心价值观
锻打中坚管理层
用分享制全面引导
价值创造：持续成长与发展
建设组织理性：制度体系＋持续改进＋文化牵引

华为管理方法论丛书

华为

组织运营
方法论

易生俊 孙科柳 王 杰◎著

中国人民大学出版社
· 北京 ·

我们的经营模式是，抓住机遇，靠研究开发的高投入获得产品技术和性能价格比的领先优势，通过大规模的席卷式的市场营销，在最短的时间里形成正反馈的良性循环，充分获取“机会窗”的超额利润。不断优化成熟产品，驾驭市场上的价格竞争，扩大和巩固在战略市场上的主导地位。我们将按照这一经营模式的要求建立我们的组织结构和人才队伍，不断提高公司的整体运作能力。

——《华为公司基本法》第二十二条

经过近30年的发展，华为已经成为一种现象，成为众多中国企业学习的标杆。“华为现象”代表着中国30多年改革开放的经济成就和经营管理成就，对“华为现象”的研究，某种意义上也是对中国企业经营管理的研究。正是因为这种意义，包括本书在内的华为系列研究课题，获得了多位管理研究专家、企业管理者以及华为工作人员等多方面的支持和帮助，他们为本书的内容研究贡献了自己的智慧，在此我们致以诚挚敬意和衷心感谢！

（按姓氏笔画排序）

王　雾　中国人民大学管理哲学研究中心主任
亓　萌　曾任职于IBM公司，现任职于湖北永喆控股集团
左　骏　用友网络股份有限公司高级副总裁
吕意凡　国美集团副总裁 &CIO
刘智强　华中科技大学管理学院教授
祁　婷　前华为人，苏交科集团股份有限公司总裁助理、人力资源总监
孙　丽　职通线教育科技（北京）股份有限公司管理研究员
孙亚彬　华商永续精益生产咨询公司总经理
李代华　前华为人，北京艾时光餐饮管理有限公司董事长
张　余　北京华通正元管理咨询有限公司管理研究员
陈林空　前华为人，北京华通正元管理咨询有限公司标杆管理研究员
陈雨点　华为原资深HR、变革项目PMO，管理创新联盟创始人
罗建华　原顺丰速运人力资源部经营人才管理负责人
季勇军　华为原客户经理、华三通信行业代表，上海智臻智能网络公司北方大区总监
周文明　华为原2012实验室网络安全研究员，现从事金融投资行业
郑亚明　前华为人，深圳市英威腾电气股份有限公司副总裁
封扬帆　柠聚力科技CEO，财经作家
南　毅　深圳普华宇鹏公司高级经理，深度参与甲骨文、华为等公司项目服务
钟虹添　中国人才战略学院院长，美国和思顾问集团首席专家
侯振锋　职通线教育科技（北京）股份有限公司副总裁
袁海涛　前华为人，中国商业经济学会众筹促进会副会长
夏　凯　销售罗盘创始人，原用友大学营销学院创始院长
柴金山　华为原开发中心项目负责人，深圳创捷科技公司第一事业部总经理
郭楚凡　培训师，曾任华为市场部经理、人力资源部经理等职
符立明　前华为人，小菊咖啡创始人之一
彭剑锋　《华为公司基本法》起草小组组长，中国人民大学教授
蒋云飞　容纳咨询集团董事长
蒋业财　精益生产顾问，原阿迪达斯中国区制造工厂改善部部长
路　雷　顺丰速运华南大区销售管理负责人
解文涛　小菊咖啡股东合伙人，标杆管理研究课题与管理思想输出负责人
潦　寒　作家，学者，企业副总，《销售与管理》主笔

丛书序

我们着力推进标杆管理研究

你正在翻阅的这本书，是标杆管理研究的成果之一。标杆管理研究是我们与多家机构联合推进的一个研究项目，其目的是深入总结、提炼中国30多年来的优秀经营管理思想，为中国广大企业迎战未来、再出发提供经验借鉴。目前，已经有数十家企业以及部分行业协会与我们合作，并获得了中国人民大学出版社的鼎力支持，这让人深感欣慰。

所谓标杆管理研究，是指对企业中的优秀管理经验和思想的研究，其衡量标准是管理的实效性、先进性。由于一段时间里我们研究华为公司的管理，一些人问我们：标杆管理研究是不是就是指标杆企业研究，是不是只研究知名企业或者大企业？这是一个误解，对此要加以澄清。

1. 着眼于管理，而非企业

应当说，华为是一个特例。华为既是非常知名的、规模非常大的企业，也是经营管理思想领先的、具备深厚管理文化和管理创新探索理念的企业。从企业的角度看，放眼望去，中国似乎只有一个华为如此出类拔萃，甚至可以说如此有违常态，但却是如此让人振奋。

很高兴的是，借着华为，我们看到中国的企业也可以像西方企业那样拥有国际竞争力。所以，一种观念认为华为对中国企业界的贡献不仅仅在于它创造的产业价值，意义更重大的是它对中国企业界经营管理思想和意识的教育和普及，它唤起中国企业的精神觉醒和道路自信。借由华为这种带着鲜明中国文化特色的企业，我们认识到，中国企业也可以做得很好，用我们中国的民族智慧、文化力量赋予企业现代生命力。所以，将华为公司的管理作为重点研究也在情理之中。

但是，客观地说，我们所要做的标杆管理研究并不是必然地指向大企业，事实上我们应该着重研究的是“管理”而非企业，我们并非要给企业著书立说，我们的本意是“发现管理智慧”。所以，无论企业大小，也无论企业是不是行业第一，我们重点关注的是：它的管理思想、方法和经验是否存在一般意义上的先进性。说到底，我们研究的是“标杆管理”而非“标杆企业”。当然，管理存在于企业的实践当中，不能脱离了企业谈管理。做此提醒，只是希望读者朋友能够用管理的视角看待问题，而非迷失在企业的光环中，或者漠视那些小企业、不知名企业，对它们的优秀管理经验和方法视而不见。

2. 大管理研究

我们所说的管理也需要澄清。管理是什么？学术上的定义不在此讨论，标杆管理研究中所谓的管理是大管理概念，是组织运作的全范畴。一些人将战略、运营、市场与管理分开理解，常将管理狭义地理解为内部运营管理。这不是我们的本意，我们讲的标杆管理研究是将企业作为一个系统，用系统视角看待企业各方面，我们称之为“大管理”。当下，在一些企业中几乎不存在系统思考，每遇到一个问题，都只是被动地响应——这里面，既有组织体系带来的问题，也有经营管理者思维局限的问题。企业经营管理者应该具备这样的意识：不仅要解决某个问题，更要了解与之相关联的各种要素，找到问题背后的根因，最终系统性地解决。

理论上，把企业的各个部分拆开来看待是可以的，毕竟每一个部分都有它的特性，人的管理、作业的管理、客户的管理等，都可以单独来看。但是，在实践中，你永远无法将某个部分单独拿出来完全独立地建设，否则就会造成精益管理思想中的“精益孤岛”，产生一种得不偿失的结构失衡。就如德鲁克所言，管理始终是一个系统。它有基础要求的部分，有各管理要素的协同效应。多年管理研究的体会告诉我们：必须把企业视为一个有机体，发现其系统运行的基本规律，然后找准切入点，但并不是止于切入点，而是发现关键驱动因素，利用它改变整体。

3. 从实践出发，供众多企业借鉴

我们的标杆管理研究始终坚持一个角度：借鉴分析、实践导向。中国企业的管理研究工作并不是不多，事实上各类大学以及科研机构对中国企业的研究是很多的，但是问题在于，他们的研究更多的是偏向学术性的、理论性的。

我们的研究旨在为众多寻求转型升级的中国企业服务，这既是我们的愿望，也是我们的目标。我们认为，这些致力于持续进步、主动改良和创新的企业是中国经济发展的活力源泉，是持续迸发经济创造力的主要群体，但是这个群体也最需要管理建设上的支持。或者直接点说，我国的众多企业过去是粗放发展的，既缺少管理投入意识，也缺少管理投入能力。真正有意义的管理研究应当为它们打开思维意识，提供智慧支持。

既然是服务于中国企业转型升级，我们就不惧怕发表这样一个论点：我们研究标杆管理的根本目的，乃是与中国企业的管理现状相结合，是有目的地选择一般性的、对中国大多数企业具有实用参考价值的管理思想、理念和方法。所以，我们从实践效用的角度进行分析，形成一般的方法论，便于读者朋友们理解自己的问题。我们认为，这才是有意义的管理研究。

发现中国管理道路

我们同样不惮于提出这样的观点：中国企业界到了需要重视管理的时候。可以这样认为，中国企业过去是基础发展的30年，以粗放为特征，未来将是创新发展的30年，以高品质为特征。这必将是一个痛苦的转型期。我们已经感受到了这种转型之痛，这种转型之痛不仅仅是由于企业自身在科技创新能力、资本、市场空间等基础条件上的不足，更是因为很多企业不知道自己该怎么办，不知道自己可以坚持什么，需要放弃什么，不知道自己所坚持的是否正确。

我们必须意识到，近年来科技创新在我国多领域蓬勃发展，资本渠道也越来越多样化，市场方面消费型经济更是异军突起，这些都为企业的第二次崛起奠定了良好的基础。因此，我们真正的问题不是硬条件建设，中国企业真正缺少的是道路自信、理论自信和方法论自信，缺少的是对“我们该怎样才能拥抱住急剧变化的未来”这一问题的解答。我们缺少一种理论武器和思想武器，就如同马克思主义救中国，中国的中小企业拿什么救自己？

在过去很长一段时间里，中国企业只能向西方企业学习。中国企业面临的社会环境、经济环境、国际产业环境与西方企业所面临的境况大不一样，这就决定了中国企业不可能按部就班地把西方企业的成功经验搬过来直接加以利用。而且，对于大多数中国企业而言，学习西方标杆企业要付出的经济代价和时间成本都是难以承受的。

而且，我们也不缺标杆，不缺管理实践探索的先锋。我们有一大批走在世界前列，或者走在产业前列，具备突出特色的管理思想、实践经验。唯一的问题是，不少人还没有意识到这些企业在哪里，它们是怎么做的，它们的做法对于我们的产业经济发展有何益处。

我们每个人都需要一双发现的眼睛！我们的标杆管理研究就是打造这双眼

睛。我们需要有意识地总结、分析我们自身的管理建树，需要在更广泛的视野中将全中国最优秀的管理智慧汇集起来并促成广泛的交流，这种汇集和交流也是凝练、激荡和提升。经此认真的努力，我们有理由相信中国经济产业界形成自己的管理智慧和管理道路是可期待的。也只有这样，我们中国产业界人士才可以自信地说，我们是优秀的，不仅仅有优秀的产品，还在于我们具有特色鲜明的经营管理哲学和思想，这将成为我们民族产业不断向前发展的理论自信、道路自信的源头。

研究性质与方法

在研究性质上，我们坚持站在第三方的维度，采用第三方观察、研究的方式，进行公正、客观、中立的分析，展开研究工作。

1. 第三方研究

要强调，标杆管理研究追寻的是普遍意义上的管理思想和方法论，既不能脱离企业，也不是深陷企业之中。一个好的经营管理方法对企业的改变是巨大的，我们看到华为的针尖战略、管道哲学、干部轮岗等，我们也看到日本的精益思想、阿米巴经营模式等。问题是这个“好”不是企业自身说的。现今中国企业仍然存在一股浮躁之风，自我吹捧、浮夸现象比比皆是。在新时期，这种风气是会要了命的，企业经营管理不能自欺，更不能拿自欺的东西欺人。

所以，我们现在要强调第三方研究原则。要客观、中立，是非分明，要从个别企业的局限中跳出，深入地发掘具有普遍借鉴意义的思维方法。

当然，我们要无限贴近企业的真实。所以，我们每一项标杆管理研究都需要深入企业，或者与企业内部人士共同研究。我们欣慰地看到，这样的共识越来越多，在我们推进标杆管理研究的这几年里，越来越多的人加入我们的团队，想来这也是大家都认识到需要务实推进管理建设，具有管理思想建设的紧迫感使然。

2. 研究团队

有必要说明的是，你手中的每一本标杆管理图书都是多人协作的成果。这是一个团队要做的事。当然，作者在其中承担了绝大部分工作，也是主导者。但是，在整个研究过程中，我们有高校管理专家、企业一线的高级管理人员、专职的管理研究人员，还有采访、编写人员。正是我们团队中的这些人协调合作，产生了这些成果。

当然，这只是开始。未来很长一段时间里，我们将持续不断地跟踪各行业各类企业的管理创见，也希望更多有研究意愿和能力的人加入这个队伍。

3. 研究方法

关于标杆管理研究，我们大体采用了以下几个方法。对这些研究方法的理解也可以帮助读者朋友们更好地理解本套丛书的内容，并学以致用。

（1）系统归纳方法。本丛书研究的内容最基本的特征是将国内已经取得巨大成功的标杆企业的管理实践和一些中小企业的某些代表性的标杆管理方法进行理论框架的系统归纳。因而，您所看到的本套丛书不是零散地讲述一些中国企业的成功故事和创业故事，而是遵循一般性的、普遍性的经营管理规律和要求，将它们的历史实践进行了梳理。我们这样做的目的是让读者朋友能够在阅读过程中理解源于实践的管理逻辑和管理系统，形成管理实践的基本框架思维。采用系统归纳方法当然便于理解，但也会存在问题，即我们所选取的研究对象、收录的关于标杆管理的事例是有取舍的，而不能要求全面，这一点敬请读者理解。确切地说，我们希望促进读者在阅读的过程中有明确的概念和理论的体系化思考，并有目的地学习。

（2）调查访谈方法。我们的课题研究获得了相关标杆企业内部管理者以及标杆企业前核心成员的大力支持，他们提供了个人的直观体验和见解，这是直接调查访谈的部分，已经全面融入本套丛书的内容中。出于个人隐私的原因，他们部分人的姓名未见于本书的任何位置，但他们提供的无碍于各企业商业机密的信息和见解，对这套丛书的完成至关重要。在此之外，我们收集整理了在过去十多年里标杆管理以及各标杆企业的各类资讯、文章以及相关的著作，这也是资料调查的一部分。我们相当谨慎地判断了资料中的各项内容，尽最大努力保证客观、公正地讲述标杆管理的真实事例。

（3）比较分析方法。从学习要求出发，我们当然不能只看一两个标杆企业的经营管理实践案例，也不可能只探讨一两种标杆管理思维。我们认为，在了解标杆管理实践的同时，还应当了解一般企业可能出现的问题、其他企业的优秀实践、管理理论观点这三点。换言之，标杆的实践、一般管理问题、其他企业的实践、管理理论这四者如果能够比照起来，更有利于我们开阔视野。因此，本套丛书依据每一个主题，采用了比较分析方法，其结果是将上述四个方面的内容在必要处进行对标处理。

我们认为，这样的处理方法对大多数管理者都是有益的。这使得本套丛书更像是一套高阶管理普及读本，从中您既可以看到标杆企业处理各类问题的策略和方法，还可以比较形形色色的经营管理理念、方法和策略的优劣。通过比较，可以增进您自身对管理的洞见。

邀请与致谢

作为一项计划，中国企业标杆管理研究的工作将常态化运作。我们计划对中国企业，特别是那些具有经营管理创新做法的企业始终保持关注，并在足够了解、认真评估后，随时把这些企业纳入研究课题。

我们希望，那些有管理创见的企业能够有开放的心胸，在协调一致的基础上与我们建立研究关系。我们相信这样的理念：当你足够开放而不是封闭的时候，你拥有的可能更多，这是一个需要总结沉淀、需要碰撞激荡，方能不落后于人的时代。这也是一种存在哲学！

在这里，我们对参与研究的专家、管理咨询顾问、那些在所研究企业工作过的人员以及执笔团队给予最诚挚的敬意。

我们衷心地希望，这套丛书能够给那些致力于提升企业经营效益、谋求持久发展的企业经营者和管理者带来切实的帮助，哪怕只有些许触动、带来点滴灵感，亦甚欣慰。同时，倘若您发现本套丛书中存在的不足之处，也请向我们提出宝贵的意见和建议，我们必当努力修改和完善。谢谢大家！

标杆管理研究组

2016 年 6 月

前　言

独立地看待企业中的业务管理、人力资源管理、干部管理、研发管理以及各种资源等，它们显然都很重要，但如何将各个管理要素融合在一起，进而转化为企业的强大竞争力时，还需要进一步了解企业的组织运营。这也是我们在“华为管理方法论丛书”中增加这一课题的重要原因。

组织运营作为企业生存盈利的关键要素和要素之间的逻辑关系，它决定着一个企业的市场经营成果。不管是在创业阶段也好，还是在二次创业的转型升级过程中也好，所有的企业都将面临这样的问题，即如何通过建立组织的理性来提高人的理性？如何从不确定性管理到确定性管理？这是对企业经营治理文化的要求，也是对企业组织运营水平的拷问。如果没有建立起良好的组织运营体系，再出色的团队也会分崩离析，再卓越的技术也会失败，再多的资金也会被消耗完。对此，任正非在华为内部讲话中强调：“我们一定要站在全局的高度来看待整体管理构架的进步，系统地、建设性地、简单地建筑一个有机连接的管理体系，要端到端地打通流程，避免孤立改革带来的壁垒。”

今天，中国企业已经置身于全球经济一体化的大背景下，要想进一步求生存、谋发展，必须大力培育企业的核心竞争能力，为企业创造出可持续性的竞争优势。而企业的竞争优势就综合体现在客户、质量、时间、成本和服务等关键要素的指标体系上，而这也是企业组织运营水平的直接体现。为此，我们以华为为样本，通过对华为组织运营方法的解读，为广大企业经营者、管理者在进行组织改善时提供思路指引。华为的组织运营方法是一套适用于17万人的本土经营智慧，它的有效性已经通过华为的巨大成功得以验证。任正非在谈到华为的组织管理体系时，也曾自豪地说道："我们20年来有自己成功的东西，我们要善于总结出来，我们为什么成功，以后怎样持续成功。再将这些管理哲学的理念用西方的方法规范使之标准化、基线化，有利于广为传播与掌握并善用之，培养各级干部，适应工作。"

华为的成长和成功为众多中国企业交了学费，也为大家攒了经验，我们应该积极地去理解它、去学习它。早期，华为为了提升企业的组织运营水平，进行了大量的试错，走了不少弯路。正如任正非在EMT会上所说，早年华为为了缩短流程、提高效率，提出的改善思路只是单纯地强调精简机关、压缩人员、简化流程。这些看似正确的措施却遭遇了部分EMT成员的反对，因为在实际的改善工作中，这些机关干部和员工压到一线后，他们往往仍以总部自居，反而干预了正常的基层工作，增加了一线的负担，却帮不上什么忙。华为的组织流程变革最终以业务为驱动，倒着来，从一线往回梳理，强化平台和服务部门只是为了满足前线作战需要而设置，并且尽量减少平台部门和精简人员，减轻协调量，华为的组织运营水平由此获得了质的改观。

当下，华为在组织运营建设过程中走的弯路在许多企业中仍然频繁发生，许多企业的内部管理仍然混乱，组织运营水平仍然低下。如何像华为一样持续地进行管理变革，如何建立一系列以客户为中心、以生存为底线的管理体系，并且让企业摆脱对个人的依赖，使企业经营从输入到输出尽可能地减少层级，直接地端到端，简洁有效地连通和控制，使成本最低、效率最高……这对许多企业经营者和管理者而言仍然是非常重要，也是被缺失的一课。

这本书是对华为组织运营理念、方法论的系统介绍，也是华为标杆管理研究的一个重要组成部分。本书分别从华为战略与价值、业务驱动、文化牵引、制度与治理、能力与效率、成长与变革等六个方面，全面地为读者提供了一个系统的组织运营建设与管理的思维逻辑。我们试图在"构建组织理性，建设组织秩序，提升组织效率”的核心理念下，给读者一个组织运营管理的全貌，或者准确地说，是给读者一个“关于组织运营科学经营”的系统方法论。

谢谢各位参与者，谢谢各位读者朋友！

作者

2016 年 12 月于北京

第1章 战略与价值

1.1　坚守商业本质

1.1.1　保持理性与务实　004

1.1.2　活下去才是硬道理　008

1.1.3　做好产品、服务和管理　011

1.2　战略视野与格局

1.2.1　共建行业繁荣　016

1.2.2　华为最大的长项就是傻　020

1.2.3　抛开杂念做管道　023

1.2.4　在主航道保持专注　027

1.3 发展方向与节奏

1.3.1　方向对了不怕路远　031

1.3.2　敢于进入无人区　034

1.3.3　唯惶恐者生存　037

1.3.4　用乌龟精神追上龙飞船　040

1.4 以价值为驱动

1.4.1 以客户为中心 044
1.4.2 持续地创造价值 047
1.4.3 坚持分享与共赢 050

第2章
业务型驱动

2.1 坚持客户导向

2.1.1 以客户需求为驱动 057
2.1.2 让创造力与市场融合 061
2.1.3 深淘滩、低作堰，共同发展 064

2.2 从弱侧进攻

2.2.1 农村包围城市 069
2.2.2 打造贴身服务体系 072
2.2.3 发动人才战争 075
2.2.4 不上市，不贪恋资本 078

2.3 坚持压强原则

2.3.1 聚焦于一个业务点 083
2.3.2 集中优势兵力打歼灭战 086
2.3.3 快速行动，以质取胜 089

2.4　以机会驱动发展

2.4.1　抢占战略制高点　092
2.4.2　加大战略投入　095
2.4.3　扩张与控制的平衡　098

第3章
以文化为引

3.1　向军队学文化

3.1.1　向军旅文化要战斗力　105
3.1.2　给企业文化注入军魂　109
3.1.3　打造一支战斗型铁军　112

3.2　树立核心价值观

3.2.1　华为的核心价值观　115
3.2.2　华为价值观的机制保障　118
3.2.3　华为价值理念的优化　121

3.3　锻打中坚管理层

3.3.1　干部群的价值观落地　125
3.3.2　自审自查与自我批判　128
3.3.3　以荣誉感激发价值认同　131

3.4 用分享制全面引导

3.4.1 利出一孔 135

3.4.2 向奋斗者倾斜 137

3.4.3 发挥文化生产力 140

第4章
制度与治理

4.1 激励与约束

4.1.1 以制度保障发展 147

4.1.2 制度不只是为了束缚 151

4.1.3 在约束中激励 154

4.2 制度化、规范化

4.2.1 在制度化基础上规范化 157

4.2.2 流程固化和人员云化 160

4.2.3 以“法”治取代人治 164

4.3 体系化的管理平台

4.3.1 平台管理缔造企业成功 168

4.3.2 以后方平台服务一线 171

4.3.3 资源协调保证成果输出 175

4.4 过程督导与控制

4.4.1 健全考核与评价机制 178

4.4.2 完善内部环境控制 181

4.4.3 强化成员的自我管理 184

4.5 治中求乱，破除僵腐

4.5.1 破坏性建设 188

4.5.2 坚持灰度与平衡 192

4.5.3 以体制创新保障技术创新 195

第5章

能力与效率

5.1 提升组织效能

5.1.1 重视人均效率 201

5.1.2 提升组织作战能力 204

5.1.3 保证企业整体效益 207

5.2 落实组织职责

5.2.1 关注组织的成长 210

5.2.2 明确个体与组织职责 213

5.2.3 指向价值贡献 216

5.3 权力下沉一线

5.3.1 先分权，再授权 219
5.3.2 让一线指挥后方 223
5.3.3 鼓励少将连长 226
5.3.4 剪断不受力的绳子 229

5.4 系统性战略实施

5.4.1 以铁三角为作战单元 233
5.4.2 对准目标，全面打通 237
5.4.3 组建战略预备队 240

5.5 强化流程协同能力

5.5.1 以客户为中心的效率提升 243
5.5.2 让个人能力作用于组织能力 246
5.5.3 关注内在效率与单元产出 248

第6章 成长与变革

6.1 正确有力的领导

6.1.1 变革的意志和决心 253
6.1.2 坚定变革方向和内容 256
6.1.3 引领组织持续成长 260

6.2 掌控变革节奏

6.2.1 先形式，后实质 263
6.2.2 向专业的人学习 266
6.2.3 在继承中持续改善 269

6.3 融合方法与制度

6.3.1 变革程序规范化 273
6.3.2 变革手段方法化 276
6.3.3 能力变现与考核相结合 279

6.4 保持开放的心态

6.4.1 破旧立新，放眼全球 283
6.4.2 向竞争对手学习 286
6.4.3 打造开放性的生态系统 289

6.5 在实践中持续成长

6.5.1 在变革中勇敢试错 292
6.5.2 建设学习型组织 295
6.5.3 基于实践，持续变革 299

参考文献 302

第 1 章　战略与价值

战略就是活着，华为最基本的使命就是活下去，探寻常识、遵循常识、坚守常识、以商业常识来判断企业战略与价值，是华为 20 多年来所坚守的最基本的东西。

——任正非

导语：价值才是驱动组织的原动力

管理者进行组织运营研究的最终目的只有一个，就是引导企业更好地创造价值并走向持续的成功。然而，在执行中，我们往往会发现，很多时候，尽管我们千辛万苦地投入了大量的资源，却仍然无法完成对运营管理工作的升级和改造，无法达成帮助企业“增值”的最终目的。

事实上，造成这种窘况的原因很多，但归根结底，往往是企业的战略定位和价值定位出了问题。华为是国内战略定位和价值追求最明确的企业之一，也是最成功的企业之一。它的一切组织运营行为，包括管理、执行和改善等各个方面，全部都是环绕企业整体战略和最终的价值实现而展开的，其一切成果也都是通过客户反馈给企业的价值驱动而实现的。在这样的导向下，为了更好地塑造组织的价值创造力，华为环绕整体的战略与价值，主要做到了四点，即坚守商业本质，保持理性与务实，做好产品、服务与管理；在服务客户、追求效益的基础上，坚持足够高的战略视野与格局；明确企业发展方向，严格控制企业的扩张节奏；以客户为中心，以价值为驱动，指向持久的价值创造。

带着问题阅读：

1. 坚守商业本质与企业价值输出有何联系？
2. 如何培养管理者的战略视野和大格局？
3. 企业战略方向的锁定要注意哪些方面？
4. 怎样结合企业实际情况保持适度的发展节奏？
5. 如何深入推进价值驱动这一经营逻辑？

1.1 坚守商业本质

企业运营通常是指一个公司的运作、管理。它是继常规的企业管理之后兴起的一个全新议题，也是当今企业生存盈利的关键要素。从本质上讲，企业运营模式决定着一个企业的市场经营成果，能否找到一个适合企业自身经营需要的运作模式，并且不断完善这一模式，则决定着这个企业能否拥有未来。

由于不同的企业运营模式具有不同的盈利潜力和竞争优势，所以，近年来各行各业的企业经营者和管理者对各种运营模式的摸索也从未停止过。当下比较盛行的运营模式包括以富士康为代表的生产代工型经营模式（纺锤型经营模式），以苹果为代表的“设计 + 销售”型经营模式（哑铃型经营模式），以新兴品牌韩都衣舍为代表的“设计 + 生产 + 销售”型经营模式，以及以阿里巴巴等互联网企业和麦肯锡等传统咨询公司为代表的信息服务类型模式。

可以说，无论是富士康、苹果也好，阿里巴巴、麦肯锡也罢，这些企业的成功，与其完美契合己身的运营模式都有着密不可分的关系。然而，就在大家过分痴迷于对运营模式的研究与效仿的时候，华为却通过对最基本的商业本质的坚持获取了空前的成功。

任正非认为，任何一种运营模式也好，互联网虚拟经济也好，都只是实体经济的工具。工具好自然有用，但绝不能把工具当成目的。他甚至还用法国大革命的例子支撑了这一观点。他说："法国大革命讲自由平等博爱，但是没有讲清楚谁来做蛋糕。没有蛋糕，怎么会有自由呢？所有一切就没有了根，法国大革命的那些目标都是虚无缥缈的、都是没用的。因为它没有解决一个创造者、一个生产者。再好的理念目标，都要清楚是以什么作为承载。"

在华为人眼中，锄头就是用来铲地的，不能因为锄头造型美，就在那里耀武扬威，不去种地了。不种地，锄头没有一点意义。而经营企业也是一样的道理，不管是大企业还是中小型创业公司，不论追求的是哪一种运营模式，归根结底都是要指向商业本质、指向经济效益的。而为了实现这一目标，华为首先做的就是保持理性与务实，是坚持活下去，并且通过做好产品、服务和管理的方式，保证价值输出。

1.1.1 保持理性与务实

华为坚守商业本质的第一原则是保持理性与务实。

理性与务实就是讲究客观实际，理智地看待问题，它是中国农耕文化较早形成的一种民族精神，也是众多当代企业相对匮乏的一种经营态度。在过去的20多年中，理性与务实始终在华为的经营管理活动中占据着重要的位置，并且对华为人和华为人的行为产生着巨大的影响。

早在1996年12月底，任正非便在华为优秀员工报告会上指出："我们要努力培养一大批务实的优秀管理干部。什么叫优秀管理干部？你把库房管理好了，把焊接单板的工段管理好就叫优秀管理干部。"

时至今日，任正非仍然不忘记从组织管理的角度强化华为人的务实精神，并直接体现在人才队伍建设和经营管理上。

2016年12月20日，华为的096号文件向全体员工签发了任正非的讲话《建立对作业类员工的科学管理方法与评价体系，导向多产粮食》。在讲话中，任正非特别强调了要重视职员类和作业类员工的评级问题，要鼓励多出专家型人才。

任正非在讲话中指出，事务员的岗位通道不要封顶在 16 级，要基于各岗位特点实事求是定级，留住优秀人员。比如签证中心，签证是一个复杂的东西，语言要好，又要灵活、聪明，还要善于和人打交道，所以不能把职级压得太低，否则优秀的人跑光了。签证效率太慢，“炮弹”不能快速运到一线，这是个大问题。任正非在讲话中举例说道：“有人准备签证材料花了 154 天，这还仅仅是材料的准备时间。你们想想，因为签证耽误，人送不出去，每年要耽误一二十亿美元，等签证下来，人派遣了，那边的工作也结束了。而且等待签证的时间，公司也是要支付高工资的。所以我们要把签证中心人员的职级提起来，有些岗位能否定到 19 级或 20 级？这样就可以从海外调一些曾做过相关工作的人进来。签证中心要有几个专家，指导填表、研究签证业务难题……级别低了也是不行的。”

纵向观看华为的发展史，我们不难发现，在华为的整个发展历程中，任正非始终保持着这样一份冷静和近于谨慎的坚定。2000 年 IT 泡沫破灭以后，整个通信行业的发展都趋于滞缓。市场增长的缓慢也直接导致了华为发展的受阻，在这样的背景下，任正非在《活下去就是硬道理》的讲话中强调：“华为公司从一个小公司发展过来，是在中国发展起来的，外部资源不像美国那样丰富，发展是凭着感觉走，缺乏理性、科学性和规律，因此要借助美国的经验和方法，借用外脑。”

随后，在 2002 年，任正非又在《迎接挑战，苦练内功，迎接春天的到来》的讲话中指出：“我认为很多东西已进入一种理性状态，这种理性状态对我们有利还是有害？我认为市场走进理性状态后对我们是有利而不是有害。原因是什么？运营商目前经营状况不是太好，利润不是太多了，会买什么呢？大家说‘那就买最便宜的东西！’我想如果你们家里装修，至少不会这么做吧，否则你老婆就把你开除了。如果你们家装修时说买最便宜的东西，你们家老婆是董事长，她是管投资的，她绝不认为你这种投资是有效的。反过来，她会认为必须发挥综合投资效益，那么她选择供应商时，就会更加趋于理智。”

【辅助阅读】德鲁克的务实管理

作为最负盛名的管理学家之一，彼得·德鲁克被人尊称为“现代管理学之父”“大师中的大师”，他的以创新、适用、思辨、务实为基础的有效管理理论更是被中西方众多管理者奉为圭臬。

在德鲁克的有效管理理论中，务实是相当重要的一环，也是有效管理的一大特色。德鲁克强调：“管理的有效性没有秘诀，唯一的技巧就是‘专心’，有效的管理者做事时必‘先其所当先’（first things first），而且‘专一不二’（do one thing at a time）。”

为了达到务实的效果，在通用电气公司，德鲁克所提倡的不仅仅是勤奋认真的工作态度，还要求管理者和员工都要拿出实际的工作成果。公司的人力资源管理部门会根据这些成果，理性地评价其工作价值，并决定是否给予其晋升机会和更多的奖金。不仅如此，德鲁克还规定，通用电气公司的全体成员，包括他自己在内，在绩效评定时都有一条关于“理性执行，踏实劳动”的标准。这一规定也帮助德鲁克更好地将科学管理和有效管理落到了实处，更帮助通用电气公司取得了非凡的成功。

排斥虚妄，拒绝空想，鄙视华而不实的畅想，一步步踏踏实实地去做，这就是任正非和德鲁克等少数卓有成效的管理学家所坚持的。近几年，华为在通信设备行业一骑绝尘，取得了辉煌硕果，尤其是在2014年超越爱立信，成为全球第一通信设备供应商以后，业界内外对华为的崇拜之风已经近乎盲目。然而，任正非却仍然没有忘记继续向华为人灌输他的“理性与务实”的观念。

在华为2013年干部工作会议上，任正非在《用乌龟精神，追上龙飞船》的讲话中指出：“华为的乌龟精神不能变，我也借用这种精神来说明华为人奋斗的理性。我们不需要热血沸腾，因为它不能点燃为基站供电。我们需要的是热烈而镇定的情绪、紧张而有秩序的工作，一切要以创造价值为基础。”

此外，2016年年初，在指导华为企业业务工作时，任正非也要求相关部门：“尽管取得了一些胜利，但也要聚焦，要盈利，不要盲目铺开摊子。”无论是对华为企业业务也好，还是对华为其他业务也罢，任正非都始终要求，不要过于迅猛地发展，也不要过于迷恋互联网等风潮，更不好喊出超越谁的口号，而是要走好自己的路，关注客户的“胃口”和自己的“肚子”。直白地说，就是要满足客户需求，并且保证自己能够盈利。在他看来，华为的各部门，如果连自己的肚子都填不饱，公司自然是无法生存下去的。所以，用他的话来说：“华为在这个世界上并不是什么了不起的公司，其实就是我们坚持活下来，别人死了，我们就强大了。”

在企业经营中，任正非通过一份份文件、一次次讲话以及身体力行的行动，将这种理性、务实的精神传递到了每一个华为干部的心里，而华为干部在执行当中，又将这一美德深深地烙印在了各项执行工作当中，潜移默化地让员工们也跟着这样去做了，企业自然也就能够更加轻易地触碰到稳步发展的目标。

2014年，华为轮值CEO郭平在华为大学“高研班”赋能课堂上指出，“坚守商业本质，第一点要明白的就是理性与务实，感性与务虚是不可能直接变出产品、变现价值的，必须要动手去做，才有丰衣足食的可能。”听过这段讲话之后，华为“将军池”成员王法深有所感，并且在《华为人》报第293期《客户经理4.0时代，来了》一文中写道：“回到一线后，结合所学的方法论和案例，我更加深入地理解了回归商业本质就是价值交换，是那些最基础的工作。”

在具体的执行中，王法也开始尝试站在客户的角度回答“WHY HUAWEI”这个问题，同时，更是结合交易模式、概算、九宫格的方法，学会了如何协同价值链上的资源来提供最有竞争力的解决方案。比如，在某IP VIDEO项目的实战中，客户将视频业务提升作为核心业务，为了把4K的极致体验更快地传递给客户，王法千方百计地协同内容提供方、电视厂商甚至代理商共同发力，来满足客户及时上线的要求。协同产业链上下游一起为客户创造价值，充分做到了用实踏实的行动来践行价值。

曾国藩曾在家书中写道："唯天下之至诚能胜天下之至伪，唯天下之至拙能胜天下之至巧。"世间至理莫过于此。就像华为高级管理咨询顾问吴春波教授所说的："华为所做的一切就是回归商业本质。企业绝不能高高在上地脱离基本的商业逻辑，必须回到商业本质思考问题，从这一点讲，高科技企业与农业生产、与传统工业并没有本质性的区别。新经济并没改变旧规则。在企业经营管理上，心灵鸡汤不靠谱，经营理论不靠谱，管理格言不靠谱，成功案例不靠谱，大师预言不靠谱，时髦流行不靠谱，独门秘籍不靠谱。最靠谱的就是：回归商业本质，回归商业逻辑，回归商业常识。"

1.1.2　活下去才是硬道理

华为人有句口头禅，"活下去就是硬道理"。这句话出自任正非在1996年管理改革工作动员大会上的讲话。当时，任正非说："一切是为了活下去，一切是为了国家与民族的振兴。世界留给我们的财富就是努力，不努力将一无所有。"随着华为的不断发展，"一切是为了活下去"也就逐渐演变成了今天的"活下去才是硬道理"。

事实上，华为之所以把"活下去"定为企业生存的最低标准，并不是唱苦情戏，更不是危言耸听。有权威公司曾经发布过这样一组数据：中国企业的平均寿命仅有6岁，其中，民营企业的平均寿命更是只有2.9岁，改革开放至今30多年来，活下来的中国企业仅有20%。相较而言，外国企业的寿命略长些，但大企业的一般寿命也不超过同期人均寿命的二分之一，日本战后的100强企业，以及美国19世纪的500强企业，现在绝大部分都消失了。从这一角度讲，企业面临的一大问题不是规模的大小，而是生命周期的长短。如果不能活下去，再多、再美的商业设想也都是枉然。

2001 年，华为迎来了史上第一个成长高峰，然而，任正非却没有产生一点自满的想法，在当年 4 月发表的题为《北国之春》的讲话中，他语重心长地说："什么叫成功？是经九死一生还能好好地活着，这才是真正的成功。华为没有成功，只是在成长。"

任正非敏锐地发现，华为有许多员工在盲目地自豪，看到公司在局部产品偶然领先西方公司，就认为公司已是世界水平了。他认为这是井底之蛙的表现，并指出："他们并不知道世界著名公司的内涵，也不知道世界的发展走势，以及别人不愿公布的潜在成就。我们这个民族从来没有站起来过，稍微一站起来，就有了盲目的乐观和不切实际的自豪。华为在这方面更年轻、更幼稚、更不成熟。"

【辅助阅读】华为的"红舞鞋"理论

安徒生有一个广为流传的童话：有一双非常漂亮的、有魔力的红色舞鞋，女孩若穿上它，跳起舞来都会格外轻盈而富有活力。因此，姑娘们都想穿上这双红舞鞋翩翩起舞一番。可是，一旦穿上它跳起舞来就会永无休止地跳下去，直到耗尽舞者的全部精力为止。所以，姑娘们对它又爱又怕。一天，一位年轻的姑娘终于抵挡不住红舞鞋的魅力，悄悄地穿上了它，果然，她的舞姿更加美丽了。她穿着红舞鞋跳过街头巷尾、跳过田野乡村，美丽的舞姿赢得了无数的赞美。姑娘不知疲倦地跳着。突然，她发现夜幕降临了，没人再看她跳舞了，她想停下来却无法做到，因为红舞鞋还要跳下去。狂风暴雨来了，她想去躲避风雨，可是双脚却不受自己的控制，始终在暴风雨中跳呀跳呀。最后，姑娘累死在了清晨的草坪上。

任正非将红舞鞋的故事讲给华为人听，甚至在《华为人》报上专门刊发了《企业不可穿上"红舞鞋"》一文，明晰地阐述了关于企业久续发展的管理思想，告诫华为人："经营企业就像跳舞，要经得住红舞鞋的诱惑，理性地看待企业发展，不能以生命为代价去追求短暂的成功"，尤其是企业经理人，在主持企业运营的过程中更要意识到，"企业经理人的责任不是为公司寻找一双红舞鞋，使公司只能活上一阵子，更不是如何去实现利润最大化，而是考虑企业怎么活下去，如何提高企业的核心竞争力的问题，让企业活得更久。"

近年来，继2000年的第二次创业以后，华为已经开始进入第三次创业阶段，任正非仍然不忘强调：企业首先是活着。乃至华为包括聚焦战略、机会窗战略、人才垄断战略、红蓝军战略、知识产权战略、标准战略、国际化战略、竞合战略在内的八大企业发展战略，全部都是围绕着如何让企业活下去而展开的。

在一次华为的内部会议上，任正非的女儿孟晚舟在做完财务统计报告之后，任正非忽然说道："时间还很充裕，谈谈你对华为发展目标的看法吧。"

当孟晚舟将壮大欧洲市场、致力于开发新一代智能产品、打造电信网络新平台等战略构想简单论述一番之后，任正非却不满地摇了摇头，说道："有长远目标是好的，人无远虑，必有近忧，企业也是一样，但大家一定要记住，华为没垮，是因为我们不仅看到了远处的风景，更注意到了脚下的一切。"

任正非认为，欧洲市场是要开发，网络新平台是要建设，但你把这些说给员工听，他们会觉得帽子太大，扣不到他们的脑袋上。开拓市场需要从一个销售部做起，网络新平台需要从一个产品模块开始构建，定下短期的、最小的、最贴近员工视线的目标，要首先保证企业活下去。一步一个脚印才能不空，一城一地地攻掠才能得到天下。

实践证明，任正非的看法是正确的，华为一路发展成为当今世界最大的电信通信企业，与其坚持的"以短期目标的不断实现，带动长远战略规划的顺利完成"这种准确的目标定位是分不开的。

在具体的运营中，华为始终坚持着围绕“活下去”的目标铸造企业核心竞争力。坚持提升中高层职业管理者们为客户增创价值的服务使命感及责任心，坚定低成本、高增值为客户服务的正确方向，并且长期保持着艰苦奋斗和自我批判的拼搏精神，持续地创业、创新，不断优化业务管理流程，快速反应市场竞争、快速响应客户需求。

商业的本质是盈利，而盈利的前提是企业必须活着，这是个客观成立的真命题。经营企业当然要赚钱，但首先要做到的却是要避免损失、不能亏钱，一亏钱，心里就发毛，就容易乱阵脚，活下去就会出问题。而为了活着，公司必须确定一个必须达到的最小利润率。当企业的每一个最小利润率都实现了，赚钱就是自然而然的事情。所以，用华为资深顾问吴春波教授的话来说：“活下去既是一种最低战略，也是最高战略，企业只有先活着，才有希望，只有活下去，一切目标都才有达成的可能。”

事实上，坚持以“活下去”为标准评价企业成败的并不仅仅只有华为人，管理大师彼得·德鲁克早在 20 世纪 50 年代初期便曾说过，企业的首要责任是活着。当时，德鲁克的这种观点被认为是保守的，是与当时多数经济学家们的观点相对立的。后者普遍认为，企业存在的目的就是要谋求利润的最大化。然而，60 多年过去了，“保守”的德鲁克先生仍然活着，并且名噪海内外，而那些把盈利的目标凌驾于企业生命至上的企业，却已经消亡了数以百万计。

1.1.3　做好产品、服务和管理

古语云：“好高者浮，骛远者虚。”企业若想不浮不躁、踏实发展，必须认识到短期目标的重要性，以活下去为基本要求，构建出良性的企业发展价值观，如此才能事半功倍。而除此之外，企业经营者若想真正做到坚守商业本质，还必须像华为一样，踏踏实实地做好产品、服务和管理。

2004 年，任正非在华为干部工作会议上发表了《继续提高人均效益，建设高绩效企业文化》的讲话，并在讲话中首次强调了华为改变竞争格局的四

大法宝：质量好、服务好、动作成本低、优先满足客户需求。

2005 年，任正非又在广东省委中心组的发言中再次明确了这一信条，他说："华为公司的核心价值观蕴含着华为公司的愿景、使命和战略。战略包括：第一，为客户服务是华为存在的唯一理由；客户需求是华为发展的原动力。第二，质量好、服务好、运作成本低，优先满足客户需求，提升客户竞争力和盈利能力。……"

在任正非看来，包括华为在内，任何企业都是一样，想要活下去，首先就是要得到客户的认可，而赢得客户满意的最有效手段就是打造优质的产品和良好的服务，用产品和服务征服客户，而想要在低成本的前提下把产品和服务做好，企业在运营的过程中则必须充分发挥管理的作用。因此，做好产品、服务和管理，也就成为了华为人所坚持的又一生存法则。

【辅助阅读】产品、服务和管理的辩证关系

产品是指能够提供给市场、被人们使用和消费并能满足人们某种需求的任何东西，包括有形的物品、无形的服务、组织、观念或它们的组合，一般可以分为三个层次，即核心产品、形式产品、延伸产品。服务则是由一系列或多或少具有无形特征的活动所构成的能够为顾客带来一定经济附加值的一种互动过程，它可以看成但不是完全意义上的商品。

管理学家曾仕强先生认为，随着互联网经济的兴起和科学技术的进步，产品和服务的关系正在越来越密切，甚至很多情况下服务与产品都是交融在一起的。比如，我们去餐厅吃饭，既要享受餐厅的产品，又要享受餐厅的服务。二者几乎是同时进行的。因此，单纯做产品的公司越来越少，而提供产品的同时，以优质的服务提升用户对产品的满意指数，正在成为越来越多企业的常规做法。

在优质的产品和优质的服务背后隐藏的则是一家企业成功的管理。就像麦肯锡之父马克·鲍文所言，科学的管理是一切效益的坚实保证，是产品和服务最坚实的后盾。没有良好的管理秩序做支撑，企业想要创造出符合客户需求的产品，或是提供客户迫切需要的服务，都会十分困难。

纵观 IBM、微软、沃尔玛等全球财富 500 强企业，都曾有过因管理脱节而导致产品和服务滞后的经历。因此，管理、产品和服务就像是支撑企业这座“大鼎”的三只脚，缺一不可，而一旦某一方面出现短板，企业便会存在栽跟头的可能。

为了打造好产品，华为从来不会吝惜于在研发上的投入，早在 1995 年，华为的研发投入已经远高于国内同行业者，当时，华为每年在科研上的投入至少 8 000 万元，并且还要花费 2 000 万元用于国内、国外培训和考察，重视从总体上提高公司的创新水平。而近十年来，华为每年投入产品研发上的费用已经高达年利润的 10%，动辄以数百亿元计。以 2015 年为例，华为 2015 年实现销售收入近 3 950 亿元，而研发投入约 600 亿元，为销售收入的 15%，这可能是一些较大规模企业的年产值，甚至是部分经济欠发达省份全部民营企业研发投入的总和。这样大规模的研发投入怎么可能不为企业带来丰厚的回报呢？除此之外，华为还要求产品研发人员要从对科研成果负责转变为对产品负责，一切以市场为导向。

最初，华为的研发很少考虑市场需求，都是自己觉得什么有潜力便研究什么，这种做法虽然也为华为带来了 C&C08 交换机等成功产品，但同时也造成了极大的资源浪费，有好几个研发失误的项目都为华为造成了近亿元的损失！

1997 年年底，从美国贝尔实验室考察归来的任正非对华为管理者语重心长地说道：“IBM 在 PC 机的开发上损失了几十亿美元，在通信网络的收购上，又损失了几十亿美元，一朝被蛇咬，十年怕井绳，他们面对通信领域，战战兢兢，不敢进入。华为公司是不是也要等到损失几十亿元之后才能赢得我们所要走的正确道路呢?”任正非指出:“技术在一定程度上代表着财富，但却不能等同于财富价值，只有卖得出去的技术才是有价值的，才能实现商业变现。”

2010 年 8 月，在华为 PSST 体系干部大会上，任正非进一步提出了工程商人的概念，他强调:“研发体系大多数人都是工程师，你们要明白，这个世界需要的不一定是多么先进的技术，而是真正满足客户需求的产品和服务，而且客户需求中大多是最简单的功能。客户需求量大但技术简单的东西，我们不去认真做到最好，反而客户不怎么用但技术很尖端的东西，我们却耗费很大的精力和成本做到最好，这就是工程师，就是以技术为中心。我希望大家改变思维方式，要做工程商人，多一些商人味道，而不仅仅是工程师。要完成从‘以技术为中心’向‘以客户为中心’转移的伟大变革。”

在充分保证了研发与客户需求接轨，制造客户所需要的产品以后，华为还在服务方面做出了优化。多年来，华为始终把“为客户提供优质服务”看作自己的立身之本。创建初期，华为的产品质量不好，正是依靠遍布全国的 33 个维修点及时的售后服务来弥补的。到 1995 年时，华为的售后服务体系已形成三级支持系统，拥有一支超过 200 名优秀技术人员的服务网络队伍。

除了做好直面客户的基层服务以外，华为还要求各级干部要提高自己的服务意识，加强自己的社会责任感，全面提高自己的驾驭与管理能力。

1998 年，任正非在《不做昙花一现的英雄》的讲话中指出:“我们要求中高层干部一定要加快自己的改造，提高自我的改造能力，尽快适应社会、企业对你的发展要求。很多书籍都会教会你怎样去做一个真正的人。我们的干部在工作技能上、思想素质上、管理水平上都有待提高，还不能适应企业的发展。在工作中，现在我们面临的最大困难是缺乏干部。我们的中高级干部现在很重要的问题是管理技能还比较低下。”

在这样的认知下，华为要求各级干部都要有自我批判精神，我们要改变工作作风，关心部下，一定要倾听不同的意见。各级干部部门要和持不同意见的人交朋友，分析这些人的问题，给他们以帮助，一是帮助他们改变思想方法，二是帮助他们疏散到不同的岗位上去，避开和主管领导的正面冲突，弥补主管在工作中的缺陷，尽可能地为客户提供优质服务。

2013 年 9 月，任正非还在无线业务会议上指出："优质资源要向优质客户倾斜。让我们赚到钱的客户，我们就派少将连长过去，就把服务成本给提高了，少将带个连去服务肯定好过中尉连长的服务。"

有了好产品和好服务，一个企业是否就能成功了呢？任正非也曾抱有这样的疑问，但是，他的一系列管理变革实践所带来的成果让他很快便意识到，一个健全而良好的管理体系，才是技术革新和服务优化的坚实保障。

从 1997 年开始，华为陆续与 Hay 等西方著名管理咨询公司合作，进行了人力资源管理体系、流程化、集成产品开发等全方面的管理改善，甚至不惜为此"削足适履"，仅支付给 IBM 专家团队的咨询费用就多达数亿元。在管理变革的过程中，任正非强调："在管理上，我不是一个激进主义者，而是一个改良主义者，主张不断地管理进步。现在我们需要脱下草鞋，换上一双美国鞋，但穿新鞋走老路照样不行。换鞋以后，我们要走的是世界上领先企业走过的路。这些企业已经活了很长时间，它们走过的路被证明是一条企业生存之路，这就是我们先僵化和机械引入 Hay 系统的唯一理由，换句话讲，因为我们要活下去。"

事实证明，华为这种"花钱买经验"的方式是十分奏效的，IBM 等西方团队在任正非的支持下，迅速帮助华为展开了大刀阔斧的改革，短短几年之间，便将华为从一群习惯于埋地雷、端炮楼的土八路，改造成了职业化、表格化、模板化、规范化的铁军。

2016 年 4 月，任正非在内部讲话中指出："产品、管理和服务，是任何企业都不能忽略的问题，在资源和生产过剩的情况下，竞争的要义是什么？就是看谁的质量好、服务好，看谁的管理能够跟得上竞争的步伐。这是传统企业竞争中颠扑不破的真理。"而对于广大中小企业领导者而言，这也是最务实的商业真谛。

1.2 战略视野与格局

拥有足够高的战略视野与格局是一个企业经营者必须具备的素质，也是一个企业能否持续发展并走向持久兴盛的重要条件。常言道，视野决定世界，格局决定结局。这句话放在企业运营管理中最贴切不过。一个成功的企业，其领导者和管理者必然是极富战略远见的。

在坚守商业本质的基础上，仍然需要保持方向感。华为的成功很大程度上便是得益于以任正非为首的高层管理者科学的战略规划。首先，华为自创立之初便明确了自身行业一分子的身份，不是领导者，更不是独霸者，而是要与所有同行业者一起共建一个繁荣的行业生态。在大生态的概念之下，华为又通过几十年如一日的对管道事业的深耕，通过专注于主航道，确立了自身优势，并且有效地巩固了这一优势，实现了企业在战略价值上的升级。

1.2.1 共建行业繁荣

一个行业中只有两家企业和有一百家企业，其竞争的惨烈程度一定是不一样的，毫无疑问，任何企业经营者都希望自己的企业拥有尽可能少的竞争对手，从而占据更大的市场份额，这也是越来越多的企业在创建之初便竭尽全力寻找蓝海的重要原因。

当然，即便是进入蓝海，竞争也是在所难免的，而面对竞争，很多企业经营者的想法是：只要打败所有竞争对手，我便可以成为行业领导者了。这样的想法不能称为错，但也绝不值得提倡。原因很简单，当你把所有人都当作你的竞争对手的时候，所有人便都是你的敌人，而你的企业是不是真正有力量来抗衡数不尽的敌人呢?

【辅助阅读】克拉克的竞合思维

20 世纪 80 年代最知名的管理学先驱之一克拉克·罗尔曾经说过，如果一个行业中只有一家企业，或者只有一家企业是一家独大的，那么这个行业一定是畸形而扭曲的，垄断者的发展也必然会遭遇坎坷，并最终走向覆灭。

为了证明自己的这一观点，克拉克还曾列举了罗斯福总统绞杀狼群的案例：

20 世纪初，美国亚利桑那州北部的凯巴伯森林还是松杉葱郁、生机勃勃。有四千只左右的鹿在林间出没，凶恶残忍的狼是鹿的天敌。美国总统西奥多·罗斯福很想让凯巴伯森林里的鹿得到有效的保护，繁殖得更多一些。于是，他宣布凯巴伯森林为全国狩猎保护区，并决定由政府雇请猎人到那里去消灭狼。经过 25 年的猎捕，有六千多只狼先后毙命。森林中其他以鹿为捕食对象的野兽也被猎杀了。很快，森林中的鹿增多了，总数超过了十万只。十万多只鹿在森林中东啃西啃，灌木丛吃光了就啃食小树，小树吃光后又啃食大树的树皮……一切能被鹿吃的植物都难逃厄运。森林中的绿色植被在一天天减少，大地露出的枯黄在一天天扩大。灾难终于降临到鹿群头上。先是饥饿造成鹿的大量死亡，接着又是疾病流行，无数只鹿消失了踪影。两年之后，鹿群的总量由十万只锐减到四万只。到 1942 年，整个凯巴伯森林中只剩下不到八千只病鹿在苟延残喘。

克拉克直言：“罗斯福无论如何也想不到，他下令捕杀的恶狼，居然也是森林的保护者，是生态平衡的维护者！凯巴伯森林中发生的这一系列故事说明，在生态的舞台上，每一种生物都有自己的角色。森林中既需要鹿，也需要狼。任何行业也都如此，每一个企业都需要有自己的对手来制衡和鞭策自己发展，在持续的竞争中找到‘生态’的平衡，企业乃至整个行业才能得到健康的发展。”

华为创立于西方电信巨头垄断中国通信设备市场的20世纪80年代，没有任何技术沉淀和资本积累的华为想要与西门子、爱立信、阿尔卡特等巨头竞争，无异于痴人说梦。所以，华为所选择的是一条被集成的竞合之路，要与同行业者携手共建行业繁荣。尽可能地减少与同行业巨头的竞争冲突，而是多去寻找合作的机会，尽可能消除巨头们对华为的警惕。

1992 年，任正非第一次赴美考察，在费城，他发现了一件值得深思的事情。当时，他看到一个年收入约 4 万美元的中国家庭，虽然冬天非常冷，他们却舍不得开暖气。女主人对他讲：这样做一年才能节约 100 美元。而且国内亲戚一开口就要他们寄 1 万美元。他们国也不敢回，吃的、用的都十分简单。任正非感触颇深，回国后在《赴美考察散记》一文中写道："中国人是省吃俭用、留给后代，美国人是狂花乱花、广交朋友。中国人永远陷在中国人的圈子里，永远跳不进钱窝，在富裕的美国仍然贫穷。美国人朋友越交越多，机会越来越好，钱也越挣越多。人生的成功，80% 在机会。"这也是华为"与人为友"思想的最初源泉。

与人为友，尽可能不与人为敌，这一思维也很好地帮助华为联合了大量盟友，大家齐心协力，共同应对西方通信巨头的绞杀。

1995 年 12 月底，在华为市场部整训大会上，任正非发表了《目前的形势与我们的任务》的报告，并在报告中指出："持续十年通信大发展催生了中国的通信制造业，并迅速成长。中外都寄希望这块市场，都超大规模地投入，于是中外产品严重撞车、极度过剩，使本来恶化的竞争更加恶化。华为成长在这个时期，中国数百家通信厂家也如雨后春笋般地成长在这个时期，这些嫩笋有多大的抗风暴能力？但是当这些笋捆在一起，奇迹就出现了，进口交换机一统天下的局面一去不复返了……因为外国机器的软件价格十分昂贵，而且响应中方要求也不及时，了解中国文化还有一个距离。我们要重视其他国产交换机的盟军作用，这是我们共同抵抗外国厂家绞杀的战友。只有我们团结在一起，才会有森林的抗风暴作用。"

2002 年以后，华为还提出了“建立同盟军”的主张，将竞争对手称作“友商”，主张为“友商”的客户服务。在残酷的竞争环境下，华为宁亏自己也不亏客户、不亏同盟军。用任正非的话来说，“我们要研究怎么能保护我们的同盟军，我们期望有一定的同盟军。一旦春天到来，这些同盟军就可以生龙活虎出去抢单，我们就缓过劲来了。”

2005 年，任正非在广东省委中心组的发言中指出：“华为的愿景就是不断通过自己的存在来丰富人们的沟通、生活与经济发展，这也是华为公司作为一个企业存在的社会价值。我们可以达到丰富人们的沟通和生活，也能够不断促进经济的全球化发展。华为自身也不可能回避全球化，也不可能有寻求保护的狭隘的民族主义心态。因此，华为从一开始创建就呈全开放的心态。在与西方公司的竞争中，华为学会了竞争，学会了技术与管理的进步。”

华为从一开始创建就呈全开放心态，更是在与西方公司的竞争中学会了技术与管理的进步，也正是因为如此，华为才会在不畏惧竞争的同时，更加注重全行业的合作共赢，包括与竞争对手、盟军和客户。

2010 年 8 月 6 日，任正非在华为 PSST 体系干部大会上再次强化了“共建行业繁荣”的理念，并且指出，华为坚决不做黑寡妇。黑寡妇是拉丁美洲的一种蜘蛛，这种蜘蛛在交配后，母蜘蛛就会吃掉公蜘蛛，作为自己孵化幼蜘蛛的营养。

早年，华为跟别的公司合作，一两年后，华为的规模变得更大了，就会把那些小公司吃了或甩了。任正非意识到，这绝非一个有远见的企业应该做的，那些小企业曾经能够帮助华为，以后就有可能会颠覆华为，所谓“水能载舟，亦能覆舟”，就是这个道理，所以，任正非指出：“企业经营者必须明白这个道理。我们一定要寻找更好的合作模式，实现共赢。我们不要独霸世界，能挣点钱就够了！”

2015 年 7 月，在华为市场工作会议上，任正非说：“我们不能只关注竞争能力以及盈利增长，更要关注合作创造，共建一个世界统一标准的网络。要接受19世纪火车所谓宽轨、米轨、标准轨距的教训，要使信息列车在全球快速、无碍流动。我们一定要坚信信息化应是一个全球统一的标准，网络的核心价值是互联互通，信息的核心价值在于有序地流通和共享。而且也不是一两家公司能创造的，必须与全球的优势企业合作来贡献。”

事实上，对于任何企业而言，竞争还是合作都是利益问题，一味地竞争与一味地合作都有着其不容忽视的弊端，最好的方式就是像华为一样，有竞有合。在竞争中寻找合作的可能。

1.2.2 华为最大的长项就是傻

2015年冬季达沃斯期间，一向低调神秘的任正非破天荒地邀请国内媒体喝咖啡，在这场特别的记者招待会上，有记者问任正非，华为最大的长项是什么？任正非不假思索地回答：“最长的这项就是傻，华为从上到下都是大傻瓜，好不好都使劲干。”任正非还调侃说，阿甘是很可爱的，这个社会不需要太多聪明人，如果满社会都是聪明人，谁来种粮食？

华为的傻，主要体现在华为对自身事业几十年如一日的执着上。用任正非的话来说，华为是由于无知才走上通信产业的，当初只知市场大，不知市场如此规范，不知竞争对手如此强大。一走上这条道路，就如同上了贼船，要么就是沉没在商海中，要么强大到年产值数百亿元、有自立的能力。没有第三条道路可走。在20世纪80年代的国际风暴的席卷下，世界交换机厂家从34家减少到17家；90年代以来，例如北电、NEC等著名公司也步履艰难，而且竞争还在加剧。世界通信市场的竞争在中国尤其惨烈。

然而，无论有多难，华为都没有轻言放弃。事实上，在华为的发展历程中有很多机会可以实施多元化。甚至有许多同华为一起创业的通信设备公司，在攫取了第一桶金之后，都选择进入吸金更快的地产领域和金融投资领域，其中一些甚至发展成了多元化巨头。但是，华为却选择专注于电信行业。而这种带着傻劲的近乎偏执的坚持，也帮助华为取得了让很多“聪明人”眼红的战果。

【辅助阅读】贝索斯：善良比聪明更重要

华为人把“傻”看作一种成功必须具备的品质，并且坚持“傻”到底的大格局，而亚马逊创始人杰夫·贝索斯也有着类似的观点，他认为，在企业经营的工作中，善良比聪明更重要。

2010 年，贝索斯在普林斯顿大学学士毕业典礼上发表演讲，并讲述了自己如何在儿时懂得了“善良比聪明更难”的道理。

儿时的贝索斯十分聪明，并且时常会利用自己的智慧恶搞周围的小伙伴，从中获得快乐，突然有一天，他的祖父将他叫到面前，对他说：“杰夫，有一天你会明白，善良比聪明更难。”然后，在家族聚会上，几乎每一个人都表现出对他善良的表妹的喜爱，而没有去夸赞他的聪慧。

后来，贝索斯渐渐长大，当他 30 岁的时候，忽然发现，很多人想要在周围的书店买到自己心仪的读物并不容易，于是，他萌生了创建亚马逊、为所有爱读书的人提供一个满足愿望的机会的想法。基于善念，贝索斯创建了亚马逊，并且将其建设成了全球最大的互联网交易平台之一。

聪明是一种天赋，而善良和执着是一种选择。天赋得来很容易，毕竟它们是与生俱来的。而选择却不容易，它需要执行者慎重，并且踏实地去做。无论任正非还是贝索斯、华为还是亚马逊，都是如此。其成功都与其独特的战略视角有着密不可分的关系。

华为的“傻气”最初源于其大胆地投身技术研发。1988 年，华为创建在深圳倒买倒卖、知识无用论的时代，那里只要会 21 寸、方角、遥控就行了，搞技术人家会说你是傻子。由于外部环境的不协调，华为创业的艰难可以想象。后来又经历了深圳的泡沫经济时代（房地产、股票），一个真真实实做学问的公司受到的冲击可以想象。而且，在创建之初，华为员工每月工资只有

200多元，后来升到300多元，即使工资这么低，大家还要拼命努力，于是许多人累垮了身体。但是，华为人硬是凭借着床垫文化和钉子精神坚持了下来，并且成功开发出了C&C08交换机等产品，改变了受制于供应商的被动局面。

1995年12月底，任正非在市场部整训大会上发表了《目前的形势与我们的任务》的报告，并在报告中说道："张燕燕时代创建的办公室文化还在流传。创建之初，办公条件简单，蚊子又多，张燕燕躲在蚊帐中写信封，向用户发信函，令人难以忘怀。郑宝用同志从40门交换机做起，又做生产工人，又去前线装机。一个搞激光的外行，经历摸索后，大胆地提出瞄准世界最先进水平，赶超AT&T 5号机，又碰到任正非这个傻子，他们多么像现代的堂吉诃德。"

华为人的傻还体现在华为坚持无条件满足客户需求上，为此，华为甚至不惜做亏本的生意。例如，由于早期华为的设备经常出问题，华为的技术人员就经常利用晚上客户设备不使用的时间段去客户的机房里维修设备，并且对于客户提出的问题，华为是24小时随时响应。这种做法与西方公司有很大的不同。西方公司有好的技术和好的设备，但却忽略了服务。华为的优质服务为公司赢得了真正关心客户需求这一美誉，并同时让华为赢得了竞争优势。

再如，早期中国沙漠和农村地区老鼠很多，经常会钻进机柜将电线咬断，客户的网络联接因此中断。当时，在华的跨国企业都对此不屑一顾，认为这不是它们的问题，而是客户的问题，它们认为只需为客户提供技术。而华为却不这么认为，在设备外增加了防鼠网，帮助客户解决了这一问题，华为也认为自己有责任去这么做。得益于这一理念驱动战略，华为在开发耐用设备和材料方面获得了丰富经验，后来也因此在中东地区赢得了多个大客户。

2007年，在现场问题解答大会上，有员工问任正非："华为对于像华为当年一样正走在起家路上的中小企业有什么方法论的建议？"任正非回答说："不要管理复杂化了，傻一点没什么不好。小公司只有一条，就是诚信，傻傻地坚持诚信，没有其他。就是你对待客户要宗教般地虔诚，就是把豆腐要好好磨，终有一天你会得到大家的认同的。中小企业还想有方法、商道、思想，我说没有，你不要想得太复杂了。你就傻傻地盯着客户，就有希望。你只要诚信，终有一天客户会理解你的。”

近年来，从“千年扫地僧”李小文先生的简单、定力和耐性，到“苦难与辉煌的”“痛并快乐着”的芭蕾脚，再到 2016 年的“厚积薄发”系列，看到华为的这些广告，任何人的第一反应都会是“这和华为有什么关系？”事实上，这些看起来有些不合时宜的、有点怪异的广告，向外界所传达的正是华为傻傻的执着精神。

华为无论是在企业管理实践上、企业文化建设上，还是在企业形象设计上，都一如既往地向员工传递着执着、坚持的价值主张，而坚持无畏、永不放弃，也是无时无刻不在彰显着华为所坚守和崇尚的管理哲学、成长逻辑和价值体系，更是华为这家公司的真实写照和“身份证明”。

其实华为真的有点傻，一群华为人像阿甘一样认准方向，朝着目标傻干、傻付出、傻投入，最后傻傻地成功。就如华为高级管理咨询专家彭剑锋先生所言：“华为人的‘傻’是一种超越一般‘聪明’的有智慧的‘傻’，是一份难得的坚守、执着和付出。许多企业是自作‘聪明’，往往将客户当‘傻瓜’，骨子里认为客户是可以长期被忽悠、被骗、被愚弄的，最终被市场和客户抛弃！而华为则将自己当作‘傻子’，不愚弄客户，坚信只要真心为客户创造价值，客户最终会聪明地选择你，华为不是‘真傻’，而是基于客户价值的最高生存智慧！”

1.2.3　抛开杂念做管道

除了傻傻地坚持、傻傻地付出以外，华为在战略上能够取得长久成功的另一个重要原因就是华为有一个明确的战略目标，20 多年来，无论遭遇怎样的困境、取得多大的战果，华为对其管道战略的坚持从来没有动摇过。不管行业如何演变，华为始终坚持着做好管道这一核心战略。

从理论上讲，企业战略就是设计用来开发企业核心竞争力、获取市场竞争优势的一系列综合性和协调性较强的行动规划。国内很多企业制订战略目标是相对随意的，随时修正；而还有一些企业，其战略目标就如同一个空洞的口号，喊过便罢，并未真正引导其企业行为。华为与这些企业是截然不同的，虽然华为战略目标从长期来看是随着市场需求变化和自身发展在作出对应的修正，但华为严格要求自己的战略目标在一定阶段内保持相对稳定，并围绕这个稳定的战略目标付出切实的努力和行动。在任正非看来，如果在战略方向和战略目标上出现反复摇摆，那么企业经营也势必会出现变动，难以以持续的力量去实现战略落地。

【辅助阅读】华为的“管道”战略

在全球ICT（Information Communication Technology，简称ICT，即信息、通信和技术）产业中，不同的公司有自己独特的战略选择。它们可能选择聚焦于开发芯片、开发基础软件、提供贴近客户的电子消费终端、企业运营管理……而华为选择聚焦的却是管道。也就是说，华为的所有业务都是沿着管道进行整合与发展。

事实上，华为所谓的“管道”，实际是一种获取资源和输出资源的途径和模式。多年来，华为就是通过为全球各大通信公司提供输送数据的管道（通信设备）而获得利益的。任正非认为，数据资源始终是在不断变化着的，总需要去不断发掘新的源头，然而，无论其如何变化，总还是需要管道来运输的，而如果华为能够做出最大、最好的管道，那么，盈利便不再是问题。

关于管道，华为副董事长、常务副总裁、轮值CEO徐直军是这样说的：“面对即将到来的大数据流量时代，华为选择定位管道，将管道作为核心战略。数据流量（音频、视频、大数据、云计算）是水，华为做的是运水的管道。信息流流过的地方就是聚焦的方向。管道是华为的核心战略、是华为的航道，我们所有的业务都沿着管道战略展开，力出一口。”

“管道”这个命名最初是源于一个故事。

有一个村庄需要水，但是水源却位于一个离村庄很远的地方。这时候有两个人，一个人以挑水为生，每天他都吃苦耐劳地为人们挑水；而另一个人则一边挑水一边研究如何设计一种让水源的水自动输送到村庄的管道。后来，研究管道的人成功了——人们只要一打开水笼头，水就可以源源不断地流到各家各户，他开始以此盈利，而那个以挑水为生的人则失业了。

从这个故事中，人们延伸出一个大胆的想象：通过建立某种管道，就可以让产品自动流出，让资金自动流入企业。这也构成了管道哲学的核心思想。任正非很早便将管道的概念引入华为的运营管理当中，早在2001年的华为干部管理大会上，他便强调：“华为未来的工作不能是盲目的，不要被房地产和互联网泡沫冲昏头脑，我们要把重心放在为友商建设管道上，让他们放心地把运输工作交给我们。”

华为对管道哲学有较深刻的认知，并受此启发设计了管道战略。华为管道战略中的管道是从技术、产业视角出发的，一套用来承载信息的数字管道体系。

具体而言，华为的移动/固定宽带，发挥着类似于输水管道一样的资源输送和短时存储功能，客户可以借助这个管道获得信息资源；互联网协议（IP Video）平台和会话描述协议（SDP）平台等信息管道的使能平台，则可以帮助客户更大程度地发挥出信息管道的价值，并为企业创造营收；基站设备（BSS）可以称得上是管道的运营和计费系统，网络能源为管道供电。华为的这些设计都是服务于管道体系的，可以帮助客户更好地使用和管理管道体系。

在整个管道战略管理中，华为始终意志坚定地保持聚焦于这一领域，围绕这个管道体系进行业务拓展；同时，华为还会适当投资一些产品解决方案，以增加信息管道的容量，拓展管道的覆盖面，使管道得到更为有效的管控和维护，进而使得客户和华为都能够获得更大的发展空间。

这样看来，华为的管道战略本质上又是一种集中型战略。具体而言，面向消费者时，华为着力开发能够产生流量和消费流量的网络终端，而非连接的消费电子产品；面向企业和行业时，华为聚焦的是企业和行业所需要的 ICT 基础设施，只做 ICT 基础设施产品提供商，而非细分领域的应用软件；面向运营商网络时，华为聚焦的是 E2E（端到端）大管道架构，将企业解决方案设计的目标设定为“高带宽、多业务、零等待的客户体验”。

华为 20 年只做管道，因为任正非清醒地知道，中国还缺乏知识产权保护，创新动力不足；而科技不是一个急功近利的问题，从理论突破到构成社会价值大概需要二三十年。所以企业经营者如果不能带头把心平静下来，踏踏实实做点事，那么企业就很难获得成功。

2012 年，经过多年的经验积累和持续改进，华为公司正式明确了管道战略，这意味着华为将继续坚定不移地聚焦管道业务，并且持续地聚焦下去。

2013 年 5 月，任正非在新西兰接受了四家当地媒体的采访，并在回答记者提问时表示：“我们的企业就是铺设管道的，我们的管道能够输送数据与信息。”

2015 年 1 月下旬，在著名的达沃斯冬季论坛上，任正非继续重申了华为“抛开杂念做管道”的思想，他说：“我认为这个流量会越来越大，谁也阻挡不了这个流量的增大，我们只做传输和程序，因此我认为进步是很巨大的，就是做这么粗的一根管子，你能做。但智能水管我可以十根叠起来，就是粗管，因为水是同质的，但是信息的每一个分子都是不一样，去向也不一样。你把这些管子装错了一根以后，它就到不了那个地方了。做信息的，必须要求是同一根管子，如果同一根管子直径都有太阳这么粗，又没有几家做得出来，你认为你赚的钱少吗？如果营运商说我不买，你不买你就垮了。买了之后怎么办？那只有从客户里面多收一点钱回来。”

在任正非的反复强调下，华为高级管理层成员也都建立了明确的管道意识，2015 年 9 月，华为高级副总裁陈黎芳在与新员工的座谈中便强调："数据流量的发展需要更大、更粗、更快的管道，这是华为面临的战略机会。华为肯定还是会聚焦管道，这是我们的主航道，华为未来投资将聚焦并沿着这个管道体系进行发展，追求有效增长和长期回报。"

而华为全球技术服务部副总裁雷战奎在 2016 年 MWC 展会上同样指出："运营商的管道仍然是黄金管道，因为未来视频业务尤其是 4K 视频将极大地扩宽管道，管道的价值将会提升。视频业务将会像语音业务一样成为运营商的基础业务。在视频之后，虚拟现实将会是流量消耗的杀手锏。在这样的背景下，华为所需要做的，就是继续坚持管道战略，做好数据运输工作。"

华为就是通过这样对核心事业和既定战略目标心无旁骛的坚持，才取得了今天的成功，而这也是其他企业在运营管理中所迫切需要学习和领悟的。

1.2.4 在主航道保持专注

其实，管道战略并不是只有从事设备制造的企业才能用，当一个企业能够获得一条有效的"管道"，而这条"管道"能够让企业所希望获取的资源源源不断地进入企业时，所谓的"管道"便建成了。

华为将"管道"视作企业的主航道，并极尽所能地保证各项工作都尽可能地围绕管道战略而展开。基于管道战略的目标定位，华为集中面向消费者、企业/行业、运营商三类客户，分别成立了各自的事业群，针对性地架设管道体系，为三类不同的客户提供 ICT 解决方案。同时，这些管道又是紧密相通、相互促进的，它们在技术上更是垂直整合的。比如，IT 技术在企业中使用是服务器，在运营商网络中使用是专用设备；无线技术在消费者中使用是手机，在运营商网络中使用是基站。总体上说，华为技术的系统整合与针对性共享，使得华为在服务于各类客户群体时，都能够提供更优质、更有竞争力的产品解决方案。

这样，华为就打造了面向技术和产业视角的管道，致力于为存在管道需求的客户提供优质的服务。而为了保证管道战略的成功，华为还从制度、方针、执行原则等方方面面做出了规定和限制，力求企业能够将核心力量聚焦在“管道”业务上。

【辅助阅读】聚焦战略

聚焦战略又称“集中型战略”，即指把经营战略的重点放在一个特定的目标市场上，为特定的地区或特定的购买者（个人或团体、企业）提供特殊的产品或服务。在聚焦战略下，企业能够集中使用资源，以快于过去的增长速度来增加某种产品的销售额和市场占有率，是一种十分奏效的商业竞争手段。

聚焦战略的前提思想是：企业业务的专一化，企业必须能够以更高的效率和更好的效果为某一狭窄的细分市场服务，从而超越在较广阔范围内竞争的对手们。而这样做的好处是：可以避免大而弱的分散投资局面，容易形成企业的核心竞争力，降低企业经营成本，有利于集中使用企业资源，实现生产的专业化，实现规模经济的效益。

在1998年颁布的《华为基本法》中，华为在第三十七条明确规定：“我们（华为）不从事任何分散公司资源和高层管理精力的非相关多元化经营。我们中短期的投资战略仍坚持产品投资为主，以期最大限度地集中资源，迅速增强公司的技术实力、市场地位和管理能力。我们在制定重大投资决策时，不一定追逐今天的高利润项目，同时要关注有巨大潜力的新兴市场和新产品的成长机会。”而在《华为基本法》问世的同一年，任正非在《不做昙花一现的英雄》的演讲中也指出：“如果没有坚实的基础，擅自扩张，那只能是自杀。”从那时起，华为便将聚焦视作企业的制胜战术之一，尤其强调将华为企业的创造力和竞争力全部聚焦于“管道”这一主航道上，保持主要业务的领先优势。

2013 年，任正非在华为干部工作会议上发表讲话，并在《用乌龟精神，追上龙飞船》的演讲中解释了公司多年来始终坚持聚焦力量做管道的真实原因，他说："我们是一个能力有限的公司，只能在有限的宽度赶超美国公司。不收窄作用面，压强就不会大，所以我们必须集中力量在一点，在针尖大小的领域里，如果扩展到火柴头或小木棒这么大，就绝不可能实现这种超越。因此，我们只允许员工在主航道上发挥主观能动性与创造性，不能盲目创新，发散了公司的投资与力量。非主航道的业务还是要认真向成功的公司学习，坚持稳定可靠运行，保持合理有效、尽可能简单的管理体系。要防止盲目创新，四面八方都喊响创新，就是我们的葬歌。"

在"聚焦"这一点上，与任正非年纪相仿，同为中国民营企业家代表人物的娃哈哈创始人宗庆后也秉持着与任正非类似的观念。

1945 年出生的宗庆后，42 岁才开始蹬着三轮车，卖冰棍创业，从贷款 14 万元，到以 800 亿元财富成为 2010 年胡润全球百富榜内地榜首，他是中国第一个以"饮料大王"的身份成为全国首富的人。

宗庆后将自己的成功归结为专注和坚持。几十年来，他始终心无旁骛，以超乎常人的耐力，坚守着自己的实业帝国，娃哈哈集团每年的销售总额接近 800 亿元，虽然近几年娃哈哈先后进军了童装、机械、奶粉、白酒、零售等行业，但是娃哈哈集团的绝大部分投入仍然在饮料业务上，其主要贡献也还是来自饮料行业，其他业务只不过是补充而已。宗庆后说："我最佩服的中国企业家是任正非，这些年，我们两个在不同行业做着同一件事，那就是专注地为各自的行业做一个榜样，集中力量把一件事做好。"

多少年来，华为始终坚守着专注于主航道的原则，没有被其他诸如房地产等行业的高利润所诱惑，而果敢地把全部鸡蛋放在一个篮子里，将做代理商赚得的钱全部投入研发上，将研发的力量全部集中在创造优质"管道"产品上，以"不成功便成仁"的胆略和气魄，走在创造和搭建管道的路上。

可以说，对核心业务的专注成就了华为的事业。试想，如果华为将触角伸向房地产，伸向钢铁、石油石化等重工业，伸向经不住诱惑的、高利润的甚至一时暴利的其他领域，也许能获得一时一地的成功，但今天的通信设备制造领域的全球第一的宝座恐怕便还被爱立信所盘踞着，不会跟华为有什么关系。

2016年6月1日，任正非首次登上央视《新闻联播》，并在镜头中说道："华为只有几十人的时候，就对着一个城墙口（通信领域）进攻，几百人、几万人的时候也是对着这个城墙口冲锋，现在十几万人还是对着这个城墙口冲锋。密集炮火，饱和攻击，每年1 000多亿元的弹药量炮轰这个城墙口，研发近600亿元，市场服务500亿~600亿元，最终在大数据传送上我们领先了世界。"

短短48秒、230个字，却值得每个中国企业的经营者反思。无论是一个人也好，一个企业也好，精力和能力终究是有限的，而对于一个能力有限的企业，决定聚焦什么，以及放弃什么，比什么都重要。唯有学会聚焦、学会发力于一点，才能爆发出最强的力量。用华为人的话来说，"虽然聚焦不一定能引领主潮流，但发散肯定不行。只要我们能够聚焦力量，就有希望做到不可替代。"

1.3 发展方向与节奏

任何企业都有适合自己的战略，比如，与华为一样同为国内标杆企业之一的海尔所坚持的战略便并非聚焦，而是采取了截然相反的多元化战略。海尔从电冰箱开始，又进入了白色家电、黑色家电，再进入电脑业、制药业、房地产业、金融业、文化产业等，几十年下来，在很多领域遍地开花，同样收获了可喜的成果，当然业务面铺得太宽也给海尔带来了各种各样的问题，但这也是一个企业从大到强必须经历的过程。

我们必须意识到的是，聚焦固然是提升企业战斗力的有效方式，但多元化等其他战略也未必便是不可行的。在执行各种不同的企业战略的过程中，关键是企业经营者必须掌握好企业的发展方向和节奏，首先确保企业的前进方向是正确的，然后在此基础上勇敢地前行，别怕进入无人区，并且保持高度的危机感和适当的前进节奏，这样，企业便能够在实现价值追求的路上越走越远。

1.3.1 方向对了不怕路远

伟大的哲学家苏格拉底说过，最正确的赶路方式是先确定自己的前进方向是正确的，然后再去思考代步工具的问题。企业管理何尝不是同样的道理。企业想要实现战略上的成功和盈利的最终目标，领导者和管理者就唯有肩负起船长和舵手的职责，保证企业业务在主航道上不偏离，然后坚定不移地前进，绝不动摇，毫不犹豫，企业才能在百舸争流的市场竞争中拔得头筹。

【辅助阅读】明确经营方向

企业发展的一切策略和战术都必须构建在战略之下，就好像三大战役，什么时间打，用哪支部队打，从哪里开始打，这些都必须建立在整个解放战争的战略之下，然后开展具体的战术实施。如果不考虑大局，直接扑上去发动战役，整体战争的胜利就难以保证。

同样的道理，如果企业在各项执行工作中不能在明确的战略目标的指导下进行，就必然会在耗费了大量财力、物力、精力以后发现，企业可能走上了岔路。全球管理界享有盛誉的管理学大师、经理角色学派的主要代表人物亨利·明茨伯格便指出，一个企业健康运营的前提是经营方向的准确性，而想要提升这一准确性，企业经营者就必须做到以下三点：

首先，企业的战略目标要求明确和不动摇。

明茨伯格认为，有了统一的目标，员工才能劲往一处使，而坚持目标的不动摇，才能让员工认识到现实与目标的确切距离，频繁地更换企业发展目标不会起到适应市场的效果，只会扰乱企业成员的认知，让大家失去方向。

其次，企业要明确自身的各个业务板块。

在《管理工作的实质》一书中，明茨伯格强调：“市场处处充满诱惑，但企业的精力是有限的，管理者必须明白，企业运营必须做到有所为有所不为，只有这样才能形成企业真正的核心业务，打造出企业的核心竞争力。”

最后，企业要及时盘点自身的现有资源。

在《五重组织》一书中，明茨伯格直言：“在确立业务板块之后，企业必须要全面盘点自身的现有资源，判断资源与企业业务消耗之间的关系，这就像一支部队，在作战之前，将军必须知道，自己的队伍还有多少火药和补给，能够支撑多久。明确了这些，企业才能更好地发挥战斗力。”

有记者曾经问任正非：“您关心的是华为的产品、技术、研发，还是什么？”任正非回答说：“都不是，我最关注的是方向，是别走错路。”事实上，找对方向，锻炼把握方向的能力一直是任正非对华为管理者的基本要求。

在2011年12月底发表的《一江春水向东流》一文中，任正非便对华为人强调：“历史的灾难经常是周而复始的，人们的贪婪从未因灾难改进过，过高的杠杆比推动经济的泡沫化，总会破灭。我们唯有把握更清晰的方向，更努力地工作，任何投机总会要还账的。”其实这句话放在2016年岁末，更是有着许多鲜活的例证，如吵得一地鸡毛的宝能万科股权之争，如仍未摆脱资金流危机的乐视等。

在企业经营上如此，在对人的职业要求上更是如此。早在1997年，任正非在华为客户工程部的座谈会上便向在场的华为人说道：“人生发展的道路有很多，市场营销并不是唯一的路。公司各种管理岗位、各种协调岗位都可以发展，找没找到适合你自己人生发展的方向是最重要的。人生也要找到一个切入点，你只有找到这个方向，才会越干越有兴趣、越干越有发展。如果你根本找不到人生的切入点，也找不到自己的发展点，上前线你就只会更落后，而不会更先进。市场的更新速度还会加快。用服中心现在开始，凡是进入用服半年工龄以上的人，就开始进入工程技术培训，培训完了有一定基层经验以后，就开始向中研部、中试部、营销部门分流。客户工程部要把优秀的人放走，不要把他们扣住，先放走，然后再回来、再循环，建成一个大循环的部门，让这些员工真正地找到发展的感觉。大家要敢于去挑战人生命运。”

在任正非的要求下，广大华为干部也都普遍树立了“锻炼把握方向的能力”的意识。华为工号排名在前 1 500 位的陈军，从 2000 年开始走上质量部管理岗位，作为一个女干部，陈军很好地驾驭了一支比自己资历深、技术强的专家队伍，并且带着队伍接连取得了令人惊艳的成绩。陈军曾在《华为人》报上分享经验说：“要做好手上的每项工作，也要时刻记着最终的业务目标，不被日常琐事淹没了方向。管理者在工作中带领一个团队，做任何事情都要审视结果，业务目标非常重要。要时刻警醒，经常把目标拿出来思考，这样才能保证努力的方向是正确的。当感觉对前进的方向把握不住的时候，最好的方法就是去找业务部门沟通，寻找输入。人一旦开放了，所有的困惑都能找到答案，主动贴近业务就会有大量的输入，总能帮助你看清正确的方向。”

任正非最初下海经商时，没有人看好他，华为最初做交换机独立研发时，也没有人看好他，但他仍然坚持做了，并且取得了巨大成功，这背后与华为人的坚韧有着莫大关系，但与任正非对大时代和大方向的精准判断同样密切相关。多年来，为了保证不犯方向性的错误，华为始终不忘强化对不确定性的投入。要求各层各级组织都要做到把确定性的工作与不确定的工作区别管理，坚持自我批判，不断纠偏，从而实现厚积薄发。

当然，任何企业都难以确定自己在追逐某一战略目标时将会遭受多少困难和挫折，这就要求企业领导者和管理者必须有明确而坚定的信念，只要确定了战略方向，就要坚定不移地走下去，无论有多少距离、需要多少时间。

就像任正非在 2016 年 1 月初在华为市场工作大会上所说的：“一旦战略方向及布局确定后，我们要坚定不移向前进，决不动摇，毫不犹豫。未来二三十年世界会爆发一场巨大的技术革命，这是人类社会五千年来不曾有过的，其深度、广度我们还想象不到，但是过去的二十多年，我们十几万人一同努力划桨，已经把华为的航母划到起跑线上了。我们要力出一孔、利出一孔，密集炮火攻击前进，努力进入无人区。”

1.3.2 敢于进入无人区

有专家曾将华为在过去接近30年的成功要素概括为五点：第一点是香农定理和摩尔定律支撑的清晰战略路径和可持续的战略预期；第二点是过去数年中全球通信行业作为IT和互联网底层基础设施爆发式增长，拥有需求驱动的时代机遇；第三是华为自身军事化思想支撑的本土化执行力；第四是华为制度设计优势支撑的人才创造力；第五是华为以研发为驱动的战略红利以及技术溢价。其中，清晰的战略路径和可持续的战略预期是最关键的元素。而在华为的众多战略路径之中，踏足无人区又可谓是重点中的重点。

关于无人区，新汉语词典给出的解释是：一个长期空置的土地或不适合人类居住的地区。对于企业而言，无人区便是其他企业尚未踏足的领域，是风险与机遇并存的未知地带，一旦踏足，如果失败了，有可能粉身碎骨、万劫不复；可一旦成功了，便可能赚得钵满盆满。

美国发明家和企业家亚历山大·格拉汉姆·贝尔发明了世界上第一台可用的电话机，创建了贝尔电话公司，被誉为“电话之父”。除了电话以外，他还制造了助听器，改进了爱迪生发明的留声机，发明了世界上第一个金属探测器。

从1875年到1922年间，贝尔从美国政府那里就取得了三十项专利权。这些专利带给了他无限的荣誉和财富。可以说，贝尔的成功，就是因为他总是能够勇敢地踏足别人不敢尝试的领域，勇敢地走在时代的前沿。

华为发展的前期，一直都在扮演追随者的角色，始终努力追赶着爱立信、西门子、阿尔卡特等行业巨头，而随着自身发展的不断加速，华为在将这些

“前辈”巨头一个个甩在身后以后，一个新的问题摆在了任正非等企业管理者的面前：华为已经没有了领路人，那么，接下来应该往哪里走，如何走？

面对这样的疑问，任正非果断地提出了进入无人区的口号，呼吁华为人要敢于向前，勇敢地迈出没人走过的第一步，他说：喜欢谈战略的公司大多都死得很快，只有那些敢于动刀、真正敢打敢干的企业才能走得更远，华为已经走在了大多数企业的前面，虽然我们还没有做好引领行业的准备，但我们必须像丹柯一样，勇敢地走下去。

【辅助阅读】华为的“丹柯”之心

任正非曾给华为人讲过一个关于英雄丹柯的传说：一群生活在草原上的人被别的种族赶到了森林里。在森林中，死亡笼罩着他们，只有走出森林，才有一线生机。这时候，英雄丹柯出现了，他提出由自己领导大家逃出森林。道路很艰难，雷声隆隆作响，不知走了多久，大家都已精疲力尽，有人开始埋怨起来，还有人对丹柯严厉指责。为了让族人停止毫无作用的抱怨和尽快带领他们走出密林，丹柯毅然地用手抓开自己的胸膛，拿出了自己的心，高高举过头顶，照亮了前进的路。人们全都惊呆了，于是大家义无反顾地跟着他。终于，丹柯用他的心带领大家走出了森林、走出了黑暗，看到了生的希望。丹柯死了，他的心变成了草原上的星星，永远闪烁。

任正非把那些通信业的领路人比喻成丹柯。他说：“我们已经走到了通信业的前沿，要决定下一步如何走，是十分艰难的问题。我们以前靠着西方公司领路，现在我们也要参与领路了，感谢那些领路人的远见与胸怀博大。领路是什么概念？就是‘丹柯’。我们也要像丹柯一样，引领通信产业前进的路。这是一个探索的过程，在这个过程中，因为对未来不清晰、不确定，可能会付出极大的代价。但我们肯定可以找到方向，找到照亮这个世界的路。”

今天华为已经在无人区找到了引领行业正确发展的方向，并且取得了一定的战果。2016 年 5 月，任正非在全国科创大会发言称：“从科技的角度来看，未来二三十年人类社会将演变成一个智能社会，其深度和广度我们还想象不到。越是前途不确定，越需要创造，这也给千百万家企业公司提供了千载难逢的机会，我们公司如何去努力前进，面对困难重重，机会和危险也重重，不进则退。如果不能扛起重大的社会责任，坚持创新，迟早会被颠覆。”

华为将重大创新视为无人区的生存法则，因此，无论是在科研技术方面，还是管理制度方面，华为都始终坚持着持续创新的原则。以华为人力资源管理为例：

为了更好地提升华为人在无人区作战的机动性，从 2013 年开始，华为一改过去封闭的人才金字塔结构，炸开了金字塔塔尖，开放地吸取“宇宙”能量，加强与全世界科学家的对话与合作，支持同方向科学家的研究，积极地参加各种国际产业与标准组织、各种学术讨论，多与能人喝喝咖啡，从思想的火花中更好地感知发展方向。而内部对不确定性的研究、验证，华为正实行多路径、多梯次的进攻、饱和攻击。此外，华为组织内部的“蓝军”也正在逐渐实体化，为华为沿着正确的方向前进而不断纠错。

此外，华为不仅仅是以内生为主，外引也在不断加强。华为的俄罗斯数学家，他们更乐意做更长期、挑战很大的项目；日本科学家的精细，法国数学家的浪漫，意大利科学家的忘我工作，英国、比利时科学家领导世界的能力……都使华为更加胸有成竹地奔着引领行业发展、共建行业繁荣的终极目标前进。

当然，在勇闯无人区的同时，华为并没有盲目地自信，也没有好高骛远，试图彻底甩开与身后竞争者的差距，任正非在以创新为武器开拓无人区的同时，也始终抱有着一份危机感，就如他所说：“我们对智能时代认知不足。就像这幅画面一样，军队打败了敌人，但是眼前是战争的无人区，心里是战略的无人区，头脑中是梦想的无人区。我们要面对的是远离人群和无法准确定义的敌人，而孤独可能导致误判一个崭新的时代。”

1.3.3　唯惶恐者生存

在华为，危机感是普遍存在于每一个时间节点的每一个人身上的，并不是任正非在华为面对无人区时才提出的新概念，早在 1996 年 6 月底召开的“华为市场庆功及科研成果表彰大会”上，任正非便在《再论反骄破满，在思想上艰苦奋斗》的发言中指出：“繁荣的背后都充满着危机。这个危机不是繁荣本身的必然特性，而是处在繁荣包围中的人的意识。艰苦奋斗必然带来繁荣，繁荣以后不再艰苦奋斗，必然丢失繁荣……在荣誉与失败面前，平静得像一湖水，这就是华为应具有的心胸与内涵。”

【辅助阅读】危机管理

危机管理是企业为应对各种危机情境所进行的规划决策、动态调整、化解处理及员工培训等活动过程，MBA、EMBA 等商管教育均将危机管理能力作为对管理者的一项重要要求包含在内。

美国著名心理学家赫尔曼指出，危机是指一种情境状态，在这种形势中，其决策主体的根本目标受到威胁且作出决策的反应时间很有限，其发生也出乎决策主体的意料之外。

在西方国家的教科书中，通常把危机管理（Crisis Management）称为危机沟通管理（Crisis Communication Management），原因在于，加强信息的披露与公众的沟通，争取公众的谅解与支持是危机管理的基本对策。

对一个企业而言，可以称为企业危机的事项是指当企业面临与社会大众或顾客有密切关系且后果严重的重大事故，而为了应付危机的出现在企业内预先建立防范和处理这些重大事故的体制和措施，则称为企业的危机管理。

美国《危机管理》一书的作者菲克普曾对《财富》杂志排名前 500 强的大企业董事长和 CEO 所作的专项调查表明，80% 的被调查者认为，现代企业面对危机，就如同人们必然面对死亡一样，已成为不可避免的事情。其中有14% 的人承认，曾经受到严重危机的挑战。

1997 年岁末，在西方圣诞节前一周，任正非带领着华为的考察团队，匆匆忙忙地访问了美国休斯公司、IBM 公司、贝尔实验室与惠普公司。访问中，任正非从 IBM 总裁郭士纳口中了解到了一段 IBM 的往事。

IBM 作为巨无霸一直处在优越的产业地位，由于个人电脑及网络技术的发展，严重地打击了其赖以生存的大型机市场。20 世纪 80 年代初期，IBM 处在盈利的顶峰，其股票市值超过联邦德国股票市值之和，也成为世界上有史以来盈利最大的公司之一。

经过 13 年的发展，IBM 的高层管理者终于发现自己危机重重，无论是管理机制还是营销机制，都存在着相当多的问题，这时，IBM 的高层管理者才痛下决心，实行改革，并为此付出了 80 亿美元的行政改革费用。但是，由于长期处于胜利状态，造成的冗员和官僚主义使 IBM 的改革之路困难重重。聪明人十分多，主意十分多，产品线又多又长，集中不了投资优势。而 IBM 又以年度作计划，反应速度不快。管理的混乱几乎令 IBM 解体。

1993 年初，当郭士纳以首位非 IBM 内部晋升的人士出任 IBM 总裁时，提出了四项主张：（1）保持技术领先；（2）以客户的价值观为导向，按对象组建营销部门，针对不同行业提供全套解决方案；（3）强化服务，追求客户满意度；（4）集中精力在网络类电子商务产品上发挥 IBM 的规模优势。在郭士纳的主持下，IBM 的这次变革历时 5 年，总计裁减了 15 万名职工。改革后的 IBM 销售额增长了 100 亿美元，达 750 亿美元，股票市值增长了 4 倍。

了解到这些后，任正非开始反思，不断进步的华为会不会也像 IBM 一样盲目乐观，最终导致以后的改善工作变得困难重重呢？于是，他决心唤醒华为人的危机意识，提升全体员工的危机感。他对华为管理者说：“十年来我天天思考的都是失败，对成功视而不见，也没有什么荣誉感、自豪感，而是危机感。也许是这样才存活了十年。我们大家要一起来想，怎样才能活下去？怎样才能存活得久一些？失败这一天是一定会到来，大家要准备迎接，这是我从不动摇的看法，这是历史规律。”

2001 年，任正非在《华为的冬天》一文中进一步说道：“公司所有员工是否考虑过，如果有一天，公司销售额下滑、利润下滑甚至会破产，我们怎么办？我们公司的太平时间太长了，在和平时期升的官太多了，这也许就是我们的灾难。泰坦尼克号也是在一片欢呼声中出的海。而且我相信，这一天一定会到来。面对这样的未来，我们是不是思考过我们怎样来处理？我们好多员工盲目自豪、盲目乐观，如果想过的人太少，也许就快来临了。居安思危绝不是危言耸听。”

2011 年，任正非在与经营大师稻盛和夫会谈时，当日方演讲者按照 PPT 有条不紊地演讲结束时，任正非对陪同的华为高管们说：“日本跟不上变化的世界。”当华为副董事长郭平也按照同样的方式讲述之后，任正非苦叹一句：“华为必死无疑……”

2014 年 4 月，深感华为人危机意识不足的任正非在“与上研专家座谈会”上发表了《华为会怎么失败，华为会怎么垮掉》的讲话，并在讲话中指出：“现在你们也是高处不胜寒。无线走到这一步了，下一步要怎么走？到底我们将来的技术思想是什么？技术路线是什么？我们假设这个世界是什么？我们假设对了，我们就正确了，可能也就成功了。我们假设错了，可能就会陷入类似北电、MOTO 一样的衰退。”

事实上，任正非反复强调保持危机感是有理可循的，近年来，华为虽然取得了世界第一通信设备供应商的无上荣誉，但也仍然面临着许多危机。

2013 年 1 月，美国无线技术公司 Inter Digital 向美国国际贸易委员会（ITC）提出诉讼，声称华为、诺基亚、三星和中兴通讯从事不公平贸易交易，侵犯了该公司的七项专利，意欲将华为等竞争对手彻底逐出美国。

2014 年 3 月，据欧洲权威媒体统计，华为已经成为国际专利流氓 10 大进攻目标之一。平均每周至少被专利流氓攻击一次。与此同时，英国政府担心高层的讨论遭到窃听，下令拆除所有可疑的视频会议设备，其中便包括大量的华为产品。

2015 年，华为的运营商业务连续第三年增速变缓。这些问题无一可以忽视。而华为应对和解决这些危机的方式，就是时刻保持机警，时刻做好战斗的准备。

其实，华为不仅仅是有简单的危机意识，而是有积极的战略性假设，假设未来的方向。就如任正非在接受媒体采访时所说的："外界都说华为公司是危机管理，其实这是做'假设'，不是简单的危机意识。只是诚惶诚恐是不可能成功的。思想家的作用就是假设，只有有正确的假设，才有正确的思想；只有有正确的思想，才有正确的方向；只有有正确的方向，才有正确的理论；只有有正确的理论，才有正确的战略……"

1.3.4 用乌龟精神追上龙飞船

在践行企业战略的过程中，与把握发展方向同样重要的，还有保持适当的前进节奏。很多企业在发展的过程中过于求快，结果不可避免地造成了管理脱节、孤军深入等竞争大忌。

当然，不强调发展速度也是不行的，没有合理的成长速度，就没有足够的能力给员工提供更多的发展机会，从而吸引更多企业所需的优秀人才。人才的发展是马太效应，当企业有很好的经济效益时，就能更多地支撑人才加入，有了更多的优秀人才加入，企业才能创造出更多的财富，从而以更多的财富支撑更多的人才加入，使企业管理更加优化。企业也才有了持续发展的基础。

在这一方面，华为主张科学控制企业的发展节奏，既不允许冒进，也不倡导追随在别人身后，受制于人。《华为公司基本法》第十四条明确规定："我们（华为）追求在一定利润率水平上的成长的最大化。我们必须达到和保持高于行业平均的增长速度和行业中主要竞争对手的增长速度，以增强公司的活力，吸引最优秀的人才，和实现公司各种经营资源的最佳配置。”

任正非认为，华为立志在电子信息产业中成为领先者而不是被淘汰，唯一的有效途径就是保持一个合理的成长速度，领先对手一小步，不必太多。而在追赶和超越同行业者的过程中，任正非还进一步指出，“华为想要获得持续成功的关键是要稳扎稳打，要学会用乌龟的坚韧精神去追赶龙飞船，不要羡慕别人的成就，而是要一步步地走好自己的路。”

【辅助阅读】华为的蛙鼠之鉴

20 世纪 90 年代，中国房地产业开始兴起，越来越多的企业在某一领域获得成功之后，都会选择去房地产行业掘一桶金。一部分华为人也开始受这种风潮的影响，开始蠢蠢欲动。

这时，任正非给华为人讲了一个蛙鼠殒命的预言：一只老鼠在河边玩耍时，遇见一只青蛙，青蛙口若悬河地向老鼠介绍游泳的快乐，以及沼泽地里发生的奇闻逸事，老鼠则向青蛙讲述岸边的风景和物产，它们深深被对方吸引住了。开始的时候，老鼠带着青蛙在地面上旅行，它们一块儿十分开心，但到了池塘边上，老鼠犯愁了，它不会游泳，这时青蛙善解人意地说：不要害怕，我会帮助你的。它让老鼠将爪子搭在自己的后脚上，然后用芦草紧紧地绑在了一起，就这样，它们高兴地开始了水上旅游。这个时候，一只老鹰看见它们，它俯冲下来抓老鼠，青蛙赶紧往水里潜，但因为老鼠抱住了他的后腿，青蛙的速度大打折扣，最后，老鹰抓住了奄奄一息的老鼠，又因为芦草将它们紧紧地捆在一起，所以青蛙也成了老鹰的战利品。

陆地上的老鼠和池塘里的青蛙都有足够的能力从老鹰的攻击下逃生，但是青蛙和老鹰结合之后在水中的生活，恰恰限制了它们的生存优势。企业经营也是一样的道理。任正非借助这一预言，理性地告诫华为的管理者们：“在企业并购潮掀起的时候，一定要保持头脑的清醒，不能盲目地追求新鲜和速度。特别是当华为与德国西门子、德国英飞凌，甚至加拿大北电等联姻时，更要注意保持发挥双方各自的优势，一定要警惕合作是否会使双方在特定时刻丧失各自的优势，不要让蛙鼠殒命的悲剧故事在经营领域里一次次地重演。"

2013年，任正非用龟兔赛跑来比喻华为，并称大公司不是会必然死亡，华为只要能够始终坚持乌龟精神，坚持"后发式"的稳扎稳打的追赶，是有可能追上"龙飞船"的。

在华为，"乌龟精神"得到了很好的贯彻和落实，其本身也是符合华为多年来始终坚持的奋斗者文化的。所谓"乌龟精神"是指乌龟认定目标，心无旁骛，艰难爬行，不投机、不取巧、不拐大弯弯，跟着客户需求一步一步地爬行的执着精神。任正非强调："乌龟精神被寓言赋予了持续努力的精神，华为的这种乌龟精神不能变，坚持只做一件事，坚持像'乌龟'一样慢慢地爬，才有可能在几个领域里成为世界领先。做得太多，陷入自己不擅长的领域中，最后只能是在不断的挣扎中耗尽力气并走向死亡。"

事实上，"稳扎稳打，不贪功，不冒进"并不是华为所独有的战略思维，也是很多企业家用亲身经历总结出来的宝贵经验。

1889年，爱德华·米其林创办了一家轮胎作坊，因为需求量大，没过几年他的轮胎作坊就发展成为一家大公司。随着规模越来越大，接触到的业务也越来越多：他发现造船挺赚钱，于是成立了一家造船厂；接着他觉得酿酒业很不错，便又成立了一家酿酒公司；随着项目的增加，他觉得运输业这笔钱也应该由自己来赚，于是又成立了一家铁路运输公司。

爱德华的事业越来越大，就在他慢慢成为法国费朗最有钱的人时，问题开始出现了：他每天有处理不完的事情和做不完的决定，忙得筋疲力尽，而且，各项事业发展得都太快了，以至于他根本没有找到一种合理的管理方式，企业就已经撞上了冰山。几年之后，其包括轮胎公司在内的所有业务都开始亏损。

“为什么我这么努力却还是做不好?”爱德华纳闷极了。

有一天，他因为酿酒公司原材料的问题来到一座葡萄园考察。他看到农户们把一些青葡萄摘下来，然后整篮整篮地倒掉，便不无心疼地问道：“这些葡萄看上去并没有什么问题，为什么要把它们摘下来扔掉呢?”

“如果不摘掉部分葡萄，所有葡萄会相互抢夺养分，最终所有葡萄都会长得不够大、不够甜，而摘掉一部分，其余的葡萄就能得到更多的养分，长得更大、更好，不仅产量会提高，价格也能卖得更好。”农户们笑了笑补充说，“如果舍不得摘掉它们，我们反而会损失更多呢。”

爱德华恍然大悟，致富是没有捷径的，并不是事业越多，获得成功的速度就越快，只有舍弃那些分散自己精力的业务，坚持在核心业务上稳步前进，才能收获更好的“葡萄”。

此后短短半年时间，爱德华先后关闭或出售了除轮胎厂以外的所有公司，全力以赴地做一件事，而最终这件事也成就了他的伟业。今天，米其林公司已经成为全球轮胎科技的领导者，兴盛百年而不衰。

2016 年 2 月，在巴塞罗那华为小型恳谈会上，任正非直白地说道：“谁都做了许多傻事，都是一点一点走到今天的。世界都是循序渐进的，我不相信‘大跃进’可以成功。我们公司从来不搞‘大跃进’。爹还是那个爹，娘还是那个娘，镰铲、泥巴、女人和狗一个都没有变化，你怎么就成了富二代呢，这不现实嘛。路要一步一步走，饭要一口一口吃。”这其实也是任正非所有企业经营者真诚的劝诫。

1.4　以价值为驱动

效益是企业持续发展的依赖，利润是企业效益的主要体现。不同的企业有自己不同的效益定位。华为在效益方面也有着自己的思考。以价值为驱动是华为运营管理工作中最核心的理念，也是华为一切管理策略的基本出发点。所谓价值驱动，即以创造价值的核心业务为驱动，以市场为驱动，通过满足客户的基本需求来实现企业的价值目标。

在当代企业的运营管理中，价值驱动是一种以业务实现为目标来推动各类决策、组织、管理工作落实的运营模式。相比于传统的行政命令驱动和流程驱动，价值驱动有着其鲜明的个性和优势。首先，行政命令驱动的典型特征是必须领导下指令后下级才开始执行，员工在执行中缺乏主动性，很容易导致管理的僵化和效率的低下，而流程驱动则过分强调过程，在结果上缺乏保障性。相比之下，价值驱动所强调的是企业要通过业务成果的进行来兑取价值，是以最终结果为依据的，也是最能够保证最终产出的企业驱动方式。

1.4.1 以客户为中心

华为坚持以价值为驱动制定和实行企业战略，其第一个做法，也是最突出特点就是坚持“以客户为中心”。

“以客户为中心，以奋斗者为本，长期坚持艰苦奋斗”是华为最核心的价值观，华为管理层一直这样认为，华为始终存在于客户价值链之中，华为的价值仅仅是客户价值链上的一环而已。客户养活了企业，如果企业不能为客户提供服务，那么企业必然难以生存下去。因此，只有以客户为中心去推进企业发展，企业才有机会和可能长期发展下去。

【辅助阅读】德鲁克的客户中心理论以及客户中心战略

管理大师德鲁克曾提出了三个非常经典的问题：第一，我们的业务是什么？第二，我们的客户是谁？第三，客户心目中的价值是什么？最后，德鲁克自己给出了这样的答案：“从规定企业的宗旨和企业的使命来讲，这样的中心论题只有一个，即客户。”

德鲁克认为，在企业界，赢得客户才能取得最后的胜利。而企业在制定和执行战略、战术的过程中，一旦脱离了客户，执行就会走上错路，因此，在《德鲁克论管理》一书中，他反复强调：“企业的战略从某种意义上说，并不是针对企业自己而制定的，而是环绕着客户需求而制定的，以企业自身为中心的战略永远无法走上契合并征服客户的正轨。”

在华为的发展中，任正非始终坚持着“以客户为中心”的普遍客户原则，他曾多次呼吁：以客户为中心是企业活动的核心，唯有让客户满意，企业才能发展。尤其是在涉及企业战略的制定和执行的时候，任正非更是反复强调：“客户是华为的衣食父母，不分大小、职位高低都要公关到位。华为人必须建立起强大的客户能力，把握好每一个细节，为企业争取更多的客户。任何一个不起眼的细节和一个不起眼的角色很容易决定在一个项目中华为的去留。”

可以说，20 多年来，尤其是近 20 年来，随着互联网服务经济的不断崛起，华为不仅始终坚持着“以客户为中心”制定企业发展战略，甚至还将这一核心价值理念放在了越来越重要的位置。

2001 年，华为内刊上登载了这样一篇文章，文章名字原本叫作《为客户服务是华为存在的理由》，然而任正非在审稿时将其改为《为客户服务是华为存在的唯一理由》。任正非认为，华为是为客户而存在的，除了客户，华为没有存在的任何理由，所以客户是华为存在的唯一理由。

2010 年 8 月 6 日，任正非在“2010 年 PSST 体系干部大会”上发表讲话说：“现在我们已经走在了通信业的前沿，要决定下一步该怎么走，其实是很难的。这 20 年，我们占了很大的便宜，有人领路，阿尔卡特、爱立信、诺基亚、思科等都是我们的领路人。现在没有领路人了，就得靠我们自己来领路。

这是一个探索的过程，在这一过程中，因为对未来不清晰，可能会付出极大的代价。但我们肯定可以找到方向，找到照亮这个世界的路，这条路就是以客户为中心，而不是以技术为中心。”

2014 年，任正非在《面对金融危机，华为该怎么办》的讲话中再次强调说：“销售团队在与客户交流时，一定不能牛气哄哄的，否则我们在沙漠里埋头苦干半天，客户也不一定认同。无论将来我们如何强大，我们谦虚地对待客户、对待供应商、对待竞争对手、对待社会，包括对待我们自己，这一点永远都不要变。”

在任正非的带领下，华为的各级管理者们也都普遍建立起了以客户为中心的战略意识，华为品牌经理姚本俊便曾表示：“我们在管理上，永远要朝着以客户为中心，聚焦价值创造，不断简化管理，缩小期间费用而努力。任何多余的花絮都是要由客户承担支付的，越来越多的装饰只会让客户远离我们。因此，我们明确任何变革都要看近期、远期是否能增产粮食。”

近年来，在所有华为人的共同努力下，华为在战略执行上始终在为促进人们平等地接入信息社会而不懈努力。2013 年，华为参加赞比亚通信管理局的“普遍接入项目”，为赞比亚偏远地区建设了 169 个基站，帮助 500 多个村庄首次实现通信覆盖 ；2014 年，华为保障了全球近 30 亿人口的通信畅通，支持 170 多个国家、1 500 多张网络的稳定运行；对索契冬奥会、巴西世界杯、中国鲁 甸地震等 150 多个重大事件、自然灾害进行网络保障；2015 年，华为与新西兰电信合作，为新西兰广袤的远郊和乡村覆盖 4G 网络，让近 20 万偏远地区的企业和用户享受到媲美城区的网络体验。

此外，在过去的三年中，华为还在全球建立了 45 个培训中心，提供端到端的人才发展解决方案，满足客户及社会的 ICT 人才需求，有效应对数字化社会挑战；华为领先的 ICT 技术也已广泛应用于政府、金融、能源、交通等领域，大大提升了各行各业效率，降低了资源消耗。而这些“以客户为中心”的战略的有效实施，则为华为换取了更广泛的市场和更多的客户支持，为华为长期战略目标的实现奠定了坚实的基础。

关于以客户为中心，任正非还强调，企业不能盲目做大、盲目铺开，要聚焦在少量有价值的客户、少量有竞争力的产品上，在这几个点上形成突破。比如，华为的作战面从来不会展开得太宽，而是坚持聚焦，在一个领域的一个点上先取得突破，比如集中力量搞客户最需要的管道产品的研发，等到成功以后，再来发挥这个胜利产生的榜样作用和示范作用，把这个点在同一个行业复制，实现数倍的利润。

2011 年，中国人民大学商学院的一批 EMBA 学员在去英国兰开斯特大学进行交流访问时，对方教授曾如此评价华为："华为走过的路，与世界上那些曾经辉煌过的企业走过的路一样。这些企业在达到巅峰之前也是以客户为导向的，但到达巅峰后它们开始听不进客户意见了，不愿意主动满足客户需求了，于是它们渐渐衰落了。"这段话也在一定程度上彰显出了一个真理——以客户为中心，切切实实是华为的胜利之本。

1.4.2　持续地创造价值

在明确了"以客户为中心"的价值标准以后，任正非还格外注重强化华为人对短期成功和持久成功的认知，鼓励华为人在兼顾短期战略效益的同时，立足于企业的长远发展。

我们知道，战略是企业对经济形势的判断所作的应对性策略。经济发展是有一定周期规律的，当企业经过了初期努力生存的阶段，积累了一定的实力后，其面对的市场环境往往已经发生了根本性变化。此时，短期战略与长期战略的分别设定，将给企业发展带来截然不同的影响。

【辅助阅读】短期战略与长期战略的影响对比

通常而言，短期战略会造成企业间存在两大方面的差距。

第一种是客户关系的差距、品牌的差距。过去，企业建立渠道是为了获取收益，很少考虑客户情感培养和价值认同的问题。但是，客户关系构建后，企业必须坚守自己的核心价值观，力求做到“有所为、有所不为”，如果一味地采取忽视构建客户价值认同的短期战略，就会极大地制约企业的发展。

第二种是创新能力的差距。总体上说，短期战略的模式是“跟随”战略——复制和抄袭，这意味着基于短期战略的企业组织是不太支持创新的，这对企业价值观呈现是一种极大的束缚。

相比之下，长期战略的优势表现在品牌和创新上的超越。

当围绕品牌塑造和创新能力提升进行战略布局时，企业会考虑外部环境情况和自身所处的位置，然后再去塑造企业核心价值观，这也将成为企业战略的根本出发点。此外，品牌必然主导着某种价值理念，而这种理念会发挥超前引领的功能，创造消费潮流。而当客户产生价值观上的认同时，该品牌也因此拥有了一大批忠诚客户。

从战略的作用来说，长期战略能够在大方向上为企业提供行动指引，而短期战略则是为了企业更现实的生存需要。这是长期战略与短期战略之间的明显差异。

在过去20多年中，围绕不同时期的市场经济环境，华为对自己的未来与现在形成了很多独特、深度的思考。任正非曾说：“对于个人来讲，我没有远大的理想，我思考的是这两三年要干什么、如何干才能活下去。我非常重视近期的管理进步，而不是远期的战略目标。”

不难看出，格外强调务实的任正非似乎更加注重企业的短期目标，但这并不意味着华为没有长期战略。早在1999年2月的《创业创新必须以提升企业核心竞争力为中心》的讲话中，任正非便说：“我曾经说过：什么是最好的科研成果，请看看都江堰几千年后还在流淌，还在孕育川西大地。而两河文明时期建造的古罗马的水渠已荡然无存。因此，伟大的发明并不一定稀奇古怪。故弄韵律的歌总唱不长。”他指出，没有短期的成功，就没有战略的基础。没有战略的远见、没有清晰的目光，短期努力就会像几千年的农民种地一样，日复一日。

2012 年，为了推进华为的可持续发展工作，使可持续发展战略在公司全球范围内从上至下获得执行，华为各职能部门的 20 余名高层主管组成了企业可持续发展（CSD）委员会（如图 1—1 所示）。

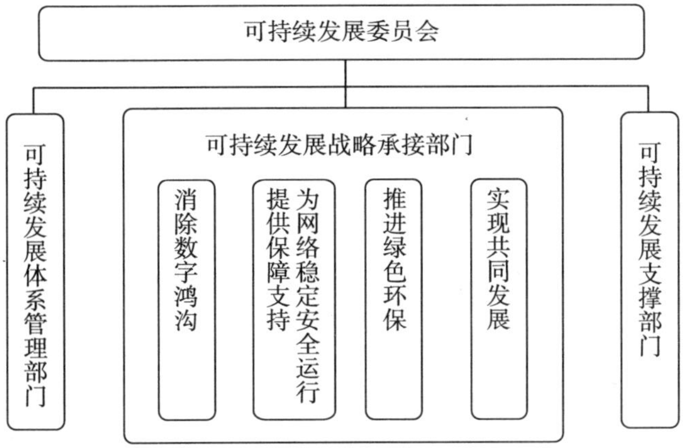

图 1—1　华为 CSD 委员会架构图

CSD 委员会的主要职责：

组织、协调和监督可持续发展管理体系的建立、实施和保持；在业务运营中规划、制定、监督可持续发展战略的执行。

CSD 委员会主要部门职责：

可持续发展体系管理部作为公司 CSD 的专职机构，协助 CSD 委员会开展战略和业务规划及落实和执行公司的 CSD 战略、目标指标和管理方案等；

可持续发展战略承接部门为公司 CSD 战略直接相关的职能部门，主要负责 CSD 战略、目标指标和管理方案的执行和落地；

可持续发展支撑部门协助可持续发展体系管理部和可持续发展战略承接部门开展 CSD 工作，提供必要资源。

基于 ISO 26000 等系列国际标准，从 2008 年到 2012 年的四年时间里，华为建立了许多企业梦寐以求的可持续发展管理体系。首先，华为制定了可持续发展政策，确立了管理基调和执行标准，为业务部门的工作开展指明了方向；其次，华为完善了组织建设，建立了体系运行的支撑机构，通过流程建设，将可持续发展管理业务固化，指导可持续发展工作按照 PDCA 运行模式进行闭环管理；再次，华为还开展了深度的文化建设，进行可持续发展的宣传和培训，有效强化了员工意识，使全员参与到可持续发展的建设工作中；又次，华为系统化地梳理了可持续发展要求，建立基线，使业务有“法”可依；最后，华为还结合业务现状以及行业趋势，识别了重点关注领域，以项目或重点工作的形式实施管理。这些努力都为华为公司业务的开展奠定了便利、高效的基础。

任正非说：“华为随便抓一个机会就可以挣几百亿元，但如果我们为短期利益所困，就会在非战略机会上耽误时间而丧失战略机遇。所以，华为公司要坚持跑马拉松，要具有马拉松精神，一步步地跑，慢慢跑，要持续盈利。”

也就是说，华为的长远战略就是专注于企业的扎实稳定发展，而短期内企业战略则聚焦于管理经营。在这种战略思维下，华为的“未来”发展完全是对“现在”长期积累后的必然结果，这是一种真正意义上的战略平衡，也是所有企业经营者所应该具备的经营常识。

1.4.3 坚持分享与共赢

在“以客户为中心，持续创造价值”的基础上，华为所追求的价值实现并非独享利益，而是与那些肯于为华为产品买单的客户一起分享成功。

2016 年 4 月，微软董事长比尔·盖茨在美国哈佛大学的演讲中指出，环顾全球的领先企业，它们的成功往往来源于一种出色的平衡能力，即，它们总是能够在让企业获得可观的利润的同时，为客户带来更多的价值溢价。盖茨认为，在战略规划阶段，那些成功的企业往往会首先问自己两个至关重要的问题：客户想要的最终结果是什么？以及自己能够给客户带来什么？用盖茨的话来说，“如果你在未来所创建的企业甚至无法满足客户的需求，更不用说与客户分享成功的果实，那么，客户为什么要选择你呢?”

事实上，在这一点上，大多数成功企业家都有着类似的认知。早在 1998 年，任正非便在《华为的红旗到底能打多久》的主题演讲中强调：“华为必须保持对客户的长远的承诺，对优良供应商的真诚合作与尊重。客户的利益就是我们的利益。通过使客户的利益实现，进行客户、企业、供应商在利益链条上的合理分解，各得其所，形成利益共同体。因此，华为务必要以客户满意度为企业标准，孜孜不倦去努力构建企业的优势，赢得客户的信任。”

2010 年 8 月，在华为 PSST 体系干部大会上，任正非再次指出：“我们主观上是为了客户，一切出发点都是为了客户，其实最后得益的还是我们自己。我们不要太多钱，只留着必要的利润，只要利润能保证我们生存下去。把多的钱让出去，让给客户，让给合作伙伴，让给竞争对手，这样我们才会越来越强大。大家的生活都有保障，就永远不会死亡。”

【辅助阅读】分享经济

分享经济（Sharing Economy），也被称为点对点经济（Peer-to-peer Economy）、协作经济（Cooperative Economy）、协同消费（Collaborative Consumption），是一个建立在人与物质资料分享基础上的社会经济生态系统。

“分享经济”的核心是以闲置资源换取经济收益。其本质可以用大仲马的一句话来轻松理解，即“我为人人，人人为我。”随着互联网科技和商业模式的深入发展，分享经济正在成为当今企业的新业态。

2015 年 9 月，李克强总理在夏季达沃斯开幕式特别致辞中指出，目前全球分享经济呈快速发展态势，通过分享、协作方式搞创业创新，门槛更低，成本更小，速度更快。而近年来，以滴滴出行、优步、猪八戒等为代表的新兴互联网企业的成功，大多得益于分享和共享的商业模式。

为了实现企业与客户的利益分享与共赢，以便更好地实现战略成功，华为主要在以下几个方向做出了努力。

首先，华为规定一切产品的研发、生产和营销活动都要环绕客户的价值实现而展开。任正非认为，客户的利益就是华为的利益。华为从产品设计开始，就考虑到将来产品的无代演进。别的公司追求产品的性能价格比，华为追求产品的终生效能费用比。为了达到这个目标，华为宁肯在产品研制阶段多增加一些战略投入。

其次，华为坚持把领先技术转化为更优、更有竞争力的产品解决方案，以更好地为客户服务，进而实现价值溢价。以 2015 年为例，2015 年华为在企业网络领域、云数据领域、企业无线领域等方面，全都制定了一系列以帮助客户实现商业成功为核心的战略战术。

在企业网络领域，坚持“让网络更敏捷地为业务服务”的愿景，基于敏捷网络架构持续创新，首次将 SDN 引入物联网，推出敏捷物联解决方案，让万物智慧互联提高生产办公效率。面向云数据中心的 Cloud Fabric 利用 SDN 实现计算、存储、多云的全联接 SDN 方案，让云计算变得更简单，并将数据中心内部交换网络从 10G/40G 提速到 100G 互联，服务器接入从 GE/10GE 演进到 25GE。在企业无线领域推出革新的多级敏捷分布式 Wi-Fi 架构，Agile Mobile 解决方案更创新地融合了 Wi-Fi 和 LTE 技术，为大型企业园区构建与运营商网络体验一致且拥有更多增值业务的无线网络。同时，为应对新型的高级可持续攻击威胁，华为还推出了基于大数据分析技术的 APT 安全解决方案，实现覆盖“端、管、云”全联接的网络防护。

最后，华为要求，公司全体成员都要具备利益共同体意识。《华为公司基本法》第五条明确规定：“华为主张在顾客、员工与合作者之间结成利益共同体。努力探索按生产要素分配的内部动力机制。我们决不让雷锋吃亏，奉献者定当得到合理的回报。”

此外，任正非还多次在公开场合强调：“华为主张在顾客、员工与合作者之间结成利益共同体。公司努力探索企业按生产要素分配的内部动力机制，使创造财富与分配财富合理化，以产生共同的更大的动力。”华为以不让雷锋吃亏，让奉献者得到合理回报的方式，有效保证了各级员工都能沉下心来为客户把事做实，更加保证了客户能够从每一个华为人的执行过程中分享到利益。

有报告显示，截至 2016 年 5 月，中国参与分享经济活动总人数目前已经超过 5 亿人。而分享经济这种建立在资源共享基础上的崭新模式，正在迅速渗透到许多领域和细分市场。2016 年政府工作报告中甚至都已指出：“‘十三五’时期，国家将支持分享经济发展，提高资源利用效率，让更多人参与进来、富裕起来。以体制机制创新促进分享经济发展，建设共享平台，做大高技术产业、现代服务业等新兴产业集群，打造动力强劲的新引擎。”

从任正非的分享与共赢，到国家政府工作报告里的“促进分享经济发展”“支持分享经济发展”，这当中反映出的不仅是成功企业家和国家经济建设者坚定的立场和鲜明的态度，同时也在提醒着广大中小企业经营者，“分享经济”的大潮已经来了，在这样的浪潮之下，企业在制定战略和战术的过程中，如果不懂得与客户分享成功，不能与客户共享利益，那么，企业便难有壮大的可能。

第2章　业务型驱动

华为今天的成就，很大程度上来自业务转型的成功，但不管业务如何变化，我们所坚持的战略方向、战术、原则和为客户服务的本质决不能动摇，必须要坚持以市场需求和价值创造来推动企业组织的发展。

——任正非

导语：以业务为支撑，实现价值创造

以业务为驱动是华为人力资本主张中最核心的理念，是华为整个运营体系建设过程中客观尊崇的核心元素，也是华为实现价值创造的基本保障。所谓业务驱动，即是市场驱动、客户驱动，是一种以业务实现为目标来推动各类决策、组织、管理工作落实的运营模式。

与组织运营僵硬的行政命令驱动和过分强调过程而忽视成果产出的流程驱动相比，业务型驱动所强调的是企业要通过业务成果的实现来兑取价值，是以最终结果为依据的。

华为坚持业务驱动，主要是从四个方面展开的，首先是坚持客户导向，以客户需求为策动力，将企业创造力与市场需求充分结合，并且与市场各方形成互惠互利共同利益体；其次是以农村包围城市、贴身服务体系、人才战争、坚持不上市等手段为核心的弱侧进攻战略；再次是坚持压强原则，坚持聚焦在一个业务点，在此基础上集中优势兵力歼灭敌人，并且坚持快速行动、以质取胜的重要方针；最后是以机会驱动发展，绝不放过任何战略制高点以及可能成为制高点的目标，对准制高点，加强战略投入，但不是一味地投入，而是有张有弛，找到扩张与控制的平衡点。拥有17万员工的庞然大物般的华为，就是在这样一套系统的驱动逻辑下保持高效运营的。

带着问题阅读：

1. 坚守客户导向的基本做法有哪些?
2. 如何结合企业实际引入华为的弱侧进攻战术?
3. 如何在企业实战中科学地运用压强原则?
4. 如何抓住机会点以促进企业发展?
5. 怎样在运营中将业务驱动的理念落实下去?

2.1 坚持客户导向

业务驱动型企业的最突出特点即以客户为中心，“以客户为中心”并非华为的独特创造，而是一种普遍适用的企业价值观或真理。然而，这种价值观或真理却被人们所扭曲、变形。而华为的过人之处则在于，它从来没有丧失过对这种最基本的价值观的坚持，并始终将这种价值观作为企业战略发展的立足点。

首先，华为坚持以客户需求为出发点，坚持客户需求即市场机会的原则，一切工作的重心都环绕解决客户需求而展开。其次，在此基础上，华为又将自身创造力与市场需求完美结合在了一起，实现了环绕市场搞研发，环绕机会搞创新，极大程度上降低了不创造价值的资源消耗。最后，华为又将客户、竞争者与自身紧密地联系在了一起，以“高筑墙，广积粮，缓称王”的战略方针，实现行业地位的提升和巩固。

2.1.1 以客户需求为驱动

从产业价值链定位来看，华为主要是以客户需求为驱动。华为将自己定位为通信设备领域的系统集成服务商与量产型公司，为客户提供有竞争力的端到端通信解决方案，并围绕通信设备领域的整个产品生命周期形成完整的产品线。其盈利模式主要是依靠整个通信产品的整个产品生命周期赚钱。

【辅助阅读】苹果的客户需求驱动

很多人认为苹果是技术驱动，认为其惊人的销量和暴增的业绩都是以技术的不断优化和升级为基础的。这种观念其实并不正确。事实上，苹果真正属于自己的技术专利成果很少，它77%以上的专利都是借用的别人的研究成果，在2011年，苹果仅向诺基亚便支付了大约4.2亿欧元的专利赔偿金，而2015年初，手机业务的后起之秀小米，甚至都已经在专利数量上直追苹果。

真正促使苹果走向巅峰的，实际是其以客户需求为中心的驱动模式，已故的苹果之父乔布斯曾言："企业业务的发展，主要是市场需求推动的结果。"

他指出："商业活动的基本规律是等价交换，如果我们能够为客户提供及时、准确、优质、低成本的服务，我们也必然获取合理的回报，这些回报有些表现为当期商业利益，有些表现为中长期商业利益，但最终都必须体现在公司的收入、利润、现金流等经营结果上。那些持续亏损的商业活动，是偏离和曲解了以客户为中心的。"

为了满足客户需求，苹果甚至在产品并无严重质量问题的前提下，大批量地召回在2014年9月至2015年1月之间售出的iPhone 6Plus，目的就是免费帮用户更换更优质的摄像头，以拍出更好的照片。另外，苹果手机的所有代工工厂都是按苹果公司的计划和指令生产的，目的就是严格遵照客户需求，生产出最能让客户满意的产品。

企业如何才能活下去，活得好？这想必是包括任正非在内的所有企业家从创业第一天起就开始思考的问题。相比于大多数创业者，任正非的幸运在于，他很早就找到了"企业活下去的根本"——成就客户。

“以客户为中心”的核心价值主张在华为由来已久，而“以客户需求为驱动”更是这一主张的核心立足点。华为发展早期，任正非清晰地意识到，企业活下来的充分必要条件就在于优先满足客户需求，并在此基础上管控好质量，做好服务，形成成本低优势以及稳定的现金流。

1992 年，华为在模拟空分局用交换机 JK1000 上大溃败，随后，在 3G 产品 IS2000 上再次惨遭滑铁卢，两次技术创新的失败让任正非等华为高管开始意识到，技术驱动的创新模式无法应对市场的千变万化，也背离了企业的商品化导向。认清了这一点，华为在以后的创新活动中开始把目标对准客户需求，逐渐把技术创新与客户需求紧密地结合起来，并且要求华为中高层干部必须在工作中坚持以客户需求为导向，无论是销售部门、生产部门还是后勤服务部门，都要直接面向客户。

2003 年，任正非在 PIRB 产品路标规划评审会议上发表了《产品发展的路标是客户需求导向，企业管理的目标是流程化的组织建设》的讲话，并在讲话中指出：“我们强调，要坚持客户需求导向。这个客户需求导向是指理性的、没有歧变、没有压力的导向，代表着市场的真理。有压力的、有歧变、有政策行为导致的需求，就不是真正的需求。我们一定要区分真正的需求和机会主义的需求。我们说，一棵小草，如果上面压着一块石头，它会怎么长？只能斜着长。但是石头搬走了，它肯定会直着长。如果因为石头压着两年，我们就做两年的需求计划，两年后，小草长直了，我们的需求也要改变。因此，我们要永远抱着理性的客户需求导向不动摇，不排除在不同时间内采用不同的策略。”

事实上，坚持以客户为驱动并非华为的专利，松下电器创始人松下幸之助便曾说过，“领导一万个人的时候，就只能靠上帝。这个上帝就是客户。”而全球航空航天业领袖波音公司，也是客户需求导向的忠实执行者。

波音公司 777 客机可以说是设计中的典范。而事实上，很少有人知道，波音公司的产品如此成功，是源于其在设计飞机时的一个不成文的规定。波音公司从未在任何文件中要求“不许设计师单独设计飞机”，但这一准则却被波音人一代代地传承了下来。

从第一代创始人威廉·波音开始，波音公司便将产品的设计权很大程度上下放给了客户，每次需要设计新的机型时，波音公司设计部门的管理者都会把各大航空公司的采购主管召集到一起，由大家共同讨论下一代飞机应该是怎样的、有什么需求、有什么设置、多少个座位等等，当讨论完之后，一架客户所需求的飞机也就出来了。

由于能够准确地把握住客户需求，波音公司设计部门的负责人几乎很少会出现工作上的失误，而该部门的领导往往也是整个波音公司地位最稳固、升值潜力最大的。

任正非要求华为人，要向波音公司学习，呼吁华为的 IRB 人员，“要有对市场的灵敏嗅觉，就像香水设计师一样，能够灵敏区分各种香味，不能区分就不能当 IRB 人员。”他指出，“这种嗅觉就是对客户需求的感觉。那么，这种嗅觉能力来自哪里？来自客户，来自与客户聊天、吃饭。”

为此，任正非还曾给华为员工列举过郑宝用的例子。郑宝用加入华为以后，仅仅用了不到八年的时间，便从一个普通的技术工程师成长为了华为常务副总裁、总工程师，很多人都不明白他为什么会进步很快。在任正非看来，郑宝用其实就是与客户交流多，“我们的接入网、商业网、接入服务器等概念都来自与客户的交流，实际上就是客户的发明。很多知识智慧在客户手中，我们要多与客户打交道，乐意听取客户意见。客户骂你的时候就是客户最厉害的地方，客户的困难就是需求。”

当然，我们在看到波音公司设计部的高管和华为郑宝用通过坚持满足客户需求而取得成功的同时，也必须意识到，客户需求导向不仅仅指在研发上立足于客户需求，以及随时随地响应并满足客户需求，还包括解决客户的潜在问题，为客户提供超预期的服务等等，这些都是一个合格的企业管理者所必须具备的素质，更是获得客户认可、实现业务增值并最终自我实现的关键因素。

2.1.2　让创造力与市场融合

在坚持客户导向以实现业务驱动的过程中，将企业创造力与市场结合起来，做到以市场为中心的价值提升，也是华为在运营管理中取得卓越成果的关键要素。

众所周知，一件产品或者某项服务好不好，不是企业本身所能够决定的，真正有资格做出评价的，是市场和活跃在市场上的购买者及使用者。因此，企业在围绕客户需求开发新产品，制定新的服务项目时，必须做到与市场需求相融合，无论是研发还是管理，企业的各项创造力都要充分结合市场与价值。

【辅助阅读】市场导向与导向市场

企业坚持将自身创造力与市场相结合，其实就是新时代下运营管理市场导向的一种。相对于过去以企业为中心的旧观念而言，市场导向即企业以市场需求为中心来安排生产经营活动的营销新观念。核心是事事处处以顾客的满意为目标，从而扩大销售，获取最大利润。

当然，企业经营仅仅坚持市场导向还不够，还必须善于导向市场。所谓导向市场，说白了就是要善于在"无中生有"地开发出新的产品后，通过科学营销，使消费者认识产品，进而接受和喜爱产品，由此引导市场。

坚持市场导向与导向市场的结合，是面向新的经济时代的企业拓展市场的重要法宝。企业经营者不妨借鉴一下昂立的经验，努力赢得企业新的发展。

早在创业之初，任正非便认识到了市场的重要价值，并且指出，华为矢志不渝地追求企业核心竞争力的不断提升，这种提升是围绕满足客户和市场需求而展开的，华为从未把利润最大化作为目标。

为了引导华为人能够真正把企业创造力与市场需求融合起来，在《创新是华为发展的不竭动力》一文中，任正非还指出："核心竞争力不断提升的必然结果就是生存、发展能力不断被提升。我们认识到，作为一个商业群体必须至少拥有两个要素才能活下去，一是市场和客户，二是货源。因此，首先，必须坚持以客户价值观为导向，以市场为依托，持续不断地提高客户满意度。客户百分之百地满意，就没有了竞争对手，当然这是永远不可能的。企业唯一可以做到的，就是不断提升客户满意度。提升客户满意度是十分综合复杂的，要针对不同的客户群需求，提供实现其业务需要的解决方案，并根据这种解决方案，开发出相应的优质产品和提供良好的售后服务。"

1998 年，在《华为的红旗到底能打多久》的发言中，任正非指出："华为必须要破釜沉舟，把危机意识和压力传递到每一个员工。通过无依赖的市场压力传递，使内部机制永远处于激活状态……以后卖设备会比现在还困难得多，这迫使企业必须把产品的性能做到最好、质量最高、成本最低、服务最优，否则就很难销售。任何一个环节做得不好，都会受到其他环节的批评，通过这种无依赖的市场压力传递，使我们内部机制永远处于激活状态。这是欲生先置于死地，也许会把我们逼成一流的设备供应商。"

2000 年，任正非在"华为市场部集体大辞职四周年颁奖典礼"上发表了《凤凰展翅，再创辉煌》的讲话，在讲话中，他指出："大家回想一下五六月份的情况，五六月份的市场既萧条又混乱，西方公司低价抛销，恶性抢占市场，我们整个市场系统沉不住气了。在这个时候孙总踩了刹车，我加了油门。孙总踩刹车是指削掉销售计划 40 亿元，但要求不能再降价。我加了油门是指让总裁办的人都去收款。结果销售目标完成得这么好，货款回收这么好。"

在市场出现混乱时，华为保持了队形不乱，全体华为人排着队、打着鼓，唱着歌，齐步向前进，最终把可能出现的悲剧变成了壮举。当时那种混乱状态没有停下来，很可能华为今天就会变成一个连生存都很危险的公司，甚至早已覆灭。

华为规定，市场体系要建立，不管是国内，还是国外，每一个客户经理、产品经理每周要与客户保持不少于 5 次沟通的制度，当然，还要注意有效提高沟通的质量。华为还规定，要根据市场进行变化，不能僵化和教条，要有灵活机动的战略战术，要活下去。比如，当新技术的引导作用减弱的时候，要使队形扁平化一些，多做一些有客户现实需求但技术不一定很难的产品。

比如，一讲到宽带，大家就说一定要可运营、可管理，就要打倒 CISCO，华为则不一样，一方面，华为也反对 CISCO，赚反对 CISCO 客户的钱；另一方面，华为则会适当地支持 CISCO，赚拥护 CISCO 的客户的钱。华为人在工作中从来都是以市场为核心，不走极端，左右逢源。就像任正非所说的："我们的问题是利润不够，所以要做些小盒子到各地抢粮食去。所以队形要根据市场进行变化，不能僵化和教条，要有灵活机动的战略战术，我们的宗旨就是活下去。"

2011 年以来，为了将企业创造力与市场彻底地融合起来，华为还规定，研发副总裁的人员名单要报到客户群管理部，客户群管理部要把对他们的考核交到研发干部部。他们每周也要见几次客人、见的次数由客户群管理部决定。坚持与客户进行交流，不断地与客户进行沟通，让客户不断帮助华为进步。

5G 时代来临，为了迎接云时代、图像时代，任正非在 2016 年 10 月 28 日"出征·磨砺·赢未来"研发将士出征大会上，做了《春江水暖鸭先知，不破楼兰誓不还》的讲话。

在当前行业数字化及网络转型的时机，我们从研发集结了 2 000 名高级专家及干部奔赴战场，与几万名熟悉场景的前线将士结合在一起，形成一股铁流。在机会窗开启的时间，扑上去，撕开它，纵向发展，横向扩张。我们的总战略正如徐直军在法兰克福宽带大会上所说的："做多连接，撑大管道"。我们错过了语音时代、数据时代，世界的战略高地我们没有占据，我们不能再错过图像时代。我们不能像过去一样，以招聘新员工培训后扑入战场，等 3 ~ 5 年他们成熟的时候，这个机会窗已经半开半掩了，我们又失去了一次占领图像高地、云化时代的机会。因此，我们短时间直接选拔了有 15 ~ 20 年研发经验的高级专家及高级干部投入战场，他们对技术深刻的理解能力，与前线将士的战场掌控能力结合在一起，一定会胜利的。

云化是我们不熟悉的领域，图像虽然我们领先，但海外除德国大规模实践的经验外，在其他国家还没有取得规模化的成功，还没有建立一支成熟的队伍。特别是面对大视频带来的流量洪水和更低的时延要求，我们还没能驾驭。战略预备队只能一边学、一边教、一边干，让小老师逐渐成为“大教授”；让二等兵在战火中升为将军。大时代呼唤着英雄儿女，机会将降临给有准备的人。大江东去浪淘沙，天翻地覆慨而慷，不能打仗的主官将会离开岗位。随时准备下台，才能不下台。

我们今天集结 2 000 多名高级专家及高级干部走上战场，让他们真正去理解客户需求，背上他们自己制造的降落伞，空降到战火缤纷的战场。“春江水暖鸭先知，你不下水，怎么知道天气变化”。当前“天气预报”绝大多数都是美国作出的。美国不仅集中了大量优秀人才，而且创新机制、创新动力汹涌澎湃。我们要敢于聚焦目标，饱和攻击，英勇冲锋。不惜使用范弗里特弹药量，对准同一城墙口，数十年持之以恒地攻击。敢于在狭义的技术领域也为人类作出“天气预报”。努力在基础科学上领先，与以客户为中心并不矛盾。客户需求是广义的，不是狭义的。

结合市场需求，有针对性地研发、创造和组织销售，从而避免企业资源的浪费，让企业的创造力发挥到实处，这就为华为的快速稳定发展奠定了重要的基础。

同样的道理，任何一家企业，如果能够做到全公司从上到下都围绕客户转，都结合市场来创造价值，并且在这一基础上实现流程化、制度化，那么，这家公司基本上便可以实现无为而治、自我驱动了。

2.1.3 深淘滩、低作堰，共同发展

华为坚持客户导向的第三个突出特点是其深淘滩、低作堰的竞合手段。华

为以客户为中心，不以单纯追求利润的最大化为目标，主张在与客户分享价值的过程中，实现客户对企业运营的牵引功能。

关于这一点，在《华为公司基本法》第十一条中有着明确的规定：我们（华为）将按照我们的事业可持续成长的要求，设立每个时期的合理的利润率和利润目标，而不单纯追求利润的最大化。

任正非指出，“华为的高级干部一定要克服自己的贪婪，管理好自己的欲望，特别是组织欲望，那样就没有什么摆不平的内外矛盾。”为什么客户这么喜欢华为，是因为华为 20 多年信奉深淘滩、低作堰的真理，这条真理指导华为处理客户关系，改善商业生态环境，改善内部关系。

【辅助阅读】深淘滩、低作堰

任正非认为，“深淘滩、低作堰”是华为所在行业要生存下去的法则，同时，这一法则也是两千多年前都江堰水利工程的修建原则。

用任正非的话来说：“李冰父子所留下的‘深淘滩、低作堰’的治堰准则，是都江堰长盛不衰的主要诀窍。其中蕴含的智慧和道理远远超出了治水本身。华为公司若想长存，这些准则也是适用于我们的。”

首先，深淘滩是指不断地挖掘内部潜力，降低运作成本，为客户提供更有价值的服务。客户绝不肯为你的光鲜以及高额的福利多付出一分钱。我们的任何渴望，除了用努力工作获得外，别指望天上掉馅饼。公司短期的不理智的福利政策，就是饮鸩止渴。

其次，低作堰是指节制自己的贪欲，自己留存的利润低一些，多一些让利给客户，以及善待上游供应商。将来的竞争就是一条产业链与一条产业链的竞争。从上游到下游的产业链的整体强健，就是华为生存之本。

华为的奋斗主观上是为了客户，因为华为一切工作的出发点就是为了客

户，最后的收益是华为客观上获得了生存。当一个领导不把功劳归于自己，能够公正评价属下与协作部门的贡献时，就一定会焕发出群体巨大的力量，同样，当一个企业不再只想着自己盈利，而是想尽办法帮助客户实现价值最大化的时候，那么，这个企业的客户一定便会投桃报李、乌鸦反哺。

在华为的发展历程中，任正非等华为高管始终保持着一个明确的认知，即客户购买设备时首先是选择伙伴，而不是设备，因为他们知道，一旦双方合作，就需在一个相当长时间内共同为消费者提供服务。因此，客户选择的合作伙伴不但要具有领先的技术水平、高度稳定可靠的产品、能快速响应其发展需求，而且还要服务好，这个企业才有长远生存下去的可能。

在企业运营中，如果达不到前面几个条件，就是送给客户，客户也不要。客户的要求就是质量好、服务好、价格低，且要快速响应需求，这就是客户朴素的价值观，这也决定了企业的价值观。当然，质量好、服务好、快速响应客户需求往往意味着高成本，意味着高价格，客户又不能接受高价格。所以华为的做法是，想尽办法做到质量好、服务好、价格低，优先满足客户需求，达到客户的要求。

华为帮助客户成长，提升客户竞争力和盈利能力的案例不胜枚举，以 AIS 为例。1998 年，华为公司和 AIS 合作时，AIS 还是泰国一个小的移动运营商。通过华为公司快速响应 AIS 的需求，并提供质量好、服务好的产品和解决方案，使 AIS 一跃成为泰国最大的运营商，并成为泰国股市市值最大的公司。

1999 年 6 月，AIS 和 DTAC 同时推出了预付费业务。华为公司为 AIS 提供产品、解决方案及服务，先后 8 次对设备进行建设和扩容，帮助 AIS 把竞争对手远远地甩在了后面。华为在 60 天内完成了设备的安装和测试，快速满足了 AIS 的需求，比起业界平均周期大大缩短，有力帮助了 AIS 领先对手快速抢占市场，构筑了竞争力。华为专门为 AIS 开发的高达 80 项的业务特性（AIS 在发展过程的新需求），有效地提升了 ARPU 值，提高了盈利能力和竞争力。

任正非在 2010 年 PSST 体系干部大会上强调："开放、合作、实现共赢"，就是团结越来越多的人一起做事，实现共赢，而不是共输。他指出，“华为主观上是为了客户，一切出发点都是为了客户，其实最后得益的还是我们自己。我们一定要理解‘深淘滩、低作堰’中还有个低作堰。我们不要太多钱，只留着必要的利润，只要利润能保证我们生存下去。把多的钱让出去，让给客户，让给合作伙伴，让给竞争对手，这样我们才会越来越强大，这就是‘深淘滩、低作堰’，大家一定要理解这句话。这样大家的生活都有保障，就永远不会死亡。”

在企业运营管理过程中，整个 LTC、IPD 流程不断优化，走向无穷的未来，绝对是走向以客户为中心的。它打中的是客户的 10 环，按 IPD 做出的产品，按 LTC 流程交付，用 ITR 把问题高效关闭，客户能不满意吗？这三个流程、三件大事，好好搞定了，并且比竞争对手还好，质量好、成本低，且效率更高，你说客户满不满意？

那么怎么实现“深淘滩、低作堰”？按照华为的做法，就是把三个业务流（IPD/LTC/ITR）紧密地联系在一起，形成一个良性系统，并达到了一个不断优化的境界。在华为，很忌讳这里搞一摊子，那里搞一摊子，或者完整的 LTC 却一段段各自去搞。用任正非的话来说：“在管理上，学苹果产品（ALL in ONE）学得越像，你就越会打倒别人。你越是像日本，你就越会被别人打倒。”

长远来看，企业的发展不能老是靠雷锋、焦裕禄取得成功，最终结果只会把大家都搞疲劳。在这一点上，国内企业应该向苹果学习，当时苹果 iPhone 一出来，日本厂商都不知道它们大难将至，现在它们已持续十几个季度亏损，很危险。现在谁还买它们烟囱式的产品啊？管理也同此理，不是多，够用就行。在任正非看来，华为若不去看各个管理之间是什么关系，就很容易搞成烟囱林立的管理体系。很多办事处说，我们是作战部门，背负了很多作战压力，公司很多行管部门插手进来，就像一个千手观音。其实核心业务流只有一个：LTC。所以，管理体系不能搞成烟囱式，因为是违背“深淘滩、低作堰”的，也不利于以客户为中心。华为上下一致强调，内部一旦没有理顺，就一定会影响外部客户满意，只有内部搞好了，才会内顺外秀。

事实上，关于“深淘滩、低作堰”，广大中小企业的运营管理者完全可以有更多的思考，比如，可不可以理解为，“深淘滩、低作堰”就是把做到质量优、成本低、服务好的困难留给自己，把由此带来的利益和方便多让一些给客户、给渠道？企业是否一定要追求利益最大化？等等。

资本的最大特点就是追求利益的最大化。企业进入资本市场，又该如何克服企业上下的贪婪，能不能做到像华为一样，不去追求利益最大化，从而让企业获得更加长久的生命和价值呢？

2.2　从弱侧进攻

20 多年前，美国两位大师艾・里斯和杰克・克劳特曾经合著了一部市场营销领域的划时代著作——《定位》。后来，他们又提出了“品牌再定位”的理念，并撰写了一系列的相关书籍，其中有一本就是大家耳熟能详的《商战》。在《商战》一书中，两位大师讲了很多以少胜多、以弱胜强的商业案例，而这些案例能够给予我们的最大感悟便是：颠覆的力量从来不是来源于主流的、热门的市场，而是发起于边缘地带，源自侧翼。

篮球场上，因为中锋一般镇守三秒区以内，而三秒区左右两边的底线位置通常防守较为薄弱，所以被称作“弱侧”，弱侧通常也是攻击的一方最喜欢突破得分的位置。其实，无论是球场上、战场上，还是商业竞争中，侧翼进攻都是一种出奇制胜的重要手段。

历史上，每当华为遇到发展瓶颈，抑或在正面战场无法取得胜利时，以任正非为首的华为高层，总能寻找到一些诸如“农村包围城市”“发动人才战争”“不上市”等曲线战术，集中优势兵力攻打市场和竞争者的软肋，以谋取胜。

2.2.1 农村包围城市

在许多中小企业的经营者看来，弱侧进攻，或者侧翼战只不过是一种军事上的概念，在商战中难有用武之地，然而，任正非却并不这样认为。

华为创建初期，中国通信设备市场几乎被西门子等世界级品牌所垄断，在北京、深圳、上海、广州等一线城市，华为产品几乎难有立锥之地。如果在这些市场与国际巨头争份额，没有任何优势的华为必然面临死路一条。于是熟读毛泽东著作的任正非，选择了一条后来被称为“农村包围城市”的销售策略——华为先占领国际电信巨头没有能力深入的广大农村市场，步步为营，最后占领城市。

【辅助阅读】农村包围城市

农村包围城市，最后夺取全国胜利的革命道路，是以毛泽东为代表的中国共产党人在领导中国革命实践中逐步摸索出来的一条具有中国特色的发展道路和总战略。其基本内容是：中国民主革命首先在敌人统治力量比较薄弱的农村，发动农民武装起义，建立人民军队，建立革命根据地，把武装斗争、土地革命、建立政权结合起来，使之建成支持长期革命战争的战略基地。依托根据地积累发展革命力量，随着革命战争、人民武装和根据地的发展，逐步造成农村包围城市的战略态势，最后夺取全国胜利。

农村包围城市表面上看很怪异，实际上却有很多精妙之处，它在当时促使了中国革命的成功，在现在，尤其是对当今商业，同样有着深刻的现实意义。

首先是创新意识。农村包围城市这一理论本身是一种创新。创新意识可以说是企业前进的动力所在，是企业快速发展的重要保证。其次便是一切从事物的实际情况出发，可以引导企业从自身的实际竞争水平出发，在竞争中量力而为，寻找最适合自己的战略战术。

电信设备制造是对售后服务要求很高的行业，售后服务要花费大量人力、物力。当时，国际电信巨头的分支机构最多只设立到省会城市以及沿海的重点城市，对于广大农村市场无暇顾及，而这正是华为这样的本土企业的优势所在。另外，由于农村市场购买力有限，即使国外产品大幅降价，也与农村市场的要求有一段距离，因此，国际电信巨头基本上放弃了农村市场。

事实证明，这个战略不仅使华为避免了被国际电信巨头扼杀，更让华为获得了长足发展，积蓄了打城市战的资本。而且，华为在农村市场取得成功以后，也从来没有忘记反攻城市的梦想。

1994 年，华为第一代独立研发的数字交换机 C&C08 问世，这个名字是在全公司征集而来的，C&C 有两个含义：一是 Computer&Communication（计算机 &通信），数字程控交换机就是计算机和通信的组合；二是 Country&City（农村 & 城市），表达了华为人从农村走向城市的渴望。

在“农村包围城市，最后夺取城市”的战略下，经过全体华为人在农村市场几年的努力，华为在国内市场节节取胜，从 1996 年的 20 多亿元，做到 2000 年的 200 多亿元，实现了农村包围城市的阶段性胜利，进入了行业前三。而与此同时，屡次试图进军国际市场的华为在国外也采取了相同的策略，即沿用国内市场所采用的“农村包围城市”的先易后难策略：定位于销售额虽低但竞争也不激烈的发展中国家市场。华为早期的很多订单都来自东南亚、非洲和东欧，这些都是跨国巨头们所忽略的市场。彻底征服这些市场之后，华为才开始慢慢向欧美发达国家渗透。

像华为一样依靠“农村包围城市”取得成功的还有同为手机竞争对手的 Oppo 和 Vivo。

在 2016 年的国内手机品牌销量榜上，同属于步步高旗下的 Oppo 和 Vivo 的销量合起来的话，不但击败了华为，而且就连苹果都不是它的对手。而在两年前，Oppo 和 Vivo 在中国智能手机市场都挤不进前五名。当时的国内手机都还在大玩粉丝营销，Oppo 和 Vivo 却选择了农村包围城市的营销策略，挖掘农村客户的购买力而远离北京和上海等一线城市。Oppo 和 Vivo 通过与当地零售商分享利润，寻找销量占当地智能手机市场 3/4 的实体店，并由此成功建立起非常活跃和忠诚的全国销售网络。短短两年内，Oppo 将分布在全国的 5 万多家门店扩张到了 20 多万家，后来也正是这些线下渠道为 Oppo 的发展立下了汗马功劳。甚至有媒体评价道，如果你现在去三四线城市，你会发现到处都是 Oppo 的门店，在那里 Oppo 享有与 iPhone 同样的品牌美誉度。

移动互联网正在向三四五六线城市和农村乡镇迁移，这给 Oppo、Vivo 的崛起创造了市场条件。它们在全国有建立起的庞大数量的门店，同时还有接地气的促销导购员，“公仔”这类街头地面推广方式迎合了下沉型用户购买智能手机的需求，也为 Oppo 和 Vivo 带来了井喷式的销量增长。

面对 Oppo 和 Vivo 的商业成功，华为终端坐不住了。华为内部“心声社区”发表了一篇名为《Oppo 和 Vivo 的人民战争》的文章，分析了 Oppo 和 Vivo2016 年崛起这件事情的原因，这篇文章引发了热烈讨论，之后华为终端公司号召全体成员向 Oppo 和 Vivo 学习，要求不同部门和高管交出学习心得，并进行业务改进。从心声社区的学习心得来看，华为接下来会学习 Oppo、Vivo 强化门店和地推，在县级市增加更多门店，同时门店推广方式更加“接地气”。

这件事引起了任正非的注意，他为此专门写下批示：“终端太伟大了。向一切优秀的人学习，真正敢批评自己，已经是伟大的人了。不管你真谦虚、假谦虚，我真心地说你们是伟大的，你们是我们的希望，希望寄托在你们身上。世界一定是你们的。”

Oppo 和华为所坚持的“农村包围城市”的发展路径看似非常简单：都是从县级市场起步，采取与毛泽东当年相同的战略方针，先是“农村包围城市”，再“最后夺取城市”，当发现国内市场已经无法支撑其持续发展后，又开始走向海外，并依然沿用国内成功的路线图，继续采取进攻侧翼市场的巧妙战术。

但在执行过程中，企业经营者也必须意识到，这个“简明”的战略实施起来却是异常地艰难，姑且不论在高手林立的国内市场是否已经做到了持续领先，即使真的做到了这一点，在开拓国际市场的时候，华为也是承受了连续八年不能盈利，“屡战屡败、屡败屡战”的困苦局面，才有了今天的辉煌战绩。

所以，任何企业在成长中寻找捷径的同时，也都要做好“长征”的准备，有备，方能无患。

2.2.2 打造贴身服务体系

配合“农村包围城市”的战略方针，华为还坚持采取了“打造贴身服务体系”的策略。通过攻克客户的小点，来拿下大的战略点。

任正非很早就意识到，在中国做一个企业，竞争对手是全球各发达国家的世界级巨子，它们积累丰富、底蕴强大，工业基础和产业环境更不可相提并论，华为想要从它们的阴影下成长起来，就必须依托于侧翼进攻，不能与它们主动抢食，而是要攻坚巨头们看不上的小的利益点，比如农村市场和第三世界国家的落后市场；要去深耕巨头们容易忽略的细节，比如为最基层的客户个体提供贴身服务。

【辅助阅读】贴身服务

贴身服务（the nearest service）是指企业负责对客户提供全过程跟进式的服务。对客户的需求进行全过程的提供，针对不同客人的不同需求做好及时、有效、准确、优秀的服务。

2016年1月22日，中国互联网络信息中心（CNNIC）发布了第37次《中国互联网络发展状况统计报告》，报告显示，截至2015年12月，中国网民规模达6.88亿，半数中国人已接入互联网。网民中使用手机上网人群占比由2014年的85.8%提升至90.1%。90%的用户使用手机上网，标志着贴身服务时代正在到来，中国经济即将发生以生产者为中心的经济向贴身服务的经济的转换。

在过去很长一段时间里，中国经济正在经历着供给侧结构性改革。过剩产能的突出标志就是不符合需求，不能提供贴身服务；而结构性改革就是要让符合需求、贴身服务的供给所占比例越来越大。伴随着大数据的发展，由移动互联网带动的贴身服务，将越来越向贴心服务的方向发展，为我国供给侧结构性改革不断注入新的活力。

可以说，贴身服务亦是华为赖以成功的杀手锏之一。20 世纪 90 年代初期，华为刚开始进入国内电信市场时，并不被认可，尤其是电信高层，并不买华为的账。无奈之下，任正非只得另辟蹊径，本着贴近客户的原则，在全国建设了 30 多个办事处和同等数量的用户服务中心，全方位地为客户提供商业网、智能网和接入网的安装和维护工作。并且四处游说各地电信局，由华为与电信职工集资成立合资企业，并承诺高额回报，形成利益共同体，在政策的灰色地带通过利益输送迅速抢占及巩固市场。

举例来说，1997 年，四川电信管理局由工会出资，与华为公司组建四川华为公司。到年底，华为在四川省的业务合同就从上一年的 4 000 万元猛增到了 5 亿元，四川电信则分到了 25% 的丰厚利润。同年，在河北省，华为凭借相同的策略，业务从零一下子做到 10 亿元，而在山东省，销售额则从原来的 2 亿元激增到惊人的 20 多亿元，翻了十倍有余。在其他省份，有的市县级地方电信局甚至拆除了原有设备，改装华为设备。

长期以来，华为始终将“聚焦客户关注的挑战和压力，提供有竞争力的通信解决方案和服务，持续为客户创造最大价值”作为公司的使命，以获得客户的信赖和认可，而华为细致入微的贴身服务正是践行这一使命的重要武器。

众所周知，电信运营商是华为的主要客户，2000 年，中国电信业发生巨变，由原来的一个运营商演变成中国电信、中国移动、中国联通、中国铁通、中国网通等7个运营商。

中国电信一分为7后，采购决策权从地方收到总部。而西方电信设备巨头最擅长的就是做总部和省公司关系。因此，面对这种变化，很多中国电信设备公司都显得不知所措，而华为却反弹琵琶，立刻成立了7个运营商系统部，每个系统部分别负责一个电信运营商，建立独立的KPI考核指标。

华为在每个省都相应设置了分支机构，在每个地市建立客户服务中心，以前的销售经理变为客户代表，想方设法提高华为的服务水平，通过一对一的有针对性的服务，得到客户中真正使用设备的那一部分人的满意和认可。而7大电信集团总部决策者在采购设备时，其实是很注重听取地方意见的，华为凭借着超强的贴身服务征服了地方用户，就相当于变相地拿下了市场。

华为的这一举措足足领先了中兴一年时间，而这一年时间在当时急剧变化的市场环境下显得何其重要，甚至可以说，中兴和华为的差距，就是那个时候拉开的。

2002年，任正非在《迎接挑战，苦练内功，迎接春天的到来》的主题演讲中强调："小公司只搞一两个关系、最关键的关系，成本最低。我们有二百多个地区经营部。有人说撤销了可以降低很多成本，反正它们手里也没合同，我们还要不断地让它们和客户搞好关系。我相信这就是我们与西方公司的差别。我们每层每级都贴近客户，分担客户的忧愁，客户就给了我们一票。这一票、那一票，加起来就好多票，最后，即使最关键的一票没投也没有多大影响。"

2008年1月，任正非在华为新年祝词中再次强调："我们的目标是要成为网络设备的业界最佳。质量好、服务好、内部运作成本低、优先满足客户需求是我们达到这一目标的四大策略。什么是好服务，就是及时的、有效的、准确的、贴身的，就是用户想到了，甚至还没想到，我们便服务到了。"

事实上，近年来，类似的讲话在华为还有很多，而类似建立七大系统以分别服务七大电信客户的举措，在华为也有很多。在全力打造贴身服务体系的主张下，即便是落实到最前线、最基层的执行人员身上，华为人“以客户为中心，持续奋斗”的特质也不会有丝毫走样。

2.2.3　发动人才战争

无论是企业的综合运营也好，还是单纯的组织管理也罢，人始终是各种活动的参与主体，华为在执行弱侧进攻战略的过程中同样没有忘记充分利用人的力量，努力形成人才优势，以人才优势碾压对手。

发动人才战争是华为很早便明确的既定战略，早在 1992 年，任正非在《赴美考察散记》中便感言：“回想 20 年代、30 年代一些先辈奔走呼号教育救国，为社会所不理解，他们的一片爱国心受到曲解。到了 60 年代、70 年代，教育救国连提都不敢提了，仍然没有人理解，反而相信书读得越多越笨。我们触景生情，有些感慨，同样大声呼喊教育救国。我公司聚集优秀人才、提高人才浓度的政策是正确的。尽管它暂时增加了生产成本。”

2016 年初，任正非在接受新华社采访时表示：“对于研发，华为将继续坚持内生外引结合的方式吸引优秀人才。对内，不以成败论英雄，即使是失败的人才、经验，也要继续留在华为的队伍里，从中提取失败因子，总结和持续探索；对外，接纳各种科学家，各取所长。”

【辅助阅读】人才战争理念

北京大学客座教授，中国与全球化研究中心主任王辉耀指出，在智慧资本时代，人才是生产力中最活跃的部分，企业与企业的竞争，甚至国家与国家的竞争，实质上都是人才的竞争！

王辉耀先生在著作《人才战争》中论述了这个道理。20 世纪初，是欧洲流失的人才，让美国率先成功爆炸了原子弹和氢弹，把人造卫星送上天，实现了宇航员登陆月球；20 世纪中后期，是中国和印度等国流失的人才，缔造了美国的世界高科技中心——硅谷。

同时，他也指出，人才于国家和企业的重要性，胜过石油，胜过金融街，甚至胜过一切武器，人才才是知识经济时代最核心的生产力。而人才战争将从根本上决定中国未来能否实现伟大的崛起与复兴。

华为所从事的行业是高科技领域，其最大特点就是人才对企业的发展起决定性的作用，也意味着人才是企业的最大资本。华为强调人力资本的增值大于财务资本的增值，因而我们经常可以看到华为在国内大规模抢夺人才的场景。

1998 年，华为从全国一次性招聘 800 余名应届毕业生，这是华为大规模招聘毕业生的第一次行动。2001 年，华为到全国著名高校招聘最优秀的学生，并声称："工科硕士研究生全要，本科的前十名也全要。"在这一次人才招聘中，华为一共招聘了 5 000 多名新员工。而且，华为借助这次全国最大规模的招聘活动而闻名遐迩。

2004 年 5 月 22 日，华为到惠州举办现场招聘会，列出了 1 000 个空缺职位，大部分与手机设计、制造等专业相关。惠州是珠三角重要的信息产业基地，TCL 集中了大部分的这类人才。当时 TCL 的研发项目正处于攻关阶段，惠州本部的主要技术、管理骨干及全体研发人员却接到公司前往距惠州大约 150 公里的南昆山旅游的命令。TCL 之所以出此下策，目的就是尽可能地回避华为来势凶猛的招聘。

以强大的薪金优势将人才吸引进来以后，华为还与部分国内著名高校建立了定向培训关系——由这些院校负责对学生进行专业知识和技能的培训，华为负责为院校提供一定的经济资助和企业文化培训，而学生毕业后则直接到华为就业。同时，华为在这些名牌大学里设有专门的"三金"——奖学金（奖励学业优秀的学生）、奖教金（奖励教学有突出贡献的教师）、贷学金（帮助那些经济困难的学生)，以作为对定向培训的激励，从而更好地激发人才的战斗力。而这些人才也确实不负华为的期待。

在过去很长一段时间里，华为的这一系列举措一度被同行批判为“垄断人才”。很多业内人士表示，华为发展速度再快，但是它在两年内招聘近万名毕业生也是用不完的，而这种“囤积”重点高校的优秀毕业生的策略完全是一种人才浪费。另一方面，这种人才管理策略也在一定程度上造成了华为非直接生产性成本居高不下的问题。因为刚进华为的大学毕业生月薪水平为 5 000 元左右，研究生月薪水平在 6 000 元以上。即使按照 5 000 位员工来估算，每月仅人才的工资支出便已经高达 2 500 万元。这个数字在企业销售额飞速增长的时候，其负面影响可能尚且显示不出来，但公司的发展速度一旦变缓，负面影响之大便会即刻凸显出来。

然而，对于同行的“浪费”一说，任正非却不以为然。他曾骄傲地说道：“社会上，包括一些世界著名公司，说华为的浪费太大，但我们认为正是浪费造就了华为。当然，我们不能再犯同样的错误，再浪费下去。”

事实上，华为这种所谓的浪费行为亦是有道理的。华为通过这种先入为主的方式，使众多在校学生对华为产生了极为强烈的归属感，并潜移默化地对华为的企业文化理念生出强烈的认同感，这帮助华为轻松而迅速地培养出了一大批忠实于华为、认同华为价值观的员工。目前，华为公司的核心管理层和科研骨干多数是华为与对口高校培养出来的，在华为总人数中约占到 70% 。

20 多年前，改革开放的导师邓小平同志在南方谈话中提出“发展才是硬道理，人才是第一生产力”，而华为能够从一个小资本的交换机贩卖商发展成今天的通信设备巨头，正是一批批华为精英共同努力的结果。

当然，这些年来，华为之所以能够长期保持着自身的人才优势，并且始终利用这一优势强化自身的运营能力以及作战能力，与其根据发展和管理需要，不断调整和优化内部人才结构也有着密不可分的关系。

首先，华为在保持人力资源金字塔的基本架构，拉开金字塔的顶端，形成蜂窝状，让引领发展的“蜂子”飞进来的基础上实现了金字塔内部结构的异化，业务、技术和管理关键岗位，优秀骨干与一般骨干，拉开了差距。向外差异化对标，引入、用好更优秀的人才。

其次，华为有效地做到了适应业务与管理变化，针对性管理各类人才，激活各级队伍。华为将高层干部“洞察客户、洞察市场、洞察技术、洞察国际商业生态环境”的发展要求改为“洞察市场、洞察技术、洞察客户、洞察国际商业生态环境”。

再次，在鼓励人才走“之”字形成长路线以拓宽职业生涯的同时，限制干部“之”字形成长的范围，不强调一定要大流动，有些岗位群不需要具有“之”字形成长经验即不进行“之”字流动。鼓励基层员工踏踏实实地干一行、爱一行、专一行，贡献多就多拿钱。

最后，坚持推行薪酬包制度，把落后的人挤出去，“减人、增产、涨工资”。调整中基层的薪酬结构，对高级干部、高级专家进行薪酬改革，保持人才的积极性和奋斗动力。

华为的快速成长主要是在竞争驱动下不断改善管理，完善激励机制和治理机制，使高素质劳动者的创造力得到极大的发挥，形成良性循环。这对广大中小企业而言也是极具启示价值的。在没有技术优势、没有市场优势甚至没有资本优势的前提下，唯有那些能够充分吸引、容纳并任用人才的企业，才能够更好地活下去，并更早地实现腾飞。

2.2.4 不上市，不贪恋资本

在华为的几大侧翼战略中，调性最为鲜明的就是其“不上市”战略。

上市对于大多数成功企业而言都是一个重要的里程碑，也是企业在壮大过程中快速募集发展资金的重要手段，当大量投资者认购公司股票时，公司的市值便会呈几何倍数增长，以阿里巴巴为例，2014 年 9 月 19 日，阿里巴巴仅上市首日市值便上涨了 38%，从原来的 1 660 亿美元上升到了 2 300 亿美元。在世界财富 500 强企业中，几乎 99% 的企业都是上市公司，然而，华为却是一个例外。

作为一家员工内部持股的 500 强民营企业，华为每每遭受上市谣言的侵扰。比如，2012 年底，市场就曾传言："华为开始接触投行，打算在美国上市。"然而，"十年之内不上市"，这是任正非在很久以前便提出的观点。

【辅助阅读】上市的弊端

对于企业而言，上市其实是一把双刃剑，它在为企业迅速的聚集资本的同时，也会为企业带来一定的隐患。

第一，导致企业失去隐秘性。一个公司因公开上市而在产生的种种变动中失去"隐私权"是最令人烦恼的。证监会会要求上市公司公开所有账目，包括成员的薪酬、红利，以及公司经营的计划和策略等。这会导致企业在一定程度上失去运营优势。

第二，管理层灵活性受限。企业一旦公开上市，就意味着管理人员放弃了他们原先所享有的一部分行动自由。股东通过公司效益、股票价格等来衡量管理人员的成绩。这一压力会在某种程度上迫使管理人员过于注重短期效益，而不是长远利益。

第三，上市后企业运营风险加剧。许多公开上市的股票的盈利没有预期的那么高，有的甚至由于种种原因狂跌。而股票上的波动往往会对公司运作造成十分严重的影响。纵观全球，丰田、惠普等众多知名企业，都曾有过因股市动荡而销售额大受影响的经历。

面对各种"华为要上市"的谣言，任正非曾经语重心长地说道："猪养得太肥了，连哼哼声都没了。科技企业是靠人才推动的，公司过早上市，就会有一批人变成百万富翁、千万富翁，他们的工作激情就会衰退，这对华为

不是好事，对员工本人也不见得是好事，华为会因此而增长缓慢，乃至于队伍涣散。”

2014 年 4 月，任正非再次发言辟谣上市传闻。他说：“任何公司的发展是不是只有上市一条路？允不允许一些企业缓慢地积累增长，这些企业是以管理经营为主，而不是以资本经营为主？外界对华为上市问题议论纷纷，我负责澄清一下。董事会 20 多年来从未研究过上市问题，因为我们认为上市不适合我们的发展。”任正非还表示：“未来 5 到 10 年内，华为都不会谈上市问题，不会参与任何资本游戏，而将致力于行政改革，推动机关从管控型向服务、支持型转变，形成一个适应现代需求的现代化管理企业。”

“不上市，就可能称霸世界！”任正非私底下这么说。这句话至少包含三层意思：一是团队的战斗精神；二是决策的可控性；三是华为人的目标追求。关于不上市的原因，其实可以归结为两点：

第一，从客观上讲，华为所实行的全员持股的虚拟股权制度，在一定程度上决定了华为不可能像一般企业那样轻易上市，复杂的股权关系和利益关系，决定了华为在未来很长一段时间内都将继续实行过去的虚拟股权激励方式。

第二，任正非认为，公司上市之后，公司的发展事务必须得到大股东的支持和建议，而股东们眼中更加看重的是企业的盈利能力，而不在乎公司本身的发展，这一点是任正非所不能接受的。他曾说过，“我们都听过传统经济学中的大量理论，这些理论都宣称股东具备长远视野，他们不会追求短期利益，并且会在未来做出十分合理、有据可循的投资。但事实上，股东是贪婪的。他们希望尽早榨干公司的每一滴利润。”在任正非看来，华为之所以能够不断地超越对手获得长久发展，一个重要原因是华为没有上市。

华为高级副总裁胡厚崑曾经这样解释华为不上市的原因：“在公司不上市的情况下，劳动和资本的合伙制其实是公司价值分配的基础。分配方式中劳动所得，包括 TUP、工资、奖金、福利等收入，与资本投入所得设置合理的分配比例，让拉车的人永远比坐车的人拿得多，那么车就会越跑越快，这样华为的发展就有了‘永动机’。如果我们把这些理念整理清楚，完全是可以给所有员工讲清楚的，让优秀人员都看到华为的分配机制，愿意进来，愿意奋斗。”

华为不是第一家拒绝上市诱惑的公司。在世界上拥有 700 多名合伙人、闻名全球的管理咨询公司——麦肯锡公司，其领导者马文·鲍尔在更早以前就做出了不上市的决定。

从 20 世纪 60 年代末期到 70 年代初，一些服务性公司纷纷公开上市，比如同为服务公司的阿瑟利特尔公司和博思公司，这些企业上市之后都赚了大钱。这时，尽管麦肯锡内部的合伙人们对公开上市这件事情没有多大的反应，但私下讨论也不少，为了给大家吃下一颗“定心丸”，马文·鲍尔认为，有必要对上市与否的事情表明自己的态度。

马文坚定地认为麦肯锡公司不宜公开上市。原因在于，企业上市后就要对股东负责，满足市场大股东对自己的期望，由此产生的经济业绩方面的压力会促使麦肯锡选择一些赚钱的项目，但麦肯锡向来追求专业化的服务，由此造成了与麦肯锡的根本价值观相背离。此外，上市会促使麦肯锡为了利润收入接受一些不恰当的客户委托项目，从而损坏麦肯锡的声誉，破坏长期发展的能力。

尽管不公开上市已经作为一种基调被定了下来，但马文在退休时害怕更换领导者之后，公开上市的问题再次袭来，于是他再次公开地表明了自己的想法。

他说：“我相信，早晚有一天会有合伙人想把公司的股份出售给公众或者某家银行，这样就可以把以前合伙人所建立的良好信誉兑换成金钱，如果真出现了这样的事，我们这些老一辈的合伙人在九泉之下也无法安息。公开上市的行为只能满足某些合伙人的贪欲，却彻底违背了我们麦肯锡人代代相传、一代比一代更强、更专业的根本方针，也违背了我们建设一个能够长盛不衰的公司的初衷。”

麦肯锡以优秀的服务质量和专业的服务方式赢得了广泛的声誉，尽管这些声誉带来的利润并没有公开上市那么多，但麦肯锡的管理咨询顾问们至少过着一种富足且舒适的生活，假如上市了，就要对股东负责，就不可避免地降低向客户提供的服务质量的标准，从长远来看这是饮鸩止渴的做法。

尽管公司的属性不同，但无论是麦肯锡还是华为，二者所坚持的战略战术都是相似的，它们都是通过规避资本陷阱的方式，努力保持着在自己的航道上的价值追求不走偏，坚持着自己的价值理念。

为了让全体成员都能坚持这一理念，以便更好地投入作战当中去，华为把 98.6% 的股权开放给员工，任正非这个创始人自己只拥有公司 1.4% 的股权。华为所挣的每一分钱都是大家的、都是合伙人的，分享的是现在的 82 000 多名合伙人。这些股东除了不能表决、出售、拥有股票之外，可以享受分红与股票增值的利润。并且，每年所赚取的净利几乎是百分之百分配给股东。

华为可以做到不上市、不融资就有如此业绩，因为它融的是员工的心！它融的是人心，这才是未来企业的真正出路，也是华为最让人钦佩的侧翼战术。

2.3 坚持压强原则

所谓“压强原则”，《华为基本法》中是这么解释的：“我们坚持‘压强原则’，在成功关键因素和选定的战略生长点上，以超过主要竞争对手的强度配置资源，要么不做，要做，就极大地集中人力、物力和财力，实现重点突破。在资源的分配上，应努力消除资源合理配置与有效利用的障碍。”

华为认识到对人、财、物这三种关键资源的分配，首先是对优秀人才的分配。华为的方针是使最优秀的人拥有充分的职权和必要的资源去实现分派给他们的任务，确保他们能够把力量集中起来，发挥在最关键的领域，先聚焦在一个业务点上，然后集中人才优势打歼灭战，最后以强大的反应速度和极高的产品、服务质量赢得客户和市场的认可。

2.3.1　聚焦于一个业务点

企业落实压强原则和压强战术的先决条件是必须把握住“成功的关键因素和选定的战略生长点”。任正非在《创新是华为发展的不竭动力》一文中指出：“在华为创业初期，除了智能、热情、干劲，我们几乎一无所有。从创建到现在，华为只做了一件事：专注于通信核心网络技术的研究与开发，始终不为其他机会所诱惑。华为敢于将鸡蛋放在一个篮子里，把活下去的希望全部集中到一点上。”

华为从创业一开始就把它的使命锁定在通信核心网络技术的研究与开发上，将有限的资源集中于一点，在配置强度上大大超过竞争对手，以求重点突破，然后迅速扩大战果，最终达到系统领先。

当年，华为把代理销售取得的点滴利润几乎全部集中到研究小型交换机上，取得局部的突破，逐渐取得技术的领先和利润空间的扩大。技术的领先带来了机会和利润，然后，华为又将积累的利润投入到升级换代产品的研究开发中，如此周而复始，不断地改进和创新。今天，尽管华为的实力大大地增强了，但是华为仍然坚持集中力量只投入核心网络的研发，从而形成自己的核心技术，使华为一步一步前进，逐步积累到世界先进水平。

【辅助阅读】华为的“坦克和钉子”理论

任正非曾用坦克和钉子的比喻说明“压强原则”。坦克重达几十吨，却可以在沙漠、山丘、沟壑等各种地势恶劣的地方行驶，原因是宽阔的履带分散了加在单位面积上的重量；钉子的质量虽小，却可以穿透木板、混凝土，甚至铁片等硬物，是因为它将冲击力集中在小小的尖上，二者的差别就在于后者的压强更大。同样的道理应用到企业战略上，就有了“压强原则”，当一个相对弱小的企业能够将力量集中在某一领域甚至某一个点上的时候，企业的战斗力就会得到空前的发挥。

华为公司靠“压强原则”突破了万门数字程控交换机，突破了 GSM 全套移动通信设备，突破了光网络设备……几乎所有的重大产品最初都是这么突破的。公司规模小时如此，公司规模大了依然如此，华为还在继续贯彻“压强原则”。

20 世纪 90 年代，华为从代理 HAX 交换机开始，就开始积累技术，并投入了全部的“家当”生产 JK1000 产品，希望华为缩小与其他同类厂商的技术差距。紧接着，华为还试了万门级程控交换机的研发，在遭遇巨龙等竞争对手的挤压下，华为成功地研发出 C&C08，很快就获得了订单，至今都为华为有着重要的市场贡献。

1995 年，华为又研制了 7 号信令，让华为的产品有了明显的优势，全国邮电部门全网开放了华为的新产品。同年 5 月，随着华为推出了全数字的 ISDN 排队机、智能平台、200 号平台、双向 CT2、7 号信令的监视仪等多种产品，全面拉动了华为的销售，使得华为的业务领先于国内其他企业。

2014 年 5 月 2 日，任正非在伦敦接受外国媒体采访，路透社记者珍妮·巴雷特问道：“有关研发方面，您觉得华为 5 ~ 10 年后，技术方面会发展到什么程度？”任正非回答说：“我不太管具体事情，所以现在我不能汇报具体业务数字。现在华为公司战略就像‘针尖’战略，收缩到窄窄的一点，投入在这一点超强力量。我们有七八万研发人员，每年投入五六十亿美元或者更多，瞄准未来大数据流量，华为应该处在领先位置。将有限的力量聚焦在窄窄的面上，华为才有可能长期处于领先位置。”

专注于通信核心网络技术的研究与开发，使华为始终保持在技术领域的领先，成为企业的核心竞争力。而哪个企业拥有了核心竞争力，它就会赢得在市场上的主动和竞争优势。任正非说道："华为知道自己的实力不足，不是全方位地追赶，而是紧紧围绕核心网络技术的进步，投注全部力量。又紧紧抓住核心网络中软件与硬件的关键中的关键，形成自己的核心技术。"本着这种思想，华为在技术领域始终保持着领先。

根据公开资料，华为研发投入逐年上升。2009 年，华为研发投入为 133 亿元，2010 年研发投入为 165.6 亿元，2011 年达到 237 亿元人民币。2014 年上升为 408 亿元人民币，2015 年为 92 亿美元，占销售额的 15%，比苹果还多 7 亿美元。

截至 2012 年 12 月 31 日，华为累计申请中国专利 41 948 件，国际 PCT 专利申请 12 453 件。累计共获得专利授权 30 240 件。华为年报显示，2016 年华为进行产品与解决方案的研发人员有 70 000 多名，占公司总人数的 45%。

其实，华为不仅在公司整体战略布局的层面要求坚持"压强原则"，在各个业务当中，也要求高度聚焦。例如，2014 年上半年，华为将全年终端的整体销售目标定位在 8 000 万台，但 8 月份华为终端负责人余承东在接受记者采访时，便严肃地强调，规模并不是华为的追求，下半年华为的手机机型数量将会减少 80% 以上，从五六十款机型缩减至几款。

2014 年以来，随着"大数据"概念的兴起，任正非在"聚焦于一个业务点"的基础上，又提出了强占战略制高点的概念，即集中优势力量，全力抢占大数据的"管道"制高点，并长期占住这个制高点，从而保障企业管道的覆盖面和应用率，促进管道的有效建设。

在强占战略制高点的过程中，任正非强调："我们不能笼统来看战略制高地，也要把这些制高地分成很多个阵地，对其进行分析，拿出策划和措施来，实事求是地获得成功。公司各个层面都要聚焦到机会窗，我们整个队伍都要聚焦起来。我们公司在技术战略上强调'针尖'战略，正因为我们这二十几年来加强压强原则，坚持只做一件事，坚持像'乌龟'一样慢慢地爬，才有可能在几个领域里成为世界领先，但现在领先的只是技术，并非地盘。"

2.3.2 集中优势兵力打歼灭战

客观地说，“压强原则”在华为公司运营管理上的另一个体现就是华为不断加大人力资源投入的规模。

在上一节“从侧翼进攻”中，大家对华为的“人才战争”已经有了一定的理解，而事实上，在过去很长一段时间里，华为人在单兵作战方面都不是最强的，其个体作战能力都远逊于爱立信、思科等竞争对手，甚至连中兴等国内竞争者都不如，然而，华为却通过“集中优势兵力打歼灭战”这一压强战术，成功地建立起了自身优势。

【辅助阅读】集中优势兵力打歼灭战

“集中优势兵力打歼灭战”是任正非十分推崇的市场攻坚方式，也是毛泽东的十大军事原则之一，是毛泽东思想的重要组成部分。

解放战争期间，仅100万小米加步枪的人民解放军，面对800万美式、日式武装国民党军队，双方力量对比悬殊。若与国军正面较量，人民解放军毫无胜算。但毛泽东果断放弃了大城市，不计较一城一池得失，开展迂回战、敌后战，寻找国军战线长、分散防守、局部兵力不足的漏洞，集中优势兵力各个击破，一个师一个军地歼灭，打一个胜一个，有效了壮大自己的力量，终于夺取了全中国。

企业面对惨烈的市场竞争，在敌强我弱的情况下，想要谋取竞争的胜利，就必须学会利用自身优势，集中自己优势，集中优势兵力打歼灭战。

受到“压强原则”和“群狼作战”的启发，任正非在华为许多战略部署上都不忘强化局部优势，运用团队作战的策略，打出快、准、狠的“遭遇战”。

20 世纪 90 年代初期，华为在最初开拓河南市场的时候，面对当时的主要竞争对手中兴，华为营销部并没有明显优势，甚至在人员配置上还存在一定的短板，然而，任正非当机立断，果断祭出了“群狼战术”，战局瞬间扭转。分布在世界各个地区的近千名华为销售精英，在任正非的一纸调令之下，同时停止手上的工作，仅仅几天时间便齐聚国内。简单修整之后，一千人的销售大军直取河南。面对着这样强大的阵容，河南市场的中兴销售人员只能叹息道：“华为太狠了，1 比 100 的实力对比，胜负是明摆着的。”

除了开拓市场以外，在国内外的各大通信展上，华为也常常是“以多欺少”的代表。业内流传过这样一个段子：有一年的北京通信展，华为足足准备了一年之久，又从全国各地的办事处抽调了四百多人组成了庞大的参展队伍。当然，会展现场不可能要这么多工作人员，之所以组建了如此庞大的队伍，主要是用来接待各省市邮电系统来参展的要员的。按照华为公司的规定，对待所有电信局客户都要采取专人负责制，通常都是多对一的接待方式，确保每一位客户身边时刻都有华为人员陪同。曾有人做过统计，华为参展工作人员和接待的客户比例超出了 10∶1，也就是说，在华为的展厅，平均是十几个人负责接待一位客户。如此大的接待力度和真诚的服务态度，让参展的客户颇为感动。

当然，华为的努力也没有白费。那一年，“默默无闻”的华为凭借自己的热情邀请到了一批数量可观的邮电系统客户，并通过努力获得了大量的订单。毋庸置疑，这就是华为“集中优势兵力”的胜利，也是“压强原则”的胜利。

对于企业而言，“集中优势兵力”说白了就是“人员整合”，让员工形成合力。人员整合的重点是针对现场需求与人员现状之间的对应状态进行整合与调整。由于企业内外部元素随时可能发生变化，企业管理者必须慎重考虑人员整合问题，确保人员整合到位，能够适应当下环境要求。华为的人员整合主要从两个方面来切入：一是基于成本考量，二是基于职能实现。

（1）**基于成本的人员整合**。

人员组织管理在企业运营中的重要性，无论怎么强调都不为过。要理解的是，人员组织管理的重点不在于机械地、盲目地压缩为人员成本额度，而在于人员利用率是否实现最大化——人员利用率最大化，人员价值才得到充分发挥。有什么方式可以实现这样的效果呢？华为的做法是充分在“人员定岗”“片联组织”“临时安排”三个方向上下力。

“人员定岗”是指将固定人员安排在固定的岗位上，在一定时间段内他将持续担任此项工作。当人员定岗后，人员专业水平将有机会持续提升，公司整体的运行效率会随之提高，同时也可以减少人力方面不必要的浪费。

“片联”是华为的一种人员整合机制和内部人才流动机制。2013 年 7 月 19 日，任正非在华为内部会议上宣布成立“片联”组织，该组织是个新生事物，甚至连名字都是华为自创的新名词，其主要职责便是主管华为内部干部队伍的循环流动。

所谓“临时安排”主要指人员安排或临时组织建设。在现场中出现临时性任务时，当下人力不足，如果为此项目聘用更多人力，那么待任务结束后便会面临人员闲置的问题。对此，华为的管理者会针对某些工作事项来聘用临时工，当任务结束后即结束用工关系，如此便可以极大地节约用工成本。

（2）**基于职能的人员整合**。

人员整合的目的是为了实现指定的职能，而职能实现程度需要从绩效考核结果和员工工作态度两个方面来评估。

华为对待人员职能整合是否到位的判断标准就是这两个：结果与态度。如果绩效考核结果（如速度、质量）都是达标的或处于合理水平，而员工亦抱持着积极的态度去面对工作，即可判断为人员整合状态很到位。如果绩效考核结果未达标，而员工又感到工作压力较大，对工作较为抵触，那么即可判断为人员整合不到位。

保障在职能实现方面人员整合到位的措施可以归纳为三个方面：专项工作小组形式、职能协作小组形式以及跨职能部门联合。

专项工作小组是围绕某个业务单元开展某项单一项目的工作人员的集合，更强调小组成员的专项业务能力。职能协作小组通常是由职能或能力互补的工作人员组成的小范围团体（一般 6 人左右，最多不超过 10 人）。这类小组的最大特征是互补性，合而生成有助于整体目标达成的能力。跨职能联合是指不同职能部门或岗位之间，通过灵活的联合、协调、沟通完成某项任务。从功能上来说，跨部门职能联合相当于职能协调小组的规模放大。

从整体来看，华为的人员整合使公司的组织运作过程的浪费得以消除，各项资源均得到了充分而有效的利用，这是比简单地提高员工个体效率更为有效、更有价值的组织管理思路。

2.3.3　快速行动，以质取胜

一家企业明确了战略定位之后，战略的稳定性和与时俱进性也必须在企业发展过程中被充分考虑。一般来说，能够保持基本稳定的发展战略并在此基础上不断进行战略推进，保持战略的稳定性、专注性和前进行，对于企业发展大有裨益。然而，对于企业运营而言，很多时候并不是越稳越好，必要的加速和突袭也是尽早获得成功的秘诀之一。

可以说，快速行动意味着抢占先机，在充分保证质量的同时快速行动，则意味着更早、更快地取得成果。长期以来，快速行动始终是华为压强战术的一个重要支持点，在确定了目标并形成兵力优势以后，在华为管理层的带领下，华为人往往会以出人意料的速度向目标展开进攻。

有这样一个故事：一天，一个国外客户原本前往深圳与中兴洽谈，但却与华为签了合同。原来华为事先得知了消息，便直接前往机场将客户接回华为深圳总部。而此时，中兴接待处的员工还在办公室喝茶。

在竞争激烈的市场中，华为始终保持着敏锐的嗅觉，发现机会，快速调配资源并行动，从不浪费，这一特点在华为的运营过程中十分突出，在很多竞争中，华为正是凭借着快速的反应能力，使其在技术上始终保持领先优势，并在竞争中取得胜利。

【辅助阅读】华为的射雁理论

任正非曾给华为人讲过这样一个故事。

两个猎人一起去打猎，途中遇见一只大雁，两个人同时拉弓，准备射向大雁。突然，高猎人问矮猎人："大雁射下来，是蒸着吃呢，还是煮着吃呢?"矮猎人说："煮着吃。"高猎人不同意："还是蒸着吃好些。"于是，两人争论不休，半天也没有个结果。这时候来了一个樵夫，他们向他请教，究竟应该怎么吃。樵夫说："一半煮，一半蒸。"两人听了都觉得这个办法好。可是，当他们再次拉弓准备射雁的时候，却发现大雁早就飞走了。

任正非说："猎人错过了猎物，主要原因在于他们意而不决，把大量时间都放在如何吃大雁的结果上，从而错过了射杀大雁的最好时机。这也说明，一旦失去快速的行动，也就不会成功了。在竞争激烈的管道领域，华为必须珍惜每一次机会，迅速地执行，高效地执行。一次快速的行动可能取得一次性的成功，而一系列的快速行动则会帮助华为取得一系列的成功。"

1992 年，任正非在《赴美考察散记》中写道："我们专程赴拉斯韦加斯，参观了国际电脑展，参观这次国际展览使我们对国际电脑的发展大开眼界。参观这次展览，我们才体会到什么是技术危机与市场危机。王安公司三年前还年销售 35 亿美元，现在宣布破产保护。日本三菱这么强大的集团，退出了电脑生产。这种强烈的危机推动着整个世界的前进。华为被历史摆在了一个不进则退的地位，科海无边，回头无岸，错过了发展机遇，将会全军覆没。"

事实上，华为在运营管理过程中坚定不移地执行快速行动的战略，并不仅仅局限于对科技的钻研和对新产品的开发，在服务客户、做好业务基础方面，华为同样坚持着“快速行动，以质取胜”的战略战术。

2004 年 12 月 8 日，从欧洲市场传来捷报。荷兰移动通信运营商 Telfort 宣布华为为公司第三代网络建设的设备供应与承包商。这也是华为的首份欧洲合同。参与 Telfort3G 项目竞标的包括爱立信、诺基亚等一流设备商，而最后胜出的是华为。

Telfort 选择华为的重要原因之一是华为的欧洲业务研发中心能够快速响应 Telfort 的业务定制需求，能帮助 Telfort 更好地实现差异化竞争战略。华为在欧洲有 4 个研发中心、1 100 人的团队，其中 75% 是在当地聘用，人员架构分布达 30 个国家。在参与 Telfort3G 项目的竞标中，整个华为欧洲的研发中心都行动起来，集中资源的直接表现就是快速满足顾客的各种需求。

征服 Telfort 的过程只是华为压强原则在国际化道路上的一次简单应用，类似的例子在华为的发展过程中不胜枚举。可以说，“快速行动，以质取胜”的压强原则是华为在国内、国际竞争中的一大法宝。它的存在有效地集中了企业资源，弥补了华为与对手的差距，从而使成功成为可能。

为了确保企业成员能够在运营和执行过程中适应“快速行动”的需求，华为早在新员工接受入职培训时便充分强调并落实了这一概念，要求员工“反应要敏捷，行动要快速”。华为会计算出每位员工时间投入的回报指数，追踪其工作效率及对工作的参与和投入程度。华为管理培训专家周贺指出，“当员工在最重要的工作任务上集中精力，认为自己能够控制任务，并明确个人工作目标与团队整体目标之间的关系时，每位员工都在竭尽全力地提高自己的速度，并且帮助企业实现执行上的飞跃。”

近年的“华为速度”的确令人瞩目，华为通过以质取胜把华为的品牌和产品形象推向了全新的高度。就如华为 CEO 徐直军在 2013 年的内部讲话中讲到的：“未来，华为仍将实现高质量作为重要的战略组成部分，其中一个便是建立全球服务系统并发展用户服务。要以质量、服务和聚焦消费者体验取胜。”

2.4 以机会驱动发展

2015年党的十八届五中全会上提出了“创新发展”领衔“五大发展理念”，并指出“创新发展是把握战略机遇谋划长远发展的新引擎”。事实上，真正驱动企业发展的绝不仅仅只有创新，任何机会都有可能成为企业腾飞的跳板。

多年来，华为从来都不是一个机会主义者，它始终一步步稳扎稳打地向前发展，但是，一旦有机会摆在华为人面前，华为人也从来都不会放过，抢占战略制高点、加大战略投入、坚持扩张与控制的平衡，都是华为在以机会驱动发展过程中所坚持的重要原则，也是其获得持久成功的重要保障。

2.4.1 抢占战略制高点

俗话说，机会永远属于有准备的人，然而，仅仅是准备而不懂得主动争取，成功也往往是触不可及的。于人而言是这样，于企业而言也是这样。创立20多年来，华为绝不轻易放过任何一个可以推动其腾飞的机会，其中，最具代表性的做法就是抢占战略制高点。

抢占制高点的提法，最早始于“大数据”的概念。大数据是建设管道的基础，唯有如此，才能创造出适宜的管道，满足客户的更多需求。因此，要想建立最优管道，保障管道的覆盖面和应用率，企业必须抢占大数据制高点。

2013年年底，任正非在华为工作年终总结中指出：“在大数据流量上，我们要敢于抢占制高点。我们要创造出适应客户需求的高端产品；在中低端产品上，硬件要达到德国、日本消费品那样永不维修的水平，软件版本要通过网络升级。高端产品，我们还达不到绝对的稳定，一定要通过加强服务来弥补。”这是华为首次明确地将“抢占战略制高点”作为企业运营战术来执行。

任正非认为，超宽带时代会不会是电子设备制造业的最后一场战争？对华为而言应该是的。如果华为在超宽带时代失败，也就没有机会了。以莫斯科大环为例，莫斯科城市是一个环一个环组成的，最核心、最有钱的就是大环里，华为十几年来都没有打进莫斯科大环，那么华为的超宽带单独在西伯利亚能振兴吗？如果华为不能在高价值区域抢占大数据流机会点，也许华为莫斯科代表处最终就会萎缩、边缘化。这个时代在重新构建分配原则，只有努力占领数据流的高价值区，才有生存点。

【辅助阅读】战略制高点

战略制高点原指战争中，决战双方在战略上的最高目标与期望。20 世纪 80 年代以来，随着现代化商业竞争的不断加剧，这一定义也被广泛地借鉴到了企业发展的过程当中。

值得一提的是，对于不同行业和企业，其关注的战略制高点也会有所差异。比如，传统产业往往会通过优化传统技术来抢占战略制高点，而一些新兴产业则会通过创造关键技术，带动相关产业链的成熟，从而抢占市场竞争的战略制高点。而且，即便是同一企业，其在不同阶段所界定的战略制高点也会与时俱进。

制高点的攻克对于一场战役的胜利与否有着至关重要的影响，事实上，历史上的华为，就曾以为错过战略制高点而受到过极大的创伤。

21 世纪初，任正非患上了严重的抑郁症，华为内部都知道，导致老板精神抑郁的原因有两个，一个是为了小灵通，一个是为了 TD。这两件事让任正非痛苦了长达十年。任正非曾在 2014 年的内部讲话中回忆说："我并不怕来自外部的压力，而是怕来自内部的压力。我不让做，会不会使公司就走向错误，崩溃了？做了，是否会损失我争夺战略高地的资源？内心是恐惧的。TD 市场刚来的时候，因为我们没有足够的投入，所以没有机会，第一轮招标我们就输了。第二轮我们投入了，翻上来了；第三轮开始我们就逐步领先了，我们这叫后发制人战略。但那8年是怎么过来的呀？要我担负华为垮了的责任，我觉得压力很大呀，这么多人的饭碗要敲掉了。因为不知道，所以很害怕，才很抑郁。”

2010年以后，随着流量数据的激增，任正非意识到，这一次，无论如何都不能错过了。他要求“华为要不惜一切，抓住大数据潮流”。除此之外，华为轮值CEO郭平在2016年新年致辞中也说：“在这个复杂多变的时代，在主航道上创新是非常难的，要耐得住寂寞。大数据浪潮之下，华为登上了制高点，就与抓住了走向成功的天梯。”

当然，我们不能笼统来看战略制高点，也要把这些制高点分成很多个阵地，对其进行分析，拿出策划和措施来，实事求是地获得成功。公司各个层面都要聚焦到机会窗。不能只看到销售上的战略制高点，也允许各个部门自己来发现和规划战略机会点。华为就规定：“两三百个战略机会点不能仅仅是战略对标的结果，研发队伍的武器也要适应我们参战未来大数据流量机会点的战斗结构，我们整个队伍都要聚焦起来。在这个历史时期，我们要具有这样的能力。我们公司在技术战略上强调针尖战略，正因为我们这20几年来加强压强原则，坚持只做一件事，坚持像乌龟一样慢慢地爬，才有可能在几个领域里成为世界领先，但现在领先的只是技术，并非地盘。”

针对互联网时代，针对互联网蓬勃发展所带来的大数据制高点，任正非还指出，华为管理者在组织企业运营的过程中，必须坚持“五要”：

第一，要坚持自己的优势不动摇，还要继续往前进，这就是“宝马”：积极关注“特斯拉”，学习“特斯拉”的优势所在，积极看待世界发生的变化。

第二，要延续性创新，继续发挥自己的优势。小公司容易颠覆性创新，但作为大公司，不要轻言颠覆性创新。

第三，要持续走向开放，只有开放才能获得战略机会点。占据了战略机会点，谁都会支持你，没有战略机会点，就无路可走。

第四，要通过自我否定、使用自我批判的工具，勇敢地去拥抱颠覆性创新，自我批判是拯救公司的最重要的行为。在充分发挥存量资产作用的基础上，也不要怕颠覆性创新砸了金饭碗。

第五，要坚守象龟精神，被寓言赋予了持续努力的精神，华为的这种乌龟精神不能变，我也借用这种精神来说明华为人奋斗的理性。我们不需要热血沸腾，因为它不能点燃，为基站供电。我们需要的是热烈而镇定的情绪、紧张而有秩序的工作，一切要以创造价值为基础。

可以说，华为的成功与其紧紧抓住战略制高点的策略是密不可分的，华为很好地抓住了属于自己的战略机会点，所以才取得了今天的璀璨成绩。就像任正非所说的："当发现一个战略机会点和制高点，我们可以千军万马压上去，后发式追赶，你们要敢于用投资的方式，而不仅仅是以人力的方式，把资源堆上去，这就是我们和其他公司不一样的地方。"

2.4.2　加大战略投入

企业想要在制高点的争夺战役中获取胜利，必要的战略投入是不可或缺的。伦敦商学院战略管理教授哈默尔曾经从跨国的角度研究了企业运营战略管理的发展。他指出，战术上的勤奋永远无法弥补战略上的懒惰，一旦战略错了，再好的战术也无济于事，甚至战术执行得越好，反而有可能离目标越来越远。这对华为也不例外，在战略上既有与时俱进，也有坚持和聚焦，而这种聚焦恰恰是华为持续增强对战略制高点投入的切实体现。

【辅助阅读】企业投入产出分析

投入产出分析是研究企业系统各个部分间表现为投入与产出的相互依存关系的经济数量方法。瓦西里·列昂剔夫是投入产出分析理念的创始人。他在《美国经济结构》等著作中提出了这一方法。

在中国，对投入产出分析从经济理论上进行改造后，通常称为投入产出原理，它的理论基础包括劳动价值论、生产资料生产与消费资料生产两大部类的理论等等。投入产出分析理论指出，企业获得高产出的前提有80%以上的概率是源于企业在该领域投入了足够多的力量。即投入越多，产出往往越多，而投入越少，产出往往也更少，华为持续的强有力的战略投入，正是其高产出重要保障。

从企业运营的管理战略与实践来看，华为早期采用的是跟随战略——领先的西方企业做什么，华为即根据市场需求作出取舍。由于过去多年来的习惯性思维，且忽视基础研发能力的培养，当时的华为从某程度上来讲缺乏对未来前瞻性技术的把握，还无法真正引领行业的发展潮流。近十年来，当移动互联网大潮袭来之时，摆在华为面前的当务之急是快速提升自己的战略决策能力和研发能力，真正完成从跟随者到领先者的角色转变。基于此，华为决定继续坚持加大战略投入的运营策略，通过持续的高投入建立自身的领先优势，从而实现整体战略上的胜利。

2012年，华为开始试水管道战略。华为人开始高呼："我们也是互联网公司，是为互联网传递数据流量的管道做铁皮的……"毋庸置疑，华为对宽带、移动网络乃至整个互联网模式的认知都是崭新而深刻的。

2012—2014年，华为在运营商服务领域持续高投入，赢得了各国运营商的肯定。在客户感知管理领域，华为累计投入2.42亿美元，推出了精细化工具、大流量精准预测平台、首个客户体验中心CETC等。在投资管理服务领域，华为持续在集中化、标准化的作业交付平台和流程、工具能力等方面进行投资，为全球170多个国家提供了安全、可靠的网络，服务于世界三分之一的人口。在网络优化和CEM管理服务领域，华为帮助一百多张网络完成了网络和品牌的提升。在集成服务领域，华为累计投入了2.58亿美元。

由于华为始终强调集成业界相关的、生态链上下游的设备和产品，为客户提供最适合的解决方案，因此不仅赢得了越来越多的客户，也在业界赢得了大量的合作伙伴。截至 2014 年 12 月，华为已经在全球获得了累计 380 个管理服务合同，仅 2014 年就签订了 40 多个合同，为全球排名前 50 运营商中的 38 家提供了服务，管理着超过 80 个国家的 150 多张网络。此外，华为还为全球超过 500 家运营商提供了网络规划设计服务，为 30 家运营商提供了端到端整网演进服务；为全球 45 个国家的 78 家运营商提供了数据中心集成服务，建设超过 400 个数据中心项目，其中包括 120 多个云数据中心。

2014 年，华为运营商服务业务收入突破了 100 亿美元，比 2011 年初的五六十亿美元翻了一番。同时服务收入在整个运营商 BG 收入中的比例也占到了 33%，连续几年的复合增长率在 20% 上下。服务业务已经成为了华为运营商 BG 近年来高速、稳健增长的引擎。

2015 年 7 月，任正非就“如何抓住超宽带时代的战略机会问题”发表了讲话，他指出：“在找到战略机会点后，加大战略投入，是厚积薄发的更深层含义。欧洲核子研究中心正是凭借着在过去几十年时间里持续地加大投入，才终于倾听到上帝的脚步。”

对于华为的生存方式，任正非直言：“华为不靠赌某种技术、某种方向，华为的方式是，通过大规模的战略投入，在主航道里用多路径、多梯次的前进，使用投资密集型来缩短探索方向的时间。在多重机会的作战过程中，可能某种机会成为业界的主潮流，战线变粗，其他战线会慢慢变细了，但也不必关闭别的机会。”

客观地讲，过去 28 年来的持续密集投资，是一个长期的痛苦积累过程，但华为人已经听到了成功的脚步声。用任正非的话来说，华为已经是“除了胜利，无路可走”。数据是最好的佐证，内部资料显示，过去 10 年，华为累计投入 2 400 亿元进行研发创新，17 万员工中研发人员占比高达 45%。华为在全球设立了 16 个研发中心、31 个联合创新中心，先后加入了 170 多个标准组织和开源组织。截至2016年6月30日，华为累计共获得专利授权45 000多件。

持续密集投资正为华为带来丰厚回报。华为手机业务爆发就是一个好的例子。2015年华为智能手机销量突破1亿台，稳居全球市场份额前三、中国市场第一。对此，华为副总裁陈黎芳评价称："华为在通信领域有20多年的积累、在手机研发上也有10多年的积累，从芯片、软件、材料，到美学设计、工艺等方方面面的能力都经历了漫长、痛苦的积累与改进过程。华为手机今天的成功决不是偶然。"

除了在产品研发领域持续地加大投入以外，为了让企业运营工作更加协调顺畅，华为还坚持抓住机会，加大对服务的投入。2015年年底，任正非还在华为消费者BG服务策略汇报会上讲话表示："对手公司最大的问题就是质量控制，它们如果改进了质量，那我们就晚了，我们一定要抢在它们没改进质量问题之前实现我们的标准化、简单化、免维护，我们把服务做好以后，就抓住了客户。我认为中国众多的山寨厂家是华为的战略伙伴，为什么呢？它们在低端市场上纠缠的时候，就给我们赢得了喘息的机会。当我们高端产品做好了以后，我们的中低端产品到喜马拉雅山脚围住北坡，苹果也在做中低端产品，它从尼泊尔围住南坡，那高端机就只有我们两个厂家在竞争，低端机已经攻不进来了，防火墙已经建好了，就攻不进来了。这个时候客户唯一信任的就是服务，利润越高越要做好服务。"

2.4.3 扩张与控制的平衡

不惜一切代价抢占战略制高点，并且持续地加大在制高点和关键领域的投入，这是否意味着华为只专注于眼前利益呢？事实上，在任正非的心中，早有一杆平衡现在与未来的扩张与控制的大秤。

任正非认为，中国历史上失败的变革大多因为操之太急、展开面过大、步子迈得太大，并且过于僵化，忽视了适当抑制的必要性。因此，他曾在2009年1月16日召开的华为销服体系奋斗颁奖大会上指出："华为公司20年来，都是在不断改良中前进的，仅有少有的一两次跳跃。我们在变革中，要抓住主要矛盾和矛盾的主要方面，要把握好方向、掌握好平衡，谋定而后动，要急用先行、不求完美，深入细致地做工作，切忌贪天功为己有的盲动。”

【辅助阅读】平衡论

平衡论是最基础的理论。世间所有的事、物都是以平衡为中心目标，都有自己的平衡系统，并自动检测，尽量调节平衡；所有的事、物都有它的平衡点和平衡能力，超越平衡能力范围都会出问题；然而事物的生存与灭亡、前进与后退却都是在非平衡状态下进行的，所以我们要找到平衡系统的平衡点以及平衡能力，巧妙利用事物的非平衡状态促进发展。

“平衡论”至今尚属理论萌芽时期，其自身亦是一个需要不断自我反思和建构过程才能渐臻完善的理论体系。但早在 1920 年，在《过渡时期的经济学》一书中，苏联经济学家布哈林便提出了经济平衡和社会平衡的观点。他指出，一个健康的国民经济，或是一家健康的企业，其发展进程不应该是始终迅速或者始终缓慢的，其必然要经历一个由快到慢，或是由慢到快、快慢相间的过程。这样的过程恰恰就是经济缔造者本身进行科学调节、宏观把控，并且实现经济平稳发展的过程。经济发展过快时就要适当抑制，发展过慢时就要适度刺激，这样，才能缔造持久的繁荣。

任正非有着抑制扩张冲动的认知，与他频繁的接触和学习 IBM 的历史经验有着密切的关系。IBM 有一次失败的案例在任正非心里历久弥新，他把 IBM 这次惨痛的教训看作悬在自己头上的达摩克利斯之剑，时刻提醒自己要冷静决断。

当年，IBM 不愿意眼睁睁看着操作系统的一大块利润滚进了微软公司的腰包，投入几十亿美元和上万科研人员研究、推广 Linux 系统，试图将 Linux 变成全球最受欢迎的操作系统，期望凭借 Linux 扳回这一局，结果是 IBM 惨败，血本无归。

“一定要看清楚，其他公司会有哪些技术储备，能不能引领潮流，不能我们不惜一切地投入上亿元，甚至上百亿元的成本研发一个东西，最后被别人先研究出来了，企业首先要活下去。”任正非总结道，“做企业和做人一样，要先认识到自己的渺小和力量上的有限，要学会控制欲望而不是被欲望所控制。”

2012 年，华为曾经的对手中兴由于过去几年中大肆扩张和发展，力量过于分散，在各个业务领域都遭受到了不同程度的打击，中兴通讯已为低价扩张咽下苦果，华为引以为戒，受教颇深。轮值 CEO 郭平在 2013 年新年献词《度过了“波澜壮阔”的一年》一文中便写道：“我们有限的力量只可能做好有限的事情，要控制扩张的冲动，问责乱铺摊子的主管。”

从华为对产品研发的认识和实践上，我们可以清晰地看到任正非对企业发展规律理解的持续深化。华为当年也是靠代理别人的产品起家，随后开始开发自己的产品，这是一般企业都能做到的事情。但是，接下来，华为将交换机产品所获得的利润投入光网络产品和智能网产品，又将这些产品获得的利润继续投入无线通信产品中去。这种以一个产品的成功推动下一个产品的成功的接力思路，这种一步步稳步向前的发展方式，却并不是所有企业都能够安心借鉴并接受的。

作为任正非企业家圈子里为数不多的好朋友之一，联想创始人柳传志在平衡企业扩张与控制方面的理念与任正非其实是不谋而合的。

在很长一段时间里，柳传志的办公桌上都放着一本名叫《基业长青》的书，这本书通过很多案例讲述了那些伟大的公司长盛不衰的秘密。柳传志后来在央视《对话》栏目中回忆这本书的内容时说：“《基业长青》这本书里讲道，一家高瞻远瞩的公司就像一件伟大的艺术品，你无法指出是哪一点使得整个作品如此完美，倒是整个作品——所有细节协调一致创造出来的整体效果——造就出经得起时间考验的伟大特质。”

从联想创立到今天，近30年的时间里，无论柳传志如何选择，进退之间，仿佛都能看到这句话的影子。在市场的自由王国里，柳传志一直很谨慎，柔性突围。作为一个科研企业，联想并没有从一开始就走上科研的道路，而是选择了"贸工技"（贸易—生产—科研）的顺序突围。"它在当时的阶段非常重要，因为它没有资金，对市场也没有什么概念。"柳传志说。

直到今天，联想一直在技术创新上采取保守的态度，电脑的处理器等主要零部件仍来自进口，而这也经常成为外界讥讽联想缺乏民族担当的话柄。

柳传志说："企业做技术创新，一定要脑子非常清楚，不是匹夫之勇就可以的。在技术创新上任正非比我敢冒险，但他摔下来的时候会很重。我就是行走50米安营扎寨，然后继续。"

任正非和柳传志，这两位同在1944年出生的企业家，创办了两家风格迥异的企业。但是，在控制企业扩张速度、实现企业平稳持续发展的方面，两人却有着惊人的相似，这事实上也在告诉广大中小企业的经营者，科学调控企业发展速度与进程，是每个企业都需要完成的一项重要工作。

任正非之女孟晚舟曾在《2015年华为发展报告》中指出："华为十分重视业务连续性而不是一时得失。"在高度国际化的社会分工背景下，华为在具体的运营中也确实坚持做到了这一点。

近年来，华为的制造、物流及服务等业务都不可避免地依赖于第三方厂商或专业机构，它们的业务中断将直接或间接对华为的业务和运营结果造成不利影响。为此，华为已在采购、制造、供应、全球技术服务等领域建立了从供应商到华为、从华为到客户端到端的业务连续性管理体系，通过建立管理组织、制定突发事件应急预案及业务连续性计划、开展培训演练，提升业务连续性意识和应对突发事件的能力，有效保证了业务连续性。

同时，华为也力求避免单一来源供应商的采购方案，并对关键部件优选有多产地制造的供应资源，同时在设计上对关键部件力求有方案级备份解决方案，减少由于单一供应商的供应中断或者产品质量问题对华为的产品供应和交付造成的影响。为此，华为公司持续例行开展供应商审核与评估以及物料供应风险评估，提前识别风险并及时采取防范措施（包括启动器件替代、方案设计、储备、扩大产能等），以降低供应风险，确保供应连续性。

2016 年 8 月，任正非在面对消费者 BG 的讲话中再次强调："在大机会时代，千万不要机会主义，要有战略耐性，希望你们在将苹果、三星、小米作为目标时，不要迷失自己，学习其优点，但不要盲目对标它们。"他号召华为消费者 BG"一定要坚持自己的战略，坚持自己的价值观，坚持自己已经明晰的道路与方法，稳步地前进。成吉思汗的马蹄声已经远去，现代的躁动也会平息，活下去才是胜利。"

第 3 章 以文化为引

世界上一切资源都可能枯竭，只有一种资源可以生生不息，那就是文化。华为的文化就是自上而下、自下而上的群体奋斗的文化，华为的成功，就是华为人坚持以客户为中心、以奋斗者为本持续奋斗的结果。

——任正非

导语：以文化为引，缔造奋斗的优秀集体

任正非曾说："一个企业怎样才能长治久安，这是古往今来最大的一个问题。推动华为前进的主要动力是什么？应该是企业的核心价值观，这些核心价值观要被接班人所确认，同时接班人要有自我批判的能力。"无独有偶，美国通用电气公司前 CEO 韦尔奇也认为，长寿的大公司一是靠企业文化的传递，二是靠接班人的培养。

在华为，任正非等高层管理者为了实现企业文化对员工行为的牵引效能，首先系统性地引进了军队文化，通过学习军队的组织性和纪律性锻造企业人的战斗力，在此基础上，形成了自己所特有的核心价值理念，并且缔造了一套科学的保障机制，保证其持续地传承和优化。而在核心价值观和企业文化的传递过程中，华为还做到了对不同层级企业成员区分对待，管理层通过自审自查、自我批判、荣誉激发等手段来保证价值观的落地，基层员工则通过利益绑定、利益分享的方式，让 17 万华为人做到心往一处想、劲往一处使。

带着问题阅读：

1. 哪些军队文化可以对标到企业组织建设当中？
2. 如何将华为的核心价值借鉴到自身企业中去？
3. 怎样在中坚管理层传播和落实企业文化？
4. 如何利用分享制度促进企业文化的内部传播？
5. 怎样才能发挥出企业文化的牵引能力？

3.1 向军队学文化

很多人都认同“企业之争实质上是文化之争”的观点，但对于什么是企业文化，企业文化的作用，谁是企业文化建设者，如何进行企业文化建设等问题，却并没有深刻的认识。不少人甚至认为，企业文化建设只是一些特定岗位的人从事的一件很虚的事情。关于企业文化，任正非始终保持着十分严谨的态度。他在华为建立之初便十分看中思想文化的重要性。

任正非认为，化学成分完全相同的金刚石和碳，因为其分子结构不同，导致两者坚硬度上的极大差别。这喻示着，同样的一批人，因为团队建设导致的战斗力的差别是巨大的。客观地说，统一团队的目标和行为有两条途径：用权力意志去规范，用思想文化去引导。而在这方面，做得最好的无疑就是军队。所以，向军队学习文化也始终是华为构建自身优秀企业文化过程中的一项重要特色。

3.1.1 向军旅文化要战斗力

在任正非看来，军队文化和企业文化之间有很多相通之处，比如，企业以客户为中心与解放军的为人民服务是同样的宗旨，企业所提倡的艰苦奋斗也是战争时期革命军人的本色，而企业所推崇的狼性文化在很大程度上也与军队文化中的“招之即来，来之能战，战之能胜”的作战精神有着诸多相似之处。所以，纵观华为过去20多年的企业文化建设历程，不难发现，其中一个鲜明的特点就是向部队学习，“向军旅文化要战斗力”。

事实上，任正非之所以如此热衷于军旅文化，与其个人经历有着十分重要的关系。作为基建工程兵部队的技术兵，任正非有过近10年的军旅生涯，南下北上，东奔西走，他曾经在部队中获得过众多奖励和荣誉，同时，长期的军旅生活也让任正非充分地意识到，军队是这个世界上最为团结、最具战斗力的团体，这为他后来建设华为奠定了坚实的基础。

【辅助阅读】为什么要向军队文化学习？

革命领袖毛泽东曾经说过，没有文化的军队是愚蠢的军队，而愚蠢的军队是不能战胜敌人的。而管理大师彼得·德鲁克则说过，100多年前，当大型企业首次出现时，它们能够模仿的唯一组织是军队。

以美国军队为例，美国海军的核心价值观是：荣誉、勇气、忠诚；美国陆军的核心价值观是：忠诚、责任、尊严、无私、荣誉、正直；美国空军的核心价值观是：正直为先，无私奉献，追求卓越。不难发现，在军队文化中，包括忠诚、荣誉、奉献、追求卓越等核心价值要求，与企业对员工，以及对自身的客观要求都有着相通之处。用管理学家迈克·约瑟的话来说：“军队强大的作战能力来源于其严谨、正向的价值支撑，而企业想要做到这一点，就必须效仿军队，建设起自身强有力的文化影响力。

在任正非的影响下，华为的企业经营管理思想具有浓郁的军事风格，而这种军事风格的思想也恰恰契合了“商场如战场”的企业生存环境。在经营战略中，华为倡导“农村包围城市”“压强原则”，在组织机构中，华为组织了

“片联”“地区部”“重装旅”，在企业文化方面，华为提倡“狭路相逢勇者生”“胜则举杯相庆，败则拼死相救”，这些都是军事风格的体现。在任正非的讲话中，我们也经常可以看到诸如“统帅”“将军”“正规军”“土八路”“新兵蛋子”“炮火”等军事词汇。

当然，军事词汇的使用还只是表象。从华为的发展历程来看，任正非的确是把经营管理企业作为统军打仗来对待的。他把战争的知识和理论应用到华为的管理中，且在谋略、布局、团队、士气各方面都发挥到了极致。不仅活学活用了毛泽东的军事思想，甚至还学习了克劳塞维茨的《战争论》思想和乔良的《超限战》理论。他把自己多年养成的军队作风融入华为的企业文化之中，使华为成了一个像军队一样目标统一、纪律严明、作战勇猛的高效企业组织。

华为向军队学习，学来的第一个素质就是艰苦奋斗。1997 年 1 月，任正非在来自市场前线的汇报会上发表了《不要忘记英雄》的讲话，并在讲话中强调：“历时八年的市场游击队锻炼了多少英豪。没有他们含辛茹苦的艰难奋战，没有他们远离家人在祖国各地，没有他们面对花花世界而埋头苦心钻研，就不会有今天的华为……我们这个大发展的时候，多么缺乏一群像他们那样久经考验的干部。经过千锤百炼的干部是第二次创业的希望，我相信会有许多新老干部向部队中的团长、连长一样，担负起华为的重任。我们期待着他们。”

除了艰苦奋斗以外，华为还很好地将军队的服务文化引入华为维护客户关系的工作之中，任正非在《资源是会枯竭的，唯有文化才能生生不息》的讲话中指出：“华为是一个功利集团，我们一切都是围绕商业利益的。因此，我们的文化叫企业文化，而不是其他文化或政治。因此，华为文化的特征就是服务文化，像军人为人民服务一样，因为只有服务才能换来商业利益。服务的含义是很广的，军人为百姓做任何事都是服务。企业也是一样，我们也要有为客户做任何牺牲的准备。不仅仅指售后服务，从产品的研究、生产到产品生命终结前的优化升级，员工的思想意识、家庭生活……我们都要以服务来定队伍建设的宗旨。”

在今天的华为，军旅文化已经生了根，并且很好地演化成了企业发展的战斗力。比如，每个华为员工的桌子底下都放有一张垫子，就像部队的行军床，供员工午休和晚上加班时睡觉用。再比如，华为人有着大多数企业都无法比拟的严格的纪律性。华为曾在深圳体育馆召开过一个 6 000 人参加的大会，要求保持会场安静和整洁。结果，历时 4 个小时，现场没有响起一声手机铃音。散会后，会场的地上没有留下一片垃圾。

不少企业经营者在经营企业的过程中过于重视激励机制的重要性，而忽视了文化和价值引导的重要影响力，他们认为，小企业谈文化都是虚的，是留不住人也激励不了员工的，真正起到作用的还是钱，是工资和福利。然而，任正非却有不同的观念。

2014 年 6 月，在接受国内媒体采访时，任正非说道："我们把价值观分开，没有你们想象中那么好的激励机制能留下人。"所以，在向军旅文化要战斗力的过程中，他始终主张借用现代美军组织的运行机制与管理模式，不断优化华为的组织与流程，使华为的组织变得更轻、更简单、更快、更具综合作战能力。

任正非认为军队组织是最具变革精神和最具战斗力的组织。他尤其推崇美军的组织变革，认为"美军是世界上最好的公司、最有效的组织。"他告诫华为的高管：你们要去研究一下美国军队变革，乔良写的一本书叫《超限战》，军队的作战单位已经开始从"师"变成"旅"，作战的能力却增强很厉害，而且美国还在变革，未来的方向是，作战单位有可能从"旅"直管"营"，去除"团"一级，还要缩小成"排""班"……

大家众所周知的"班长的战争"的理念，就是华为从美军组织文化变革中学来的重要战略思想。"班长的战争"强调授权以后，精化前方作战组织，缩小后方机构，加强战略机动部队的建设。划小作战单位，不是指分工很细，而是通过配备先进武器和提供重型火力支持，使小团队的作战实力大大增强。

这让华为人意识到，大规模人员作战很笨重，缩小作战单位，更加灵活，综合作战能力提升了，机关要更综合，决策人不能更多。让组织更轻、更灵活是适应未来社会发展的，也是华为未来组织改革的奋斗目标。将来华为的作战方式也应该是综合性的。

除了“班长战争”的理念以外，为华为提供了无数新思路，帮助华为规避了很多运营风险的蓝军组织，也是来源于军旅文化。部队中，在军事模拟对抗演习中，蓝军会专门扮演假想敌的部队，通过模仿对手的作战特征与红军（代表正面部队）进行针对性的训练。

华为成立“蓝军”组织已经多年，曾经由华为原常务副总裁郑宝用负责。但是，“蓝军”组织的运行机制一直比较神秘，即使在华为内部也鲜为人知。事实上，简单地说，华为“蓝军”的主要任务就是唱反调，要扮演竞争对手或创新型的战略发展模式，给代表现行战略发展模式的“红军”提意见。通过这样的自我批判，保证华为尽可能不犯战略性的错误。

战争不仅仅是武器装备的对抗和拼杀，更是意志、精神的较量和征服。对荣誉的珍视和向往是官兵的战斗精神之源。企业也是如此，企业想要将员工的战斗力充分挖掘出来，仅仅依靠培训是不可能成功的，还必须要像军队一样，抓好文化建设，培育员工共同的价值理念和团队意识，把企业变成一支能打胜仗的铁军。

3.1.2　给企业文化注入军魂

曾经有人问任正非：“华为的文化是什么样的文化?”任正非回答说：“华为的文化某种意义上讲不就是共产党文化，是解放军文化，以客户为中心不就是为人民服务嘛；为共产主义理想冲锋在前，享乐在后，不就是奋斗者文化嘛。董存瑞和黄继光都是光荣的，共产党和人民解放军不是长期艰苦奋斗嘛。”

【辅助阅读】给企业文化注入军魂的作用

军队文化建设是老一辈无产阶级革命家通过无数的失败与成功实践，凭着坚强的革命意志品质建立起来的，其中，鲜明的纪律性和组织性，以及强大的作战能力，都是优秀军旅文化的鲜明特征，将其与当代企业管理有效结合起来，对企业的影响绝不仅仅是员工一时的战斗力那么简单。

首先，给企业文化注入军旅元素，可以让员工具有奉献精神，从而树立员工与企业共命运的整体价值观；

其次，给企业文化注入军旅元素，可以让员工养成团队口令一致、行动一致的铁的纪律；

再次，给企业文化注入军旅元素，可以促使员工更好地树立服从上级、忠于企业的坚定信念；

最后，给企业文化注入军旅元素，可以有效促进第一线人员乃至全体员工，始终以军人的战斗姿态投身激烈的竞争，并且充分保证竞争的最终胜利。

那么，具体来说，华为是如何将这种优秀的军旅文化和共产党文化植入华为的企业文化当中，并且充分发挥其影响力的呢？

首先，学习是第一途径。用任正非的话来说："毛泽东思想有其天然合理的成分，但世界哲学是多种多样的。毛主席讲的是一分为二，讲的是斗争哲学。我们讲的是灰色哲学、是妥协，这两个不是一回事。我们公司内部大家喊的都是妥协的口号。第二点，如果孔夫子之道就能治国，道德经就能治国，怎么中国五千年没发展呢？我们不要认为依托任何一种文化就可以促进任何一种发展。说不清楚你怎么吸收的能量，每个人都可以看同一本书，但理解是不一样的。环境是不断在变化，我们说攻一个城墙口，那是大目标，很难有一个综合性的判断。"

其次，营造部队式的集体氛围。一些民营企业不注重文化建设，企业文化对新兼并的公司缺乏同化力，产生了公司内部的文化空虚症，员工没有归属感，也是导致企业难以产生聚合力的重要原因。

华为管理者认为，文化建设是产生公司内聚力的源泉。企业文化是一个长期培育和发展的过程，文化建设也不是要造一个文化模式硬塞进企业，而是一个逐步形成和发展的渐进过程。所以，在华为 2000 年展开的二次创业的过程中，任正非格外注重通过文化建设让全体员工达成共识，让高层领导与基层员工相互理解和沟通。通过将那些不能认可企业文化的人"请"出队伍的方式，增强了企业内部的稳定性和凝聚力，就如华为董事长孙亚芳所言："靠高待遇可以暂时留住人才，但长远来看，只有形成内聚力强大的企业文化，才能真正留住优秀人才。"

再次，与协同作战的友军一起分享胜利果实。华为在 2008 年 EMT 纪要第 021 号文件中指出，要实现团队的奋斗、协同的奋斗。要从考核激励上将以客户为中心的"胜则举杯相庆，败则拼死相救"的光荣传统制度化地巩固下来。要从虚拟统计、虚拟考核入手，从激励机制上保证后方支持队伍与前方作战队伍、主攻队伍和协同作战的友军一起分享胜利果实。

最后，给刚走出校园的学生兵注入军人的灵魂与血性。华为创立伊始，面对未脱小资情调和具有家国情怀的秀才兵就注入了军人的魂和血性。一是入职后至少一个月的严格军训，让知识型员工认识到什么是责任、什么是组织纪律、什么是执行、什么是荣誉；二是注入军人的责任，就是敢于胜利的军人之魂。创业至今，华为倡导的是"胜负无定数，狭路相逢勇者胜"的胜利精神，"胜则举杯相庆，败则拼死相救"的集体奋斗的荣誉感；呼唤英雄，上甘岭上出干部的奉献和牺牲精神。

2015 年年底，金一南将军成为华为最炙手可热的人，任正非亲临现场与数千名华为高管听取金一南将军的两场均超过 3 小时的讲座，还为金一南的文章《胜利的刀锋：论军人的灵魂与血性》专门撰写编者按："军人的责任就是胜利，牺牲只是一种精神。华为的员工不只是拥有奋斗精神，更要把这种奉献落实到脚踏实地的学习与技能提升上，在实际工作中体现出效率和效益”。2015 年 12 月 4 日，华为轮值 CEO 郭平发表了《记住插在硫磺岛上的那面旗帜》一文，任总就此文又撰写了编者按：“‘一切为了作战，一切为了服务业务，一切为了胜利’也许会成为一个时代的口号，这个口号在华为要管十年。”

2016 年 1 月 13 日，任正非在市场部大会的发言中指出：“当前 4K/2K/4G 和企业政府对云服务的需求，使网络及数据中心出现了战略机会，这是我们的重大机会窗，我们要敢于在这个战略机会窗开启的时期聚集力量、密集投资、饱和攻击。扑上去，撕开它，纵深发展，横向扩张。”任总掷地有声的语言中，绝大多数来自军队用语。可以说，华为已经很好地将军队缔造超强战斗力的魂魄融入自身的企业文化之中。

3.1.3 打造一支战斗型铁军

据统计，世界财富 500 强企业中，有近 1/3 的企业都不同程度地引入了军队的管理思想，包括：IBM、沃尔玛、福特、肯德基、联邦快递、迪士尼、索尼、英国报业、可口可乐，等等。

在中国，华为、联想、海尔、万科等优秀企业也都是军队文化的借鉴者和拥护者，甚至于他们的创始人都是从部队复员的退伍军人。这些以华为为首的学习军旅文化的国内企业中，向军队文化学习的最终目的其实只有一个，就是打造一支战斗力卓绝的铁一样的团队。

【辅助阅读】培养敢于抢滩的勇士

在任正非看来，一切企业培训和文化建设的最终目标都是形成团结一致的作战意识，夺取企业、客户与员工，乃至友商之间的共赢。这就要求企业在学习军旅文化的过程中，有意识地将员工塑造为抢滩勇士。

2008 年 5 月，在华为无线产品奋斗大会上，任正非发表了题为《让青春的火花，点燃无愧无悔的人生》的讲话，并在讲话中说道："我们要培养起一大群敢于抢滩登陆的勇士，这些人会不断激活我们的组织与干部体制。尽管抢滩的队伍不担负纵深发展的任务，但干部成长后，也会成为纵深发展的战役家。"

2008 年，在华为 EMT 纪要第 28 号文件中，华为行政管理团队对"培养敢于抢滩登陆的勇士"的概念又作出了补充。文件中说："抢滩登陆就是勇士，但是勇士能不能纵深发展成为将军，这就要对选拔出来的勇士进行培训，培训后进行筛选，筛选出来的 1/3 的精英人员会被推荐到干部后备队，给他们实践的机会。而对那些经过素质训练还达不到标准的人，也是我们的英雄，我们要给予他们'黄继光'的称号，但英雄不一定是将军。"

今天的华为俨然已经成为中国民营企业奋斗者的加工厂，是中国企业狼性文化的策源地，是公认的将吃苦耐劳、团队作战、勇于进攻、嗅觉敏锐等军旅文化的精髓发挥得淋漓尽致的企业之一。而这些铁血的军旅文化，无疑为华为赋予了浓郁的"强悍"气息。

无论是华为创立早期与员工同吃同住、共同作战的"土匪主任"也好，还是近年来被竞争对手和各大媒体频繁提及的"华为狼"也罢，其实这些人在加入华为之前大多是国内名牌大学的高材生，是手无缚鸡之力的文秀才，但是，经过华为军旅文化的洗礼，他们却很快完成转身，蜕变成了一个个坚忍不拔的"战士"，甚至是"将军"，华为愿意使用吃苦耐劳和艰苦奋斗的人，同时也愿意将所有员工都变成这种人。

《华为人报》第 207 期刊登了一篇名为《我们的岗位在科特迪瓦》的文章，文章中记录了在科特迪瓦奋斗的华为勇士们的故事。

科特迪瓦是西非疟疾高发地区，疟疾通过蚊虫转播，几乎难以防范，一旦传染便会高烧不退，对身体伤害非常大。华为驻科特迪瓦代表处超过2/3的人都得过疟疾，其中有一个叫陈钊的员工，一年得了四次，但他始终保持着乐观的工作态度，甚至还戏称自己是“疟疾之王”。包括他在内，所有驻科特迪瓦办事处的华为人从来都没有被吓倒过，疟疾来袭便勇敢面对，一旦病情转好，他们便会再次生龙活虎地出现在自己的岗位上，执着地坚持只是为了让非洲百姓享受到优质的网络信号，并且让华为的红旗更多、更久地飘扬在非洲大陆上。

现华为南太平洋地区总裁魏承敏也曾是华为驻科特迪瓦代表处的一员，在1996年时，他还是华为一个很普通的售后工程师。一次，有人问他是怎样一步步走到今天这么高的职位的，魏承敏笑着说：“如果你能连续三天三夜在冰天雪地的乡下坚持坐没有任何挡风设施的手扶拖拉机，甚至是踩着大雪步行到用户家里，并且连续在客户机房的地板上住一个月，不修好设备誓不离开，那么，你也能做到我今天的位置，甚至更高。”

事实上，华为之所以拥有如此多的奋斗者和不惧艰险的开疆勇士，除了华为将对“勇士”的培养放在了一个无比重要的高度以外，最重要的原因就是军旅文化的注入和发酵。

众所周知，军队是磨炼人意志的地方，但大家也都知道其实在军人的心里，也有太多的脆弱被隐藏在最深的地方。任正非希望华为人也能做到这一点，克服一切困难，保证胜利成果。

早在2002年6月召开的华为研发常委会议上，任正非便强调：“士气在什么时候应该好？如果士气在市场大发展、红红火火的时候才好，艰难困苦的时候就不好，那么谁来完成从艰难困苦到大发展的准备？我个人的看法是，越在最艰难、越在最困苦的时候，越能磨炼人的意志，越能检验人的道德与良知，越能锻炼人和提高人的技能，也越是我们的队伍建设最重要的时候。检验一个公司或部门是否具备良好的企业文化与组织氛围，不是在企业一帆风顺的时候，而是在遇到困难和挫折的时候，古人讲患难知人心，就是这个道理。”

当然，打造战斗型铁军并不是一味地让员工无私付出，在鼓励员工勇敢担当、一线杀敌的过程中，华为也在持续优化绩效制度、薪酬制度等激励机制。华为轮值 CEO 郭平便在 2016 年新年的内部致辞中表示：“未来一年，华为会持续优化激励制度，实现薪酬所得与资本所得3∶1的目标，加大对艰苦区域工作员工的倾斜力度，继续推行明日之星、蓝血十杰等非物质激励的评选，让华为的奋斗者和家属过上物质充裕、精神充实的生活。”

3.2　树立核心价值观

在发扬文化引导力的过程中，华为的一大特色是坚持价值观领导。所谓价值观，是指对企业活动的根本看法和对工作的根本态度。几乎在任何一家企业中，领导层的价值观都无时无刻不在影响着企业上下的思想导向，指引人们向企业要求的方向行动。在华为，这些价值观的存在和所发挥的影响力极为突出。

为了更好地引导和指挥员工工作，华为明确了一套完善的价值观体系，建立了良好的价值观保障机制、传承方式与优化理念，始终保持华为人走在正确的价值理念的引导之下。

3.2.1　华为的核心价值观

对于一个企业而言，价值观是人们努力奋斗的方向和结果，是让所有员工发生关联的良性纽带，是促进企业生存发展的内在原动力，是企业行为规范制度设计的基础。任何企业价值观的确立都要经历一个从无到有、从粗放到完善的过程，华为的核心价值观的确立也不例外。

1988 年，华为刚刚创立时，并没有什么伟大的理想，也没有什么崇高的理念追求，只是单纯地“赚点钱，活下去”，后来，随着华为从交换机倒卖转向自主研发，公司规模越来越大，不同部门各自为战的现象频频发生，这让任正非开始意识到，企业想要形成强有力的作战团体，就必须有一个统一的价值理念作为引导，就像中国共产党“领导全国人民驱逐侵略者，实现民族独立”的统一信念一样。

1994 年 11 月，华为从一个默默无闻的小公司一跃成为热门企业。视察过该公司的上级领导都称赞华为的文化好。干部员工也经常把企业文化挂在嘴边，但到底企业文化是什么，谁也说不清。于是，任正非就指派一位副总监与中国人民大学的几位教授联系，目的是梳理华为的文化，总结成功的经验。中国人民大学的专家团队深入华为，耗时三年，编写了一部堪称华为宪法的《华为基本法》。

【辅助阅读】《华为基本法的意义》

《华为基本法》实际上是根据任正非的思维因果用统一的语言集中作的一次梳理，是中国企业第一个完整系统地对其价值观的总结，对中国的企业文化建设起到很大的推动作用。它归纳了华为创立前八年的经验，也是规划华为公司未来十年发展的纲领性文件，更是改革开放以来国内企业首个系统的核心价值观体系。

具体来说，《华为基本法》总结、提升了华为公司成功的管理经验，确定了华为二次创业的观念、战略、方针和基本政策，构筑了公司未来发展的宏伟架构。以《华为基本法》为里程碑，华为继续吸收了包括 IBM 等公司在内的管理工具，形成了均衡管理的思想，完成了公司的蜕变，成为中国最优秀的国际化企业之一。

一个企业要长期发展，人们是否能够按照企业预期的那样有所行动，这都离不开每个岗位工作者和岗位接班人对核心价值观的确认和承认。因此，从企

业的角度去设定核心价值观是一件非常重要的事情。这也是华为格外关注其价值观的主要原因。

1998 年 3 月，经过三年讨论、八遍修改的《华为基本法》终于定稿，华为公司的核心价值观体系也随之横空出世。这是改革开放以来国内企业首个系统的价值观体系。在《华为基本法》的第一章，华为对公司的核心价值观作出了以下概括：

愿景与使命：华为的追求是在电子信息领域实现顾客的梦想，并依靠点点滴滴、锲而不舍的艰苦追求，使我们成为世界级领先企业。为了使华为成为世界一流的设备供应商，我们将永不进入信息服务业。通过无依赖的市场压力传递，使内部机制永远处于激活状态。

员工观：认真负责和管理有效的员工是华为最大的财富。尊重知识、尊重个性、集体奋斗和不迁就有功的员工，是我们事业可持续成长的内在要求。

技术观：广泛吸收世界电子信息领域的最新研究成果，虚心向国内外优秀企业学习，在独立自主的基础上，开放合作地发展领先的核心技术体系，用我们卓越的产品自立于世界通信列强之林。

精神：爱祖国、爱人民、爱事业和爱生活是我们凝聚力的源泉。责任意识、创新精神、敬业精神与团结合作精神是我们企业文化的精髓。实事求是是我们行为的准则。

利益观：华为主张在顾客、员工与合作者之间结成利益共同体。努力探索按生产要素分配的内部动力机制。我们决不让雷锋吃亏，奉献者定当得到合理的回报。

文化观：资源是会枯竭的，唯有文化才会生生不息。一切工业产品都是人类智慧创造的。华为没有可以依存的自然资源，唯有在人的头脑中挖掘出大油田、大森林、大煤矿……精神是可以转化成物质的，物质文明有利于巩固精神文明。我们坚持以精神文明促进物质文明的方针。

社会责任观：华为以产业报国和科教兴国为己任，以公司的发展为所在社区作出贡献。为伟大祖国的繁荣昌盛，为中华民族的振兴，为自己和家人的幸福而不懈努力。

此后，《华为基本法》对华为未来发展的展望和描述，逐步转变为华为的实践——华为持续探索着自己的商业模式、内部营运模式和企业文化内涵，并取得了成功。

换言之，华为公司的实践在不断地验证着《华为基本法》所构建的蓝图是多么宏大，验证着其核心价值观的正确。在《华为基本法》出台以后，无论是进入高速发展阶段，还是处于寒冷的冬天，华为的核心价值观体系都被作为一股雄厚有力的牵引力量，发挥出重要的精神支撑作用。

统计数据表明，任何一家企业开展的各种管理变革，完全成功的比例大概是 8% ，完全失败的比例也是 8%，绝大多数是介于成功与失败两者之间，而且明显偏向失败的一边。但这个大数定律并不适用于华为，原因就在于，华为的变革是由价值观来驱动的，2015 年，华为公司重组变革指导委员会（ESC）后做的第一件事就是确定变革愿景，将变革变成一个有价值观驱动的集成变革。这也保证了华为在变革上的正确和成功。

3.2.2 华为价值观的机制保障

企业价值观明确以后，还必须确立一套完善的机制，保障其顺利实施，否则，再好的价值观，无法形成有效传播，无法形成影响力，也就形同虚设，发挥不出任何效能。

2011 年 12 月 25 日，任正非在《一江春水向东流：为轮值 CEO 鸣锣开道》的演讲中指出："到 1997 年后，公司内部的思想混乱、主义林立，各路诸侯都显示出他们的实力，公司往何处去，不得要领。中国人民大学的教授们集合了大家发散的思维，搞出了《华为基本法》，开始形成了所谓的华为企业文化，说这个文化有多好、多厉害，不是我创造的，而是全体员工悟出来的。我那时最多是从一个甩手掌柜变成了一个文化教员。"其实，真正让任正非变身成一名“文化教员”的，正是华为价值观的保障机制。

【辅助阅读】价值观的两大机制保障

制度文化建设是企业价值观建设的根本保障。企业文化建设的重要目的在于推动企业生产经营的发展。要发挥这样的作用，就要把具有抽象指导意义的企业文化理念制度化，形成企业制度文化，把文化理念融入企业制度，用制度实现对人的文化管理。

科学的组织分工是企业价值观传递的基本阵地。优秀的企业文化不是自发形成的，而是必须通过一定的条件培养和打造而成。全体员工普遍自觉遵守的行为准则是企业文化中的重要组成部分，而员工行为习惯的形成必须依托于企业内部各个组织所提供的培训、宣讲、动员大会等具体活动，企业价值观必须要在良好的舆论氛围影响下才能得以巩固和完善。

为了保证价值观的顺利传递，华为做出了很多努力。可以说，《华为基本法》既是华为价值观的体现，又是华为人树立和传播企业文化的最基本保障。

从 1996 年到 1998 年，华为首先酝酿并出台了公司的基本法，以《华为基本法》牵引华为从企业家管理走向职业阶层管理。在此期间，华为还出台了一系列的子基本法，具体地指导企业工作，并且顺利渡过转型，建成了一个内耗小又充满活力的公司。

任正非将“基本法”视作华为企业文化的精髓，是公司上下形成最佳合力的基础，要求每一个高中级干部必须认真学习《华为基本法》，结合自己的工作写出心得体会，教育自己和教育别人。甚至强调“不领会《华为基本法》的深刻内涵，不会潜移默化地引导自己工作的干部，不允许进入高中层，决不允许管理层出现夹心饼干”。

除了“基本法”这一制度文献外，华为还强调将让企业文化与治理机制相融合。就如埃通加·曼格尔所言："文化是制度之母，制度是文化的载体"，要建设企业文化并有效落地，实际上涵盖三个方面：融合、理解、践行，这三者缺一不可。这当中的"融合"是指文化的建设和企业其他的治理机制应当是完全融为一体的、是水乳交融的。

文化建设应该是一个系统工程，它跟治理机制以及各项制度是紧密契合在一起的，不能两张皮，是要从管理机制上得到保证。譬如，我们要审视：企业订立的愿景、使命与我们所倡导的文化是否一致？战略、战术与文化是否一致？流程、组织、人员等设置方面是否与文化一致？如果不一致，文化是很难落地的，愿景与战略亦难得以有效贯彻执行。

像华为，笔者认为，其文化的落地不是宣传出来的，而是"考"出来的，是在民主生活会、道德委员会等各个组织和活动中用制度牵引出来的。大家如果有兴趣，可以回过头重新去看一看华为的核心价值观，华为的核心价值观是完全蕴含着华为公司的愿景、使命和战略的。而它的践行必须依靠各种组织和制度去支撑。

以华为所着重提倡的"奋斗者文化"为例，几年前，在华为人力资源建设和企业文化塑造的过程中，任正非发现，虽然在上级、导师、先进同事等奋斗"榜样"的带领下，大多数华为员工都能做到积极进取，可仍然不免会有一些人抱着侥幸心理，偷奸耍滑，嘴里说着一套，做起事来又是一套。为了避免这一现象，华为在 2010 年正式推出了"奋斗者协议"政策。

2010 年 8 月下旬，华为的部分中高层干部同时收到了一封神秘邮件，邮件中说："公司倡导以奋斗者为本的文化，为使每位员工都有机会申请成为奋斗者，请您与部门员工沟通奋斗者申请的背景与意义，以及具体申请方式。在他们自愿的情况下，可填写奋斗者申请，并提交反馈。"

邮件中还向部门领导阐明，不论签字与否，公司都将对员工平等对待，只是后期的分红与配股会倾向于奋斗者。也就是说，在签署之后，员工在工资待遇上不会有太大的改变，但从长远利益上讲，却能得到更持久的回报。

签了“奋斗者协议”就一定能成为奋斗者吗？很多不了解真相的人会觉得华为这一举措十分无厘头，实则不然。华为虽然并不强迫员工签订“奋斗者协议”但如果员工不肯签署，不仅会被怀疑有“吃大锅饭”的嫌疑，而且还要付出没有饱和配股、升迁机会变小等代价。不想放弃这些福利，便要在协议上签字。

然而，一旦签署了奋斗者协议，就要遵守其中“自愿放弃带薪年休假、非指令性加班费和陪产假”“自愿执行 6×12 小时工作制度，即每天工作 12 小时，每周工作 6 天，春节、国庆如有需要愿意无条件加班”等要求。倘若签订了协议而不能兑现，考核之后便要承担相应的惩罚。从某种意义上说，这一策略以一种让人无法拒绝的方式，将广大华为人绑定在了“奋斗者”的战车上。这就是制度对企业文化灌宣的保障作用。

跳出华为的范畴，当员工来到我们的企业，他们能不能融入企业的文化当中，首先要看我们的文化与我们的愿景、使命是不是一致。只有治理机制和文化完全一致，员工进到公司以后才不会感到彷徨，不会无所适从，文化才能有活力，甚至拥有创造力。

3.2.3　华为价值理念的优化

今天，华为的核心价值观是三句话：以客户为中心，以奋斗者为本，长期坚持艰苦奋斗。但早期不是这样，早期为了活下来，就得成天跟客户交流，所以慢慢地提炼出了华为早期的价值观。叫作什么呢？“产品好、价格低、服务好，以客户需求为导向”。20 年以前的核心价值观是这样的，不是今天看到的这样有着完整的逻辑。所以，华为的企业价值观实际上也经历了一个不断传承、发展与优化的过程。

华为价值观的优化主要经历了三个里程碑。第一个里程碑当然就是 1998 年《华为基本法》的颁布，这让华为真正意义上明确了自己的“信仰”和方向。而第二个里程碑则要数 2005 年华为新的核心价值体系的确立。

到2005年，《华为基本法》已经出台八年。经过八年的洗礼，尤其是经过行业严冬的考验之后，华为公司那些具有强烈批判精神的领导们对企业的核心价值观体系开始了更为深刻的反思："《华为基本法》里也是有泡沫的。"毕竟，这套价值观体系是在一个充满泡沫的时代里应运而生的。而当华为进入发展阶段后，反思并重新梳理核心价值体系也是一个很容易被理解和接受的事情。随着华为公司推行的诸多变革（如IPD、人力资源管理体系、干部管理和培养体系等）以及国际化的实践，华为人的思考空间被更大范围地拓开，同时也开始呼唤着有新的核心价值体系，以促动企业朝向更长远的未来发展。

就这样，华为新的价值观体系诞生了。对此，外界曾有些说法，说华为"已经抛弃了《华为基本法》"，这种说法是非常值得商榷的。事实上，《华为基本法》从制定之初到其后的实践，始终是一个不断扬弃的过程。所以，《华为基本法》不是被华为人抛弃了，而是被新的价值观体系所超越，被华为企业经营管理的实践所超越。

2005年上半年，华为重新梳理了核心价值观，经过系统的思考和深入的讨论，提出了新的核心价值观体系，并以此取代了《华为基本法》中确定的核心价值观体系。对此，无论是客户还是内部员工，都有一些疑问或迷惑。

【辅助阅读】2005年重新明确的华为核心价值观

重新梳理后的华为新的核心价值观体系由三部分组成：

第一，愿景：丰富人们的沟通和生活。

第二，使命：聚焦客户关注的挑战和压力，提供有竞争力的通信解决方案和服务，持续为客户创造最大价值。

第三，战略：主要包括四个方面：

①为客户服务是华为存在的唯一理由；客户需求是华为发展的原动力。

②质量好、服务好、运作成本低，优先满足客户需求，提升客户竞争力和

盈利能力。

③持续管理变革，实现高效的流程化运作，确保端到端的优质交付。

④与友商共同发展，既是竞争对手，也是合作伙伴，共同创造良好的生存空间，共享价值链的利益。

愿景表述的是公司期望达到的一种状态或对于目前的一般看法，来自企业内心真正的愿望和期盼，是企业未来的一种图像式和展望式的描述。使命界定的是公司存在的理由和目的，反映的是公司的业务范围、生存和发展目标、主要顾客、经营原则、社会责任等定位生存的目的。战略界定的是公司在实现自己的愿景、完成自己的使命过程中，对未来所作出的一种智慧的选择和持之以恒的承诺。正如管理大师德鲁克所说："一个企业不是由它的名字、章程和条例来定义的。企业只有具备了明确的使命与愿景，才可能制定明确而现实的战略目标。"

把公司新核心价值观体系定位为愿景、使命和战略三部分，愿景所表述的是华为为什么，即未来的追求与向往；使命确定的是华为是什么，即公司的生存理由与价值；战略界定的是华为如何做，即公司实现愿景和完成使命的途径和安排。

2016 年，华为迎来了价值观的第三次优化。2016 年 6 月 2 日，一份任正非亲自签发的电子邮件流出，题为《华为价值观搭载与传播策划》。这份邮件共分六部分内容，全面讲解了华为的价值观传播策略以及新的发展。

关于华为新价值观搭载的内容，邮件的第三部分指出："华为价值观没有边界，坚守核心、多维表述，不求全，一次讲清楚一个问题。"邮件强调：不要认为价值观一定要完整、系统；华为的价值观不是数学公式、不是方程式、没有边界；价值观是一个模糊的东西，需要一点点潜移默化地传递。

在具体操作上，可紧紧围绕"以客户为中心，以奋斗者为本，长期艰苦奋斗，坚持自我批判”的核心价值观，在“深淘滩、低作堰”，“在大机会时代，拒绝机会主义”，“坚持针尖战略”，“踏踏实实做实业，不投机取巧”，“发挥工匠精神，就是要踏踏实实地做东西”，“厚积薄发”，“至诚守信”，开放进取，“开放、妥协、灰度”，“华为坚决不走低价格、低成本、低质量的道路”，“一杯咖啡吸收宇宙能量”，“蓬生麻中，不扶自直”，“让听得见炮声的人呼唤炮火”等不同维度加以表述。

坚守核心、多维表述、不求全，这一操作指引既符合品牌传播“力出一孔”的极致化原则，也体现出华为原则性与灵活性并重的务实态度。而纵观华为价值观的演变进程，不难发现，华为的新核心价值观体系从来没有否定原价值观体系，而是在原核心价值观体系的基础上加以升华而产生的。当然，优化与进步是必然的，首先，华为原核心价值观体系是以华为公司为出发点，新核心价值观体系是以客户为出发点。其次，原核心价值观推动了华为的发展壮大，而新核心价值观体系则是华为走向世界的动员令和宣言书。最后，华为原核心价值观体系通过引进外脑主导完成，而新核心价值观体系凝聚了华为高层领导和全体员工的智慧与心血。

任正非说，统一的价值观需经过多少代人的磨合才有可能形成，现在我们也不能肯定，但是我们尽力去做。事实上，对于其他任何企业而言，又何尝不是这个道理？企业经营者必须意识到，企业价值理念的构筑、传承和不断的优化、提升，绝不可能是一朝一夕便能完成的，必须经历一个长期的、循序渐进的演变和完善过程，也只有在这样的历程当中，广大企业成员乃至企业以外的广大客户，才能更好地认识到你的企业文化，认可你的企业文化，甚至融入你的企业文化当中去，成为企业大生态的一部分。

3.3 锻打中坚管理层

价值观不能泛化，首先要在企业核心层，即中坚管理层落实，中坚管理者是企业文化传承的中转站，也是企业价值观的布道者，管理干部的示范作用以及标杆效应对基层员工有着潜移默化的影响。因此，企业经营者必须意识到，用怎样的价值观约束和塑造干部队伍，就能够使基层员工被何种价值观所感召。所以，在运营过程中，企业经营者务必要把中间管理层作为企业价值观传递中最重要的环节，使他们在核心价值观上达成共识。

为了实现企业价值观文化与中坚干部的绑定，督促各级管理者承担起企业文化和价值理念的传递和传承责任，华为从干部群体的价值观建设、自审自查与自我批判，以及干部荣誉感的激发等多方面做出了努力，把华为价值观切实地与华为干部的切身利益绑定在了一起，并以此激发华为中坚管理层向着更远大的企业目标迈进。

3.3.1　干部群的价值观落地

任正非强调，华为干部必须担负起传承文化和价值观的责任。多年来，华为公司高层管理团队夜以继日地工作，许多高级干部几乎没有什么节假日，所有的主管 24 小时不能关手机，随时随地都在处理随时发生的问题。一些负责国际业务的管理者，更是因为全球化后的时差问题，总是连轴转地处理事务和开会。

用华为高管的话来说，10 年前的华为没有国际大公司积累了几十年的市场地位、人脉和品牌，没有什么可以依赖，只有比别人更多一点奋斗，只有在别人喝咖啡和休闲、健身的时间都在忘我努力地工作，而广大华为干部之所以能够做到这一点，就是源于华为有效地将艰苦奋斗的价值理念植根到了他们心里。

华为之所以有效地实现了企业文化的落地，得益于企业上下做到了两点：一个是科学的高层设计和全员参与；一个是干部示范，树立标杆。

在企业干部群体之间落实价值观的过程中，任正非指出，企业文化不是宣传口号，它必须根植于企业的组织、流程、制度、政策、员工的思维模式和行为模式之中。作为华为不可替代的领导者，任正非一直通过自身的行为很好地为各级干部做出表率作用，其中有两点很具有代表性：

首先，任正非每个月都要将自己的手机通讯记录打印出来，逐条对照能否报销。处理工作上的事情的，可以报销，打给家里处理私事的，不能报销，他已经坚持了9年。其次，任正非一直都没有司机和专车。他说，我要是有专车、司机，董事长就得有；董事长有，这帮公司高层EMT成员就要有；EMT有，那些大大小小的官也就不平衡了，华为就变成车队了。

2016年2月，任正非就被网友抓拍到深夜独自赶飞机，孤身一人乘坐机场摆渡车，一手抓着吊环，一手扶着行李箱。在随后的4月份，任正非在机场排队等候出租车的新闻更是刷爆了微博与朋友圈。足见没有助理也没有专车所言非虚。

不只是任正非，华为所有管理者的任职资格标准里都要求各级干部不仅要做到以身作则，严格执行公司的各项政策与流程规定，还要做到身体力行地贯彻公司文化与各项制度要求，以模范的行为表现影响员工。如果达不到这项标准，就没有机会提拔为管理干部。

近年来，随着华为不断走向国际化，对领导干部的数量和质量要求也越来越高。华为试图通过对管理人员的管理来推动整个公司的运作，为此华为开始从内部培养领导干部，而任职资格体系则为领导干部队伍的选拔提供了科学的评价依据。此外，华为提拔干部还规定要做360度的考评，不仅包括上级、下级，还有周边同事。如果你已经成为管理干部却违反了公司的文化，一样会被免职。

具体来说，华为内部有着良好的沟通体系，管理干部如果做出了违反企业文化的行为，不管是通过华为的内部刊物，还是通过员工的“心声社区”，反面的意见就会被及时、有效地传递到公司的决策层。决策层则会在第一时间对那些不胜任的干部予以批评教育或者处罚，被降职者必须通过努力重新竞聘上岗，这也为所有员工形成了良好的示范，树立了标杆。通过这样的方式，华为最终确立了“干部能上能下”的企业文化。而华为人也因此得出了“想要让干部肩负起文化传承重任，就必须对其不断地施加磨炼”的宝贵经验。

2006 年，华为在《打造一支品德过硬、敢于承担责任、敢于和善于坚持原则的职业化财经队伍》的文件中指出：“保持平常心态，增强服务意识。干部要以平常心面对变革导致的岗位调整，要以大局为重。组织定位好了，在流程运作良好后，要按流程的岗位条件来重新选择干部。无论任何部门，只要不能符合流程要求，就要改组，再来定位需要什么样的干部。干部要能上能下，不合适的干部要调到他能胜任的岗位上，如果他认为调整不合适可以辞职。”

【辅助阅读】三优先、三鼓励政策

为了达到锻打中坚层以实现价值观落地的初级目标，华为还在干部政策导向方面坚持三优先、三鼓励政策。

三优先是：优先从优秀团队中选拔干部，出成绩的团队要出干部，连续不能实现管理目标的主管要免职，主管被免职的部门的副职不能提为正职；优先选拔责任结果好、在一线和海外艰苦地区工作的员工进入干部后备队伍培养，华为大学的第一期就办在尼日利亚；优先选拔责任结果好、有自我批判精神、有领袖风范的干部担任各级一把手，这个领袖风范包含四个方面，就是清醒的目标方向、实现目标的管理节奏、高的素质和团队感召力。

三鼓励是：鼓励机关干部到一线特别是海外一线和海外艰苦地区工作，奖励向一线倾斜，奖励大幅度向海外艰苦地区倾斜；鼓励专家型人才进入技术和业务专家职业发展通道；鼓励干部向国际化、职业化转变。所有干部都要填表表示自愿申请到海外最艰苦的地区工作，否则不管你是多么优秀的人，也不招聘。现在干部提拔首先要谈话，如果不愿去艰苦地区，也不予考虑。

在“能上能下”“三优先、三鼓励”等政策的基础上，华为还明确将干部分成了不同类型，以便更好地有针对性地进行价值观培训和灌输。

2007 年，任正非在广东省委中心组的发言《华为公司的核心价值观》中指出，华为的干部分为三种：占全部干部 30% 的第一种干部属于干部的后备队，他们有机会到华为大学进行管理培训，培训优秀的人有可能在下一届职务上给他实践机会；最后面 20% 的干部属于后进干部，后进干部队伍是优先裁员的对象，后进的人希望摆脱后进，就拼命地往中间挤，中间的队伍受不了，也就往前跑。层层挤压，互相促进，这样自觉的干部多了，奋斗的干部多了，散布在 99 个国家的员工的自觉奋斗，就造成了公司的繁荣。

任正非清醒地认识到，华为不可能有永恒的高速度，每个人的素质、个人学习努力的程度、自我改造的能力差异都很大，怎么可能步调一致地推动公司前进？这些都需要一个统一的、明确的价值引导。所以，华为从不懈怠于对中坚管理层的价值理念的灌输与强化，这也成为华为公司的优良传统。华为在这方面的实践，也值得诸多企业借鉴和学习。

3.3.2 自审自查与自我批判

一个企业长治久安的基础是它的核心价值观被管理者和接班人认同，那些不能认同企业文化的人，首先要进行自审自查，必须具有自我批判的能力，确保企业价值观不在自己的身上走偏。

众所周知，任正非一直强调自我批判，甚至将自我批判精神看成他对华为人最大的期望和要求。在任正非看来，自我批判的能力，实际上是一个人自我领导、自我管理的理智力、自律力和内在控制力，它是一个人思想上、观念上吐故纳新、不断升华和成长的过程。而从一个组织的角度来说，它使得全员拥有强大的内心，进而转化为高效的组织行动力。

华为公司甚至早在 1998 年就开始规定：一切不能自我批判的员工，将不能再被提拔。2001 年以后，一切不能自我批判的干部将全部免职，不能再担任管理工作。通过正确引导，以及施加压力，经过多年的努力，华为公司内部已经形成了一种层层级级都肯自我批判的风气。尤其是管理层的自审自查和自我批判，使得流程更加优化、管理更加优化。

【辅助阅读】批判与进步

自我批判与安于现状是一种相对的组织管理状态。一些企业在发展至一定规模后会固守成果，认为做好维护工作便已足够。但是，组织管理如逆水行舟，一旦没有进步，就会出现后退，无法因应时代和市场的发展。如果企业管理者想要进步，则要秉持自我批判的意识，努力从本企业的当前现状中找出有待改善的空间，并采取有效组织行为，推进企业组织的持续进步。

可以说，自审自查和自我批判，既是帮助华为落实企业价值理念的有效方法，也是华为企业文化本身不可或缺的一部分。任正非经常会组织华为人看《南泥湾》《长征》等革命题材的影视剧，组织华为干部们写观影感受，促使华为人自查自检，保持进步心态和状态。

早在 1998 年，华为就成立了“自我批判指导委员会”，在公司内部有组织地、持续地开展这项自我检讨与批评活动。现在能看到的，有任正非当年的三篇文章，一篇是《为什么要自我批判》，另一篇是《在自我批判中进步》，还有一篇是任正非在华为自我批判指导委员会座谈会上的讲话。任正非那时就严肃地指出：从现在开始，一切不能自我批判的员工，将不能再被提拔；三年以后，一切不能自我批判的干部，将全部免职，不能再担任管理工作。

2000 年，任正非在中研部将呆死料作为奖金、奖品发给研发骨干大会上发表了《为什么要自我批判》的讲话，并在讲话中指出：“这些年来，公司在《华为人》、《管理优化》、公司文件和大会上，不断地公开自己的不足，披露自己的错误，勇于自我批判，刨松了整个公司思想建设的土壤，为公司全体员工的自审自查与自我批判打下了基础……要活下去，就只有超越，要超越，首先必须超越自我；超越的必要条件是及时去除一切错误。去除一切错误，首先就要敢于自我批判。”

2011 年 6 月 30 日，任正非在华为 EMT 办公例会上的讲话中再次指出：“如果大家都认为自己是完人，很完美，什么东西都不肯承认，这个公司就是故步自封。没有自我批判精神的公司一定会倒的，华为公司这种自我批判的精神一直要灌输下去。找不到自己缺点和问题的干部，就不能再提拔了，为什么呢？他已经没有发展的空间了。这个房间他已经从上到下仔仔细细找过了，他找不到缺点，所以他只有房间这么大了，再大一点他都不行了。在选拔干部上，我们各级组织都要注意这个问题。”

如今，华为内部各管理层级都建立起了自我检讨与自我批判的平台和阵地，比如各级干部都要参加的民主生活会，每个华为人都可以尽情发表个人观点的“心声社区”等等，通过这些平台和阵地，董事会先后发表了《炮轰华为》、中高层干部发表了《我们眼中的管理问题》等，广大基层员工也可以在“心声社区”上发表批评，这些声音会受到相关部门和人员的密切关注，最终不断解决和优化存在的问题。华为的《管理优化报》，除了进行知识共享之外，也是华为干部用来自我批评的阵地。

《管理优化报》上记载了这样两件事情。2012 年华为员工奖金数为 125.7 亿元，但华为高层却一分钱的奖金都没有拿到，因为他们认为自己并没有完成 2012 年的绩效，因此包括任正非、孙亚芳以及其他 11 位董事会成员在 2012 年全都是零奖金。这种零奖金的行为，就是华为高层对自己的自我批评。

那一年，李一男和郑宝用起了冲突，任正非认为没有将两个人的矛盾妥善协调，致使矛盾进一步激化，他作为主管领导是要承担责任的，于是在自评的时候将自己的评级定为 C。后来为了避免影响太大，在众多高层的说服下，定为了 B 级。这是任正非对自己的批评。

黑格尔曾经说过："一个将军如果不知道自己错在哪里，就永远不会成将军。他知道过去什么错了，哪次错了什么，怎么错的，这就是宝贵财富。将军是不断从错误中总结、从自我批评中成长起来的。"可以说，华为之所以能够达到今天的高度，任正非等华为高管之所以能够不断地突破自我、创造历史，正因为他们长期坚持自审自查与自我批判不动摇的结果，而这也正是广大企业运营人员必须掌握的重要武器。

3.3.3　以荣誉感激发价值认同

任正非曾自嘲式地评价自己说，他唯一的优点就是有错能改，没有面子观。事实上，这样的人也是最容易做到自审自查与自我批判的，但我们也必须承认，并不是所有人都有任正非那样的自我反省的觉悟，也并非所有人都能积极自觉地遵守企业所设定的各种批评与自我批评规则，这个时候，就必须有一种更柔性、更易让人接受的方式来实现企业价值理念与基本文化在各级干部中的传播与融合。在华为，这种手段更多地表现为正面的精神激励和荣誉激发。

管理学认为，激励的最高境界是"自我激励"，也就是自己激励自己。无论对干部员工进行奖励还是惩罚，最终的目的都是为了让其认识到自己所承担的责任，并对此最终负责。换句话说，就是通过外在的奖惩来促成干部员工内心的自我奖惩。因此，华为举办了"最差奖大会"，意图唤起干部员工的羞耻心，通过自我惩罚来改正错误。而在强化负激励的同时，华为更多的其实还是在进行正向的荣誉激励。

任正非首先在贡献方面肯定了全体员工的价值，尤其是中高层骨干，即中坚层的价值。1999 年，任正非在答新员工问中坦言："我个人对华为没有做出巨大的贡献，真正贡献大的是中高层骨干与全体员工。不是我一个人推动公司前进，而是全体员工一起推动公司前进。"

在这一基础上，任正非又进一步指出，要用非物质激励把英雄的盘子划大。第一，华为要把英雄先进比例保持在60%～70%，采取末位淘汰制度，逼着大家前进。第二，敢于花钱做一些典礼。用他的话来说："发奖典礼上的精神激励，一定会有人记住的，这就是对他长期的自我激励。美军海军学院的毕业典礼很独特，在方尖塔上涂满猪油，让大家爬这个塔，大家一层层地攻，欢庆这个典礼。华为大学也要构思一个华为自己的典礼形式，不要总是扔帽子。"

【辅助阅读】非物质激励的主要方式

著名心理学家阿德佛（Aldefer）研究发现，人的需要主要包括生存、关系和成长三个层次。而需要正是激励的基础和前提，所以，企业对员工所进行的非物质激励也可以根据生存、关系与成长分为三种形式。

（1）满足员工生存需要的非物质激励方式。生存需要是员工追求基本生活稳定和保障的需要，只有员工的生存需要得以满足，员工才能全身心地投入工作之中。其具体内容包括：安全激励、公正激励、企业发展目标激励等。

（2）满足员工相互关系需要的非物质激励方式。相互关系需要主要是通过管理者与员工相互交流沟通以满足员工对交往、尊重等方面的需要。有四种主要的非物质激励形式与此相对应，分别为：沟通激励、尊重激励、信任激励与认可激励。

（3）满足员工发展需要的非物质激励方式。发展需要更多地表现为事业需求，即员工希望自己能够在事业上所取得的进步。满足员工该需求的激励形式主要包括：事业激励、晋升激励、培训激励、参与激励等。

在上述三个层次的需要中，生存型激励是基础，关系型激励是保障，发展型激励是关键。三者相互依存，缺一不可。

从 1998 年开始，华为先后设立了综合 KPI 绩效奖、DSO 冲刺奖、蓝血十杰奖、金牌个人奖、金牌团队奖、华为奋斗奖、优秀产品拓展团队奖、优秀交付拓展团队奖、明日之星奖、重大销售项目奖、金网络奖、Top Sales 奖、人均效益改善突出团队奖、HR 行业秘书体系专项奖、持续奋斗奖、十佳文秘奖，以及干部培养突出团队奖等近百个奖项，这些奖项面向所有华为员工展开，只要符合相关的评选条件便可以参与，获奖者在得到奖牌、奖杯、奖金的同时，还有机会站在领奖台上，与台上台下的家人一起分享荣誉。

这些奖项的设立，充分体现出了华为对杰出员工的尊重和认可。而这种尊重和认可所带来的效果绝非仅仅对得奖者产生激励那么简单，它还会在企业内部形成一种风向，引导着更多的员工向榜样看齐。

20 世纪 70 年代，美国心理学家班杜拉通过“榜样模仿实验”证明，人的学习活动主要是通过观察和模仿他人而得以实现的。因此，被模仿的“榜样”便具备着强大的影响力。管理者对坏榜样进行惩罚，则能够有效地警示员工，不要做出类似的错误行为；对好榜样进行奖励，则能够有效地鼓励员工更多地向好榜样学习。

2014 年年底，华为道德遵从委员会组织启动了全球“明日之星”民主评选活动，到 2015 年 6 月 11 日止，西非地区部共有 2 428 名员工参加评选，评选出 982 名明日之星，其中，中方员工 370 名、本地员工 612 名。有记者在会场随机采访了几位落选者，其中一位叫作丹尼·米格尔的落选者表示：“没得奖多少是有些失落的，但这并不会让我消极，我会多向那些获奖者学习，他们能得奖，我没有，证明我还有许多不足，公司的奖励是给榜样的，而我需要做的，就是向他们学习，明年再评选时，成为那些成功者中的一员。”

事实上，为了使这种荣誉激励更好地为传播华为价值理念服务，华为在荣誉奖牌和奖杯的设计方面也是煞费苦心。以华为最为著名的“金牌奖”为例，华为金牌奖的奖牌全部是纯金打造，产自有着1 000多年历史的法国流通币唯一制造商——巴黎造币厂。当初，设计师提供了六份设计稿，公司高管几经讨论，选择了现在使用的款式。奖牌直径72毫米，重350克，分为个人和团队两款。个人奖牌的正面拼图组成的人头和转动的齿轮，象征着金牌员工用自己的智慧与勤奋，为公司持续创造着价值。团队奖牌正面手牵着手的人围绕着地球和拼图组成的世界地图，象征着团队是一个奋斗的集体，为了共同目标，发挥各自所长，相互协作，共同奋斗。而个人和团队奖牌的背面设计一样：在浩瀚的星球上世界各地的标志性建筑绕成一圈，寓意全球华为人都要团结奋进，共同建设美好世界。

为了促使“英雄辈出”，华为还逐年扩大了各项荣誉奖励的获奖名额，公司上下达到了每年30%～40%的表彰覆盖面，比如，金牌奖比例高达10%，道德遵从委员会组织民主评选的“明日之星”奖获奖比例高达20%，人人都有机会去争取，自然也就达到了把千军万马调动起来积极上战场的目的。

3.4 用分享制全面引导

德鲁克曾经说过，在构建和传递企业文化的过程中，管理者与被管理者，即企业中坚层与普通员工，必须区别对待。中坚层的价值观塑造更多依靠制度规范，而基层员工在接受企业文化的过程中，更多的则需要切实的利益予以牵引。

利益牵引是指在整个管理过程中，各类事务结果都将与个体或群体利益相关联。1981年，美国著名心理学家费尔曼在马斯洛人类需求理论的基础上指出，不同人在不同等级和不同环境下，认知水平和需求驱动是不同的，放在企业环境下，普通员工所追求和在乎的，往往更多是涉及切身利益的元素，所以，企业经营者想要在更广泛的员工层面树立起明确的企业文化意识，就必须学会用利益分享的方法，引导员工认同并融入企业文化之中，而华为恰恰做到了这一点。

3.4.1　利出一孔

20 多年来，华为坚持用利益分享制度引导员工认同并坚守企业文化，第一个做法就是坚持“力出一孔与利出一孔”。

任正非曾说过，水和空气是世界上最温柔的东西，因此人们常常赞美水性、轻风。但大家又都知道，同样是温柔的东西，火箭是空气推动的，火箭燃烧后的高速气体，通过一个叫拉法尔喷管的小孔，扩散出来的气流产生巨大的推力，可以把人类推向宇宙。像美人一样的水，一旦在高压下从一个小孔中喷出来，就可以用于切割钢板。可见力出一孔，其威力之大。他指出：“如果 15 万人的能量能够在一个单孔里去努力，大家的利益都在这个单孔里去获取。如果华为能坚持‘力出一孔，利出一孔’，下一个倒下的就不会是华为。”

【辅助阅读】利出一孔的起源及作用

“利出一孔”是华为引导员工工作和组织利益分配的重要原则，这一思想在中国古代便已十分盛行。春秋时期，齐国名相管仲便曾强调：“利出于一孔者，其国无敌；出二孔者，其兵不诎；出三孔者，不可以举兵；出四孔者，其国必亡”。

除了管仲高度倡导以外，法家先驱商鞅也是其拥护者。商鞅在《商君书·弱民》一书中强调“利出一孔，则国多物。”他强调，秦国唯一的“孔道”，就是“农战”。除此之外的商业、娱乐等事项，尽在禁除之列。《农战篇》中有曰：“止浮学事淫之民壹之于农。”又云：“是以明君修政作壹，去无用，止畜学事淫之民，壹之农，然后国家可富，而民力可抟也。”其例不胜枚举。在此基础上，他才提出了重农抑商的主张。整个商鞅变法，其实就是按照“利出一孔”和“驱农归战”的中心思想而展开的。商鞅借助“利出一孔”思维，将秦国整个社会打造成了“农战”体制，全民为兵。最终得以横扫六国，实现统一。

华为的“利出一孔”可以从两个层面来解读。首先，在客户层面，华为坚持业务聚焦，坚持为客户创造价值是公司存在的唯一理由，甚至提出“要超越客户需求，引导客户消费”，把客户作为唯一的着力点，从客户身上挖掘效益。其次，在员工层面，既要坚持利益分享的公平公正，又要保证员工的廉洁自律，保证所有人的“利益来源”都是透明的、有数的。

具体来说，华为的“利出一孔”原则明确规定，公司从最高层管理者到基层骨干，全部收入只能来源于华为的工资、奖励、分红及其他，坚决不许有其他额外收入。这一激励原则，从组织上、制度上堵住了华为干部为个人谋私利，通过关联交易的孔掏空集体利益的行为。

“力出一孔”则是华为从“利出一孔”的概念引申而来。任正非认为，企业的资源是有限的，必须要投入一个集中的目标上面，而“力出一孔”的重要前提就是企业首先做到“利出一孔”，让员工看到分享利益的希望，而不是在背地里抱怨自身被企业如何剥削。

在任正非眼中，搞金融的人光靠数字游戏就能赚进大笔财富，真正卷起袖子苦干的人却只能赚取微薄的工资，这是全世界最不合理的事。所以他坚决不让华为上市，宁可选择把利润分享给员工。这造就了华为的向心力。

华为把98.6%的股权开放给员工，这样一来，华为所挣的每一分钱都是大家的、都是合伙人的。分享这份成功的是82 000多名合伙人，以及即将成为合伙人的其余员工。这也是“利出一孔”，也是在以最质朴、最有效的方法向员工传递着“胜则举杯相庆”的分享文化。

2012 年，华为轮值 CEO 郭平在新年献词中指出："20 多年来我们基本是利出一孔的，形成了 15 万员工的团结奋斗。我们知道我们管理上还有许多缺点，我们正在努力改进之，相信我们的人力资源政策会在利出一孔中，越做越科学，员工越做干劲越大。我们没有什么不可战胜的。"

同时，郭平还强调，如果华为能坚持"力出一孔，利出一孔"，"下一个倒下的就不会是华为"，如果华为发散了"力出一孔，利出一孔"的原则，"下一个倒下的也许可能就是华为"。他指出："历史上的大企业，一旦过了拐点，进入下滑通道，很少有回头重整成功的。我们不甘倒下，那么我们就要克己复礼，团结一心，努力奋斗。"

总的来说，华为文化强调"以客户为中心，以奋斗者为本"，利出一孔原则所体现的正是这一主张，在这一原则的引导下，员工想要实现高收入，就必须团结起来为企业赢得更多客户，创造更多价值。

就像任正非在《能工巧匠是我们企业的宝贵财富》一文中指出的："公司总的来说，是希望不断地提高员工的收入，使员工的收入能够被更好地用于进行家庭建设。但是钱从哪儿来呢？只有从提高效益中来。要按照公司总的增幅、总的利润增长和降低成本目标来定出工资总额。所以如果我们的利润不能再增长，我们的收入也就不能再增长。只有大家提高自己的效益，使自己的工作有效性和质量达到一个高标准，才有可能把大家的待遇提到一个高标准。因此我认为企业是要根据自己的效益来不断提高和改善员工的生活水平的。"而在这一过程中，华为的企业文化也就悄然渗透到每一个员工的心中了。

3.4.2　向奋斗者倾斜

在向基层员工普及和落实奋斗者文化的过程中，华为在坚持公平、公正、合理分配利益的基础上，提出了"向奋斗着倾斜"的理念。《华为公司基本法》第五十八条明确规定："华为奉行效率优先，兼顾公平的原则。鼓励每个员工在真诚合作与责任承诺基础上展开竞争；并为员工的发展提供公平的机会与条件。每个员工应依靠自身的努力与才干，争取公司提供的机会；依靠工作和自学提高自身的素质与能力；依靠创造性地完成和改进本职工作满足自己的成就愿望。我们从根本上否定评价与价值分配上的短视、攀比与平均主义。"

【辅助阅读】效率优先，兼顾公平

效率优先，兼顾公平是很多企业在利益分配上的重要原则。这一理念最早诞生于20世纪80年代，流行于90年代，是在1993年党和国家在确立社会主义市场经济体制的文件中首次被提出的。它的提出，对于当时的中国社会产生了重要的积极影响。

所谓"效率优先，兼顾公平"，即在处理效率问题和公平问题两大矛盾时，效率是首位的，必要时，可以一定程度上牺牲公平，但在更多时候，公平也是不能忽视的，必须得到"兼顾"。

华为向奋斗者倾斜的利益分配原则恰恰体现了"效率优先，兼顾公平"的理念。具体来说，华为推行具有市场竞争力的薪酬制度，让人人都能分享到公司成长的收益。华为人力资源管理部与Hay Group、Mercer、Aon-Hewitt等顾问公司长期合作，定期开展薪酬数据调查，并根据调查结果和公司业绩、员工个人绩效对员工薪酬进行及时调整，员工的薪酬标准不因性别而有任何差异，但却与其奋斗程度和贡献指数密切相关。

2007年，华为接受了英国对本地员工的双轨制考核建议，将短期奖金激励与PBC（个人业绩承诺）的晋升考核很好地管理起来，保证了"差距"有章可循。实现了本地员工奖金透明化，员工自己可计算、可管理，避免了传统的奖金大排队的做法。同时，任正非在EMT会议上指出，要逐步制定相对完善的奖金策略来激活组织。高层团队的责任是确定奖金的导向机制，并授权下级团队策划多样化的分配方案。要把奖金的发放规则按业务需求和管理要求来细分，增强激励的针对性、及时性，以起到明显的杠杆效应。

2009 年，华为继续对奖金制度进行了优化，一方面打破了跨区域的平衡，一方面打破了区域内部的平衡，同时，更打破了人与人之间的平衡。如果看到哪里奖金很平均，则那这个干部必定要下台。此外，华为还规定："奖金评定要简单，当期贡献，贡献好马上就给奖。不要把一大堆事情放到一起评，这样奖金就变得很复杂，就不公平。"

以华为的网络设备业务奖金分配为例。对于网络设备这样的成熟业务的考核，华为规定，每个代表处必须实现基线管理（不包括工资，只包括奖金），奖金以考核为准，考核以基线为准。每个代表处的计划出来后，都要有一个相应的业务基线，将实际完成情况和这个基线进行比较。基线也不是只有一条线，销售要有基线，利润也要有基线，二者权重谁大谁小，不同时间权重有不同，不同区域也有不同，但不是随意变化的。员工只需要对比基线标准去做，并且努力做好，一个周期结束后，该得多少钱奖金，公司会立刻发放。用华为网络设备业务部门的员工的话来说："成果一经公布，谁做出了怎样的成绩一清二楚，做得好的就多拿，做得差的就少拿，谁也挑不出毛病。想要多拿奖金，赶上前几名，那下个周期把工作做好就是了。"

整个 2009 年，华为公司明确了有 596 的人员奖金为零，哪个大部门定不出零奖金的人，那个部门的奖金就不能启动发放，直到所有零奖金者一一对位。任正非在华为干部工作会议上发表的《用乌龟精神，追上龙飞船》的讲话中指出："要按价值贡献，拉升人才之间的差距，给火车头加满油，让列车跑得更快些及做功更多。践行价值观一定要有一群带头人。人才不是按管辖面来评价待遇体系，一定要按贡献和责任结果，以及他们在此基础上的奋斗精神。目前人力资源大方向政策已确定，下一步要允许对不同场景、不同环境、不同地区有不同的人力资源政策适当差异化。"

在2009—2016年的7年间，华为始终坚持着“不达目标零奖金”和“以贡献大小判断奖金多少”的利益分配原则。正是在这种近乎固执的坚持下，华为向奋斗者倾斜的利益分享机制才逐渐确立下来，并且潜移默化地激发着绩效一般员工向绩效优秀员工学习、不断追求高绩效的进取心。

2012年年底，华为在某国办事处经过连续半年的持续作战，中标近10亿美元，攻克了多年未拿下的“大粮仓”，公司当即给参与竞标的团队700万元人民币奖金，而等到合同正式签订以后，任正非又亲自批准，追加了1 000万元奖励。当时，该分区总裁说：“老板，已经奖励了，这次您请大家吃个饭就行了。”任正非听了十分生气，教育道：“你自己吃饱了不管兄弟们死活，那我请你吃饭，把你的奖金、股票、工资都给我，我天天请你吃饭……”接着任正非又连打了5个电话：“你要认真想想，弟兄们在一线干活不容易，要给大家分好钱啊……”最终，两人再三协商，确定减去300万元，按照700万元的奖励再发一次。

华为运营商BG总裁邹志磊曾经这样感叹：“我们要一碗米，任总不是给你一斗米，而是给你十斗米；你准备了一顿大餐，他会给你十根金条。老板做的事短期内不要评价，拉长看很少有人能超过他。”

不得不说，从长远性和领导魄力上，确实很少有人能够赶得上任正非，在他的坚持下，华为始终奉行着多劳者、贡献者则“发财”的理念，有效避免了由于“分配不公”引起的组织内讧、消极情绪以致团队分裂的现象，更让员工从心理上对“以奋斗者为本”的企业文化高度认同并努力执行。

3.4.3 发挥文化生产力

改革开放设计师邓小平曾经说过，科学技术是第一生产力。很多企业经营者都认同这一理念，然而，却很少有管理者意识到，除了科学技术以外，企业文化同样能够发挥出重要的生产力作用。

任正非认为，用利益分享的方法引导员工更好地认可和融入企业价值理念，还必须要让员工意识到企业文化的生产力作用，要让员工意识到，在遵从企业文化的基础上去艰苦奋斗，才能更好地实现企业目标，才能在与企业的共赢中分享到丰厚的利益回报。

【辅助阅读】任正非“文化是生产力”的理念来源

1996 年，任正非和外经贸部西亚非洲司长石畏山、王汉江在联合国批准伊拉克石油换粮食时，在迪拜转机、飞机降落时，他们说下面是一个中东的香港，任正非不相信，怎么可能在沙漠里建一个香港呢？当时迪拜还是很破落的，不像今天这么好，但迪拜这个国家重视文化建设，国王把孩子们一批批送到欧美学习后再回来，提高整个社会的文化素质水平，同时制定各种先进的制度及规划，吸引世界的投资。了解了这些后，任正非震撼很大：迪拜一滴石油都没有，却能建设得如此之好，支持迪拜人做到这一点的，不正是文化和精神的力量嘛！华为公司也是一无所有，只能靠自己，所以华为人也要和迪拜人一样，善用精神的力量和文化的力量。

《华为公司基本法》第六条，即华为“文化观”明确指出：资源是会枯竭的，唯有文化才会生生不息。一切工业产品都是人类智慧创造的。华为没有可以依存的自然资源，唯有在人的头脑中挖掘出大油田、大森林、大煤矿……精神是可以转化成物质的，物质文明有利于巩固精神文明。我们坚持以精神文明促进物质文明的方针。

为了让华为人充分意识到文化的生产力作用，任正非曾在《从二则空难事故看员工培训的重要性》中给华为人讲过这样一个故事：

韩国航空公司的班机降落时已经发生事故，几分钟后就发生了爆炸。而在该机组空姐的疏导下，两分钟内全体人员撤离飞机。最后一名空姐在检查完确认机上已无人后跳出机舱，这时飞机已陷入大火之中，旋际，连串的爆炸开始。

我国西北航空公司的图 154 飞机，在西安机场检修时，自动驾驶仪的偏航回路导线被错接到倾斜控制系统上，而倾斜回路的导线被错接在偏航控制回路上。如果飞行前作一次严格的检查，如果飞行员训练有素，在塔台工作人员的指挥下，处理果断一些，160 人的生命将会得以挽救。而命运之神一次又一次被错过了。这是缺乏严格管理导致的，是缺乏员工培训导致的，更是没有发挥出文化生产力导致的。

任正非总结说："市场部去国外考察，他们报告，国外企业十分重视员工培训，尤其是重视对员工价值观和企业文化的培训，他们将在一两年内，通过员工现场报告，将工作水平提高到国际水平。我十分高兴。希望每一个部门都认真对待这个问题。我们生存下去的唯一出路就是在'以客户为中心，以奋斗者为本'的企业文化的指引下，提高质量，降低成本，改善服务。否则十分容易被外国垄断集团一棒打垮。"

华为发挥文化生产力的突出体现是：管理层将企业文化作为权利再分配的基础。员工在获得包括机会、地位、处理问题的权利和责任等待遇时，必须以认同并遵守企业文化为前提。

1997 年 2 月底，任正非在《坚定不移地推行 ISO9000》的讲话中指出："华为公司在实施体制改革、组织改革的第二次创业时最大的特点是权利再分配。权利再分配的基础就是 ISO9000 流程，而流程能得以贯彻的基础就是华为的企业文化。华为人不仅要深入认识企业文化，更要潜移默化地在工作中体现。华为的文化是在推广过程中不断地修正，它既吸收与消化了别人优秀的文化，又能保持创业者自身的文化。企业文化建设就是建立一个思想统一的平台，权力再分配的基础就是公司的企业文化，如果前几年在未达成企业文化共识时就实施权力下放，华为公司早就分崩离析了。"

当然，发挥文化生产力的前提是员工必须对企业文化有着深刻的认知，为此，华为从多方面、多渠道不断地引导员工去深入理解企业文化的内涵。

第一，全员讨论、共同参与。比如，在《华为基本法》的制定过程中，八次修订都是在全员大讨论的基础上进行的；像华为深圳坂田基地道路的命名，也是在全体员工中征集，最终各条道路的名字也表明着华为的情怀。

第二，用精辟传神的语言提炼出企业文化的核心，让大家能够领悟、践行，润物于无声。

第三，以多种方式强化认知。如开展案例讨论会、举办辩论赛、自我总结等，尤其有影响力的是优秀员工事迹宣传。利用企业内外已经涌现的英雄人物对新员工的精神和行为进行塑造。

第四，与榜样互动。在新员工入职培训的时候，经常有优秀的员工跟他们进行互动，包括高层领导。在早期的时候，任正非是要去给每一期新员工都进行答疑的，亲自跟新员工进行交流。进部门工作后，公司高层领导也会不定期与员工进行交流，以明晰大家对工作的理解。

第五，配师传道。新员工入职后，华为各部门会为其配备一位思想导师，随时为其答疑解惑。而做导师的人，除了业绩优秀以外，还必须是接受并践行华为文化的员工或者管理者才有资格。

凭借这些手段，华为很好地将其企业文化植入每一个员工的内心深处，正如任正非在华为内部讲话中所说的："我们要重视文化的生产力，要引导员工理解、欣赏、接受和习惯高雅的生活习惯与文化活动，使他们从身心上自己解放自己，让大家看到高雅的生活无处不在。员工的利益要得到维护，但不能成为守财奴，不能成为金钱的奴隶，丰厚的薪酬是为了通过优裕、高雅的生活，激发人们更加努力去工作、有效的奋斗而服务的，不是使我们精神自闭、自锁。"

确实如此，在企业运营管理中，管理者必须意识到，我们不能再把绅士风度、淑女精神当作资产阶级腐朽的东西，而自以粗鄙为荣。应该看到欧美发达国家人民的自律和社会道德风尚是值得我们学习的。华为的员工有这个经济基础，有条件比国人先走一步，做一个乐观、开放、自律、正派的人，通过对企业文化的乐观服从来创造更多效益，并且收获更多金钱之外的东西。而我们需要做的，就是向这样的表率学习。

第4章　制度与治理

无规矩无方圆，华为需要有灵活的运作机制和体系化的组织平台，但这个机制和组织体系一旦确定下来，必须要严格遵守，必须用它来服务整个组织。

——**任正非**

导语：摆脱人治，用制度和规则引导企业

长久以来，人治与法治一直是影响着中国几千年社会走向的重要元素，而事实上，企业在创业、守业与拓业的过程中，同样离不开人治与法治的干扰。很多创业者和企业运营管理者都能意识到人治的随意性对企业规范化建设的不良影响，然而，却并不知道到底应该如何针对企业自身发展情况，打造出一套科学的制度，用相对稳定的规则来实现对企业的合理化管控。

在华为的发展过程中，创业初期也是“人治”大于“法治”，但是，随着华为的逐步发展，任正非逐渐意识到了“人治”的弊端，并带领华为，通过制度建设、规范化建设、体系化管理平台的建设，以及对执行过程的监督与控制，逐渐摆脱了“人治”，开始利用制度和规则建立良性的传承文化，明确了“治中求乱，破除僵腐”的改善原则，在管理上实现了从不确定性到确定性的转变，更实现了向确定性管理要效益的有效控制。

带着问题阅读：

1. 怎样平衡制度的约束与激励关系？
2. 如何将华为的规范化管理落实到运营中去？
3. 怎样利用体系化的管理平台服务价值创造？
4. 过程监督与控制的具体方法有哪些？
5. 如何做到在打破平衡中实现管理改善？

4.1 激励与约束

必须承认，企业文化对企业成员的牵引作用很大。但科学的企业治理绝不能单纯地依靠文化的引导，这就如同治理一个国家，必须将以德治国和依法治国结合起来才能收到良好的功效一样，企业在重视文化建设的同时，也必须注重制度建设，必须充分重视制度激励与约束的双重效能。

从心理学的角度讲，人作为具有主观能动性的个体，其行为极易受到外界激励与约束的影响。制度所激励的，往往是人们愿意积极去做的，而制度所禁止的，则往往会成为大多数人望而却步的红墙。华为在组织运营管理的过程中，便充分利用了制度的激励与约束作用。

4.1.1 以制度保障发展

在汉语中，“制”有节制、限制的意思，“度”有标准、尺度的意思。这两个字结合起来，表明制度是限制人们行为的标尺。而从企业管理的角度来说，制度可以这样定义：制度是要求企业上下共同遵守的行为规程或准则。从某种程度上来说，它是为组织实现某一特定功能和特定目标而设立的一系列规范体系，也是保证企业正常运营和发展的基本要素。

【辅助阅读】制度对企业发展的保障作用

制度带有根本性、全局性、稳定性和长期性等特点。企业在持续发展和全面深化改革的过程中，都离不开完善的制度保障。

首先，科学的计策制度能够引领企业的科学发展。在制度规范下，努力实现决策科学化，能够使企业的每一项决策都尽可能地符合发展规律、经得起检验，确保决策程序合理、内容科学、结果实现。

其次，工作任务的落实必须依靠严格的执行制度。如果责任不清、执行不力，再宏伟的目标、再好的思路也是空中楼阁。企业只有建立健全执行制度，通过制定责任清单，明确路线图、时间表，形成主体清晰、权责统一、各司其职、各负其责的工作格局，才能保证工作任务落实。

最后，有效的奖惩制度能够激发企业成员的干事热情。只有建立健全奖优罚劣、奖勤罚懒的制度，才能形成激励先进、鞭策落后的鲜明导向。坚持以激励添动力，把绩效考核结果与单位评比和干部选拔任用直接挂钩，加大对干事创业先进典型的宣传力度，在政策允许范围内探索建立以业绩评等次、以等次定奖励的激励机制，让干事多、付出多、成果多的干部职工得到更好的精神与物质待遇，企业的活性便会大大提高。

对于“制度”二字，军人出身的任正非是理解颇深的。任正非曾无数次强调规则意识的重要性，并在企业管理中着力强化员工的规则意识。

华为新员工在进入公司之初，都需进行半个月军训，学习华为的企业文化，以这种方式来培养员工的规则意识。华为新员工培训纪律中有一条：“皮鞋、西裤、衬衫、领带，一个都不能少！”从进入华为第一天起，每位员工都要接受严格的检查，不合格的必须立即改正，拒绝改正者，很可能被开除。只要是规定，员工必须遵守执行。军训使规则意识渗透到华为员工的内心深处。

在华为还有一条特别的规定：所有写软件的员工被统一安排“编程规范”的培训，例如，“一二一软件训练营”“一二一硬件训练营”，将公司所有软件编写所用的语言、模式加以统一，包括文档的格式全部是统一的。这种基础训练使员工能够使用统一的编程语言，减少了沟通障碍而造成的时间浪费。

其实，这种基础训练也是在培养员工的规则意识，将军队文化渗透到员工的血液中。这种对规则的尊重和遵从，使得华为人像军人一样去按时、有效地完成任务。这也是华为始终能够保持队形，在国际市场上具有竞争力的重要原因。当然，在中国企业中，像华为这样着力于规则意识建立的企业也不在少数，海尔公司也是如此。

张瑞敏刚接管海尔的时候，员工完全没有规则意识可言。工人们 8 点上班，9 点就不见踪影了。用一位老员工的话说：“10 点钟随便往大院丢一个手榴弹也炸不到人。”由于管理混乱，公司生产的产品质量很差，根本就卖不出去，在这种恶性循环下，海尔连工人的工资都发放不出来。不过，等张瑞敏开始接手海尔以后，他用了最简单的办法：制定严格的规章制度，从小事管起，约束每一道工序、每一个环节的工作行为。没用多久，海尔就走上了正轨。

制度之于企业的意义在于，它使企业管理中一些难以避免的矛盾从人与人的个体对立，转变为人与制度的对立，从而更好地约束企业上下人员的行为，减少对立或降低对立的尖锐程度，从而逐渐形成有自己特色的制度文化。

当任何一个组织开始打造制度文化后，制度就拥有了自己的生命力，独立于任何成员之外，发挥着独特的影响力。就好像电子数据系统公司，它是罗斯·佩罗特于 20 世纪 60 年代初创立的，虽然佩罗特已在 1987 年离开，但这家企业至今依然生机勃勃，活力不减当年。

需要注意的是，制度文化的建立并不是无条件的、轻易而成的。这也是管理实践中组织制度很多，而有影响的制度文化却不多的原因。事实上，制度文化管理有个前提条件，那就是“得到员工认可”。如何把握这个问题，从本质上来说是一种基本的人性和人情观的问题，因为制度的最终效力在于人的认同，制度文化产生效力的地方不在别处，而在人的心灵。

因此，华为着力把握住了文化的“柔”和制度的“刚”两大方面，并从以下四个方面入手实现了两者的结合。

（1）制度应从根本需求出发。

制度应从组织的根本性需求出发，发挥维护根本性需求的功能。如事关组织生存的问题（包括产品质量、安全、相关方关系等），都必须通过制度的形式加以明确规范。这些制度必须对人有高度的约束和规范，但又对人呈现出充分信任和尊重，而这一切是建立在人的需求的基础上。

（2）制度应实现利益平衡与制约。

制度作为公正的体现，主要体现为形式公正和内容公正，使制度约束下的参与者的利益得到平衡。每个参与者往往有一定的心理承受限度，而决定这种承受限度的是制度形式和内容的公正性。同时，制度制约下的每一个成员也是监督者，如果制度的内容是不公正的，这个制度自然也无法得到人们的认可。

（3）制度出台的程序应公正和规范。

制度管理中如果缺少公正的出台程序，那么便极有可能遭遇强权管理的问题。在管理实践中，强权管理如果发展到一定程度时，又往往会产生“指鹿为马”的后果，这恰恰是制度创设程序时要求保障程序公正与规范的重要意义所在。

（4）制度的执行要严格平等。

制度执行的最好效果就是以无歧视为基本原则，并在此原则下产生一种普遍认同的心理。为此，企业在制定制度时，需要组织高层领导的积极参与和强有力的支持推动，对制度落实情况进行定期的督导和检查，并确保制度在不同层面上得到有效落实。

稳定良好的制度设计本身亦是形成企业文化的基础，而科学严谨的制度贯彻则是企业管理中的科学管理精髓。就如任正非所说："确立层层动力和制约体系，公司的发展才能有序、有规则。实现了这种有序的动力与制约机制，我们才能尽可能地避免犯错，科学发展。"

4.1.2　制度不只是为了束缚

企业的运营需要科学的制度来加以约束，这一点是无可厚非的。任正非便曾说过，作为一个自然人，受自然规律制约，有其自然生命终结的时间；作为一个法人，虽然不受自然规律的约束，但同样受到社会逻辑的约束。一个人再没本事也可以活60岁，但企业如果没能力，可能连6天也活不下去。如果一个企业的发展能够顺应自然法则和社会法则，其生命可以达到600岁，甚至更长时间。

很多人都赞同任正非的这一观点，并且能够将制度建设作为保证企业长治久安的一项基本工作，但是，他们对"以制度保障发展"的理解往往就是用制度来约束员工，禁止员工做各种错误行为，而事实上，制度的真正作用绝不是约束，而是为了给大家创造一个真正充满活力的、有序的工作环境，无论任何企业，单纯的约束只能限制员工的自由和创新。

【辅助阅读】科学制度的激励作用

首先，吸引优秀的人才到企业来。在发达国家的许多企业中，特别是那些竞争力强、实力雄厚的企业，都是通过各种优惠政策、丰厚的福利待遇、快捷的晋升途径来吸引企业需要的人才。

其次，开发员工的潜在能力，促进在职员工充分地发挥其才能和智慧。美国哈佛大学的威廉·詹姆斯教授在对员工激励的研究中发现，制度的科学与否，直接影响员工的工作激情。比如，按时计酬的分配制度仅能让员工发挥20%～30%的能力，如果受到充分激励，员工的能力可以发挥出80%～90%，两种情况之间60%的差距就是有效激励的结果。

最后，造就良性的竞争环境。科学的制度包含有一种竞争精神，它的运行能够创造出一种良性的竞争环境，进而形成良性的竞争机制。在具有竞争性的环境中，组织成员就会受到环境的压力，这种压力将转变为员工努力工作的动力。正如麦格雷戈所说："个人与个人之间的竞争，在管理类论文中是激励的主要来源之一。"在这里，员工工作的动力和积极性成了激励工作的间接结果。

从根本上讲，一个科学的企业制度建立的出发点必须是"帮助员工"做得更好，而不是"制约员工"，警告员工不要触动哪些红线。在美国军营中，有教官曾提出过一个概念：制度是为了给人更大自由度而设立的，任何军人，在熟记行为规范和法令的前提下，都能正确地行使自己的权利，这是上帝赋予的权利。

其实，很多时候我们管理者也应该像部队中的教官一样，要跳出"约束"的传统思想，可以把制度当成员工工作的指导模板和指导工具，有了这些指导模板和指导工具，帮助新员工缩短从一个新手到一个熟练工的时间，但不能把制度当作"枷锁"，用来限制员工自由发挥的空间。

早在2001年，在《北国之春》的演讲中，任正非便直言："华为是一群从青纱帐里出来的土八路，还习惯于埋个地雷、端个炮楼的工作方法。还不习惯于职业化、表格化、模板化、规范化的管理。重复劳动、重叠的管理还十分多，这就是效率不高的根源……为什么我们要强调以流程型和时效型为主导的体系呢？现在流程上运作的干部，他们还习惯于事事都请示上级。这是错的，已经有规定，或者成为惯例的东西，不必请示，应快速让它通过去。执行流程的人，是对事情负责，这就是对事负责制。事事请示，就是对人负责制，它是收敛的。我们要简化不必要确认的东西，要减少在管理中不必要、不重要的环节，否则公司怎么能高效运行呢？秘书有权对例行的管理工作进行处理，经理主要对例外事件以及判别不清的重要例行事件作出处理。例行越多，经理就越少，成本就越低。”

正如任正非所说：“规范化的管理本身已经包含监控”，也即：对符合规定的例行事件，如果出现问题，公司将根据秘书的处理记录来实行事后监督，对例外的事件，由经理来判断并处理。此外，任正非还要求“将例外工作在组织内形成制度，变成例行，提高部门整体运作效率”。而这也是丰田创始人大野耐一在企业管理上的基本要求。

20 世纪 50 年代，大野耐一提出：要将工作中发现的劣质产品放在所有人视线所及之处，绝不可隐藏起来。这也是大野为推行精益生产所制定的“规则”。

当时，人们普遍认为，“出现劣质产品就等于技术不过硬”。因此，一旦出现劣质产品，工人们便会习惯性地将其藏匿起来。无论大野耐一怎样强调“不要隐藏劣质产品”，都无济于事。

一天，大野耐一到工厂视察生产情况，工人们都聚精会神地埋头工作。突然，大野耐一大声喊道：“这是怎么回事？”声音大得让所有在场员工都吓了一跳。生产小组长赶忙跑过来，大野耐一指着一些被藏在角落里的不合格半成品大声训斥：“为什么要藏起这些不合格品？我已经说过很多次了，一旦出现不合格品，就立刻停止生产，并把它们放到通道中，为什么你们不按我的要求去做？”大野气愤地将不合格半成品全部扔到了通道上，反复强调“不要隐藏不合格品，把它们全部放在通道中，让所有人都看见”，并对生产线长给予处分，然后转身离去。

为什么大野耐一会如此激烈地要求员工必须采取这样的做法呢？因为只有当所有员工无一例外地遵守这个规则时，不合格产品才会越来越少，而生产质量和生产效率也会随之攀升。如果员工们仍然习惯性地藏匿不合格品，虽然短期内看不到个体造成的工作失误，但是需要大家花费更多的时间去检查和处理不合格品。

“规范”是效果和效率的保证，它能对工作中的错误进行有效防范。因此，对于各项规范和各种审查制度必须不折不扣地执行，这也是做好团队管理工作的基础。华为企业文化的核心是“艰苦奋斗”，这一核心文化的落实要归功于制度的设计。华为的制度设计是“高效率、高压力、高工资”，从招聘、待遇、晋升到淘汰，所有的制度设计都围绕着“奋斗”这一主题展开，围绕着保证奋斗者的利益最大化而展开，而不是环绕着“不奋斗”而展开的。

在奋斗者的正向导引下，有责任心和有才能的人就会不断进入公司的中坚层。华为由此被打造成一个奋斗者的平台，奋斗由此也就变成了员工自觉、自发的行为，从而推动着公司的迅速发展。

4.1.3 在约束中激励

2015年，任正非在华为市场工作会议上所作的《华为还担不起世界领袖任重而道远》的讲话中指出，华为成功有三个要素：一是坚强有力的领导团队；一是庞大而勤劳的奋斗群体；一是严格有序并且积极进取的规则、制度。他格外强调了制度的积极性，即激励作用，而非约束作用。

【辅助阅读】激励约束机制

激励约束是现代经济学和管理学的重要内容，强调的核心是激励与约束的平衡。具体是指，激励约束主体根据组织目标、人的行为规律，通过各种方式去激发人的动力，使人有一股内在的动力和要求，迸发出积极性、主动性和创造性，同时规范人的行为，朝着激励主体所期望的目标前进的过程。

在管理中，激励与约束有着不同的功能，两者又是相辅相成的，缺一不可。但首先是激励，没有激励就没有人的积极性，而没有积极性，一切经济发展就无从谈起。同时，每个人要对他的经济后果负责任。也就是说，他的行动要受到约束。在实际工作中，要具体情况具体分析，在偏重激励或者约束之间适当地做出选择。只有把二者很好地结合起来，才能调动经营者的积极性，并与所有者利益一致，实现激励兼容。

人们往往习惯于将秩序与效率、自由与纪律、约束与激励放到对立面，认为二者不可兼得，选择一方，必定要舍弃另一方。其实不然，这些关键要素之间的关系应该是辩证统一的，遵守秩序可以提升效率，遵守纪律一样可以获得自由，而制度在约束员工行为的同时，也未尝不是一种对员工行为的激励。

企业组织中，成员按照制度去执行，效率自然会提升，员工最终在企业获利之后得到的回报也会相应增多；反之，不去遵守制度，则会让工作效率和工作质量双双降低，最终便无法从企业中得到太多奖励。

几年前，华为某款产品接到了事故报告，调查人员展开了紧急调查，最终发现是产品编程人员在编程中的一个不规范的表达方式引发了问题。而仅仅是这个不规范的表达方式，便给华为造成了近千万元的经济损失，甚至险些失去一个重要客户。最终华为不得不将违规的产品编程人员开除，从而明确公司法纪。

这件事让任正非印象深刻，并且引发了他的深刻反思，其实，华为对编程中的表达方式在编程规范中有明确的规定，但一些研发人员在修改程序时很随意，没有按规定做，最终导致产品出现故障。

任正非意识到，有了制度规范，大家却不去遵守，这是一个十分严重的问题，要么是规范不符合客观要求，要么便是企业成员对组织规则的认识还不全面，规则意识还不够强烈，更没有意识到不去遵守规则对企业组织的巨大破坏力。所以，他强调："游离于规则之外，不管你曾经做出过多大贡献，都势必会对组织产生极大的破坏。在华为，追求个体自由、肆意破坏规则，将被视为提升效率的最大阻力。"

为此，华为制定了一系列的激励措施，引导员工去主动遵循制度的要求。可以说，华为制定的全员持股、奋斗者奖项等激励制度，都是为了引导华为人形成一种秩序的观念，为了通过激励的方式，让他们懂得规则的重要性。

在华为，激励约束机制是以员工目标责任制为前提、以绩效考核制度为手段、以激励约束制度为核心的一整套激励与约束管理制度。在华为的激励约束体系中，目标责任制是引导华为人在遵循企业各种规范前提下高效执行的前提和依据。而绩效考核制度便是联结目标责任制与激励约束机制的中间环节，是科学评价、认定目标责任完成情况的主要手段，也是激励约束机制正确实施的前提。

华为轮值 CEO 徐直军曾经表示，绩效考核制度制定得是否科学、合理，直接关系到对目标责任完成情况的评价和认定，也关系到整个激励约束机制是否得以顺利贯彻执行及能否达到预期目的。这也是华为格外注重绩效考核机制建设的重要原因。

2016 年 5 月，任正非在回答“8 大焦点问题”时说：“华为公司 3 年前就应该快垮了。为什么？因为大家有钱了，怕苦了。我们往海外派人都派不出去。大家都想在北京买房、陪小孩，都想在好地方待。我们就琢磨：为什么不提升一线作战人员的待遇呢？于是，我们确定让非洲当‘将军’的标准与上海、北京的标准不一样，让两个地方根据实际情况的不同，采用不同的绩效考核标准，这样，年轻人在非洲很快就当上了‘将军’。你在非洲干，就朝着这个非洲‘将军’的标准，达到了就是‘将军’，就可以拿‘将军’的钱。现在我们的非洲员工根本不想回来。”

客观地讲，激励与约束是目标责任制和绩效考核所要达到的目的，恰如其分的激励约束机制的实施，坚持在约束中实现对组织成员的正激励，不仅可以提升企业员工的生产经营积极性，同时还会规范员工的行为，从而促进企业经济效益的提高。相反，不恰当的激励约束在压制员工生产经营积极性的同时，还会助长员工的偷懒及其他不利于企业发展的行为，从而制约企业的进一步发展。

因此，优秀的组织运营管理者必须慎重权衡企业制度在激励与约束两方面的作用，实现约束与激励的平衡，尽可能地制定出有效的管理制度，把下属的自利行为引导到对组织有利的方向上去。就像任正非治理华为一样，也像曾国藩治理湘军一样，把制度摆在那儿，把激励放在那儿，即使不用自己挥着战刀在后面逼下属冲锋陷阵，下属们自然也会拼命往前冲。

4.2　制度化、规范化

在目前的企业规范化管理的实施过程之中，很多人有一个错误的理解，认为规范化管理就是制度化管理或者说把制度化管理等同于规范化管理，实际上这是不对的。制度化管理不等于规范化管理，当然规范化管理与制度的关系是很密切的。规范化管理需要制度，但制度即使制度化了也不能等于规范化管理。

规范化管理强调的是通过一套游戏规则来实施管理，而制度不等于游戏规则，因为这个游戏规则不能仅仅体现老板和上司的意志，还需要做下属的、做员工的给予认同。不能得到全体成员或者大多数企业成员认同的体制化管理，便会导致所谓的上有政策、下有对策的现象，大家都想办法钻制度的空子，结果就是这个制度也就失去了作用。

华为为什么没有陷入这样的误区？很大程度上就是因为华为做到了在制度化的基础上规范化，实现了流程固化和人员云化，达到了以“法”治取代人治的管理境界。

4.2.1　在制度化基础上规范化

制度化管理是相对于随意化管理而言的，什么是随意化管理？所谓随意化管理，即管理政策随管理者意志而经常变化，比如，昨天刚制定一个政策，今天就变了，明天又变成了另外一个花样。正是这种随意化管理的弊端，决定了一个企业是否能够做久、做好，做强。

所以，科学的企业管理必须有制度，制度的作用就是把老板和上司他们的意志相对固定下来，不能随心所欲。在稳定的制度基础上执行的管理，就是制度化管理。制度化管理强调的是把老板和上司所有的意志，都通过制度的形式固定下来、稳定下来，避免因为老板、上司随心所欲地想到哪里就做到哪里。然而，这就够了吗？不够！制度化并不意味着科学化，有些制度并不是始终有利于企业发展的，甚至有些制度本身就是不科学的，所以，企业在运营管理的过程中，还必须做到规范化。

【辅助阅读】规范化管理

规范化的定义是："在经济、技术和科学及管理等社会实践中，对重复性事物和概念，通过制定、发布和实施标准（规范、规程和制度等）达到统一，以获得最佳秩序和社会效益。"

企业规范化管理，在20世纪的90年代末还是一个多少有些生僻的概念，现在它也已开始成为一个最时髦的概念了。所谓规范化管理，强调的是事事有章可循的"法制"化管理，其完整定义为：

①以达到"八零"境界为目标；

②以满足"十化"行为要求为基本标准；

③通过健全完善一套公开透明、上下认同的游戏规则；

④为管理的实施构造一个抓手，以保证"4E"控制标准的实现；

⑤在达成"八化"措施上不断努力；

⑥以协调企业发展的利益关联主体相互之间的关系；

⑦诱导他们为企业发展贡献自己资源的意志行为。

在过去的十几年中，华为试验实施了行政管理与业务管理相分离的管理形式，推动了有序的分层管理组织与业务信息网络矩阵管理相互兼容。建立了多

层、多级、多专业的责任中心，通过有限授权，将推动业务运行的权力与责任下放到对事情最明白的机构和人的手里。建立开放的多层、多级专业管理平台，确保公司经营活动的迅速展开。每一个平面的责任中心都分工明确、责任清晰。

通过多级责任中心的协调配合，华为有效地建立起了开放的管理平台。无论何时何地任何级别的员工，都会及时地最直接、快捷地得到支持，使工作流程缩短，支持准确度增加，工作效率大幅度提高。支持是以对事，而不是视人的级别而定的，以保证直线经营业务活动能够及时地作出有效的决策，实现各行政系统的工作目标与总体目标。换句话说，直线行政指挥系统将充分利用多级业务管理平台，以及由秘书管理系统手拉手结成的网状业务信息桥，有效地对经营目标与利益分配进行管理。行政系统管理是纲、业务管理是目，纲举目张。

这种管理体系上的创新，在根本上克服了华为创立前十年管理过程中因信息不畅、失真而产生的瓶颈与失效。并且使责任到位、分工明确，有利于各机构与各员工作出客观、公正的评价，形成强有力的制约机制，从而获得管理上的进一步开放，大大提高工作的正确性与成效。

在《华为的冬天》一文中，任正非就曾指出："我们要继续坚持业务为主导、会计为监督的宏观管理方法与体系的建设。什么叫业务为主导？就是要敢于创造和引导需求，取得'机会窗'的利润。也要善于抓住机会，缩小差距，使公司同步于世界而得以生存。什么叫会计为监督？就是为保障业务实现提供规范化的财经服务，规范化就可以快捷、准确和有序，使账务维护成本低。规范化是一把筛子，在服务的过程中也完成了监督。要把服务与监控融进全流程。我们也要推行逆向审计，追溯责任，从中发现优秀的干部，铲除沉淀层。"

任正非曾将华为人比作一群"从青纱帐里出来的土八路"，想要改变过去的笨办法、土办法，有效提高战斗力，就必须习惯职业化、表格化、模板化和规范化的管理。事实上，除了要求员工遵守规范，华为在整个公司运营层面也都垂范性地做到了规范化。

华为的规范化首先体现在华为对社会、对员工的责任和义务上。谈企业责任，无非表现在对员工、对股东、对客户这么几个方面，做好了这几个方面，也就做到了对社会的责任。华为每年上缴的税费不会低于销售额的8%，按此计算，华为2014年交给政府的税费达到240亿元以上；多年来，华为员工缴纳的个税都是业界第一。这说明了两个问题，一方面，华为是按照国家的政策要求去做的；另一方面，华为所给予员工的薪资是高的。华为对员工也是负责任的，据有关资料，华为工资发放已经达到600多亿元，没有听说有拖欠的行为；华为对离职员工也是严格遵守合同的，更不会有意逃避离职人员的工资和红利。

此外，华为的规范性运营还体现在它所构建的坚实的平台，为17万优秀儿女提供了展示自己风采的地方；还体现在它科学完善的培训体系，使加盟华为的人员迅速走上职业化的道路，不管是否在华为继续工作，都使得自己终身受益；还体现在内部规范的管理体系和流程，使在此工作的员工得到锻炼和提升等等。

华为的规范化，在造就了一批又一批优秀管理人才、技术人才为华为服务的同时，也向外部输出了一大批优秀人才。东南沿海的通信设备行业中甚至流传着这样一句话，“只要是华为出来的人，我们都要”。试想，如果你的企业也能做到这一点，何愁不兴盛呢？

4.2.2 流程固化和人员云化

企业想要实现规范化管理的目标，就必须在一定的时期内，坚持稳定的流程与相对稳定的组织结构，但又不能过于僵化，不能一成不变，而是要根据实际组织运营情况的需求，合理调整制度、策略和方法。华为在这一过程中所坚持的便是流程固化与人员云化结合起来，做到“动静有节，趋步商羽，进退周旋，咸有规矩”。

【辅助阅读】流程固化

流程固化是指在企业流程管理进行到一定阶段之后，利用管理方法和文件对现有流程进行规定，加强流程执行和效果的行为。流程固化的内容主体是流程本身，为了保证流程可以畅通地运行，与之相对的有流程中岗位的界定、责任的判断、工作内容的标准等相关规定：

首先，岗位的界定。流程固化是针对经过优化和评估的流程，在优化和评估的过程中，无疑会对现有的岗位进行重新界定和划分，会形成一定程度的变动。而员工对于这种变动的内容是很难去判断清楚的，这就需要在流程固化之前，就要对流程中涉及变更的岗位进行重新界定，以免影响流程效果。

其次，责任的判断。相当多的企业在提出流程管理的同时，往往也面临这样一个问题：工作效率拖拖拉拉，员工停滞不前，到底是谁的责任？而流程梳理、分析和优化就是来解决这些问题的。对企业本身进行分析整理之后，往往都会对以往的“真空区域”或者“三不管区域”进行重新整理。只有这样，才能够让员工对工作量及范围有一个明确的认识，树立起责任心。

最后，工作内容的标准。有了范围和责任人，管理者还要明确的是工作的要求，工作需要达到一个什么样的程度？怎样才叫合格？什么样才叫优秀？只有做了以上若干的准备，流程才能够真正地固化下来，而不单单只是一层表面的过程。

早在1998年颁布的《华为基本法》中，华为便对流程管理做出了明确要求，《华为基本法》第八十五条规定：流程管理是按业务流程标准，在纵向直线和职能管理系统授权下的一种横向的例行管理，是以目标和顾客为导向的责任人推动式管理。处于业务流程中各个岗位上的责任人，无论职位高低，均行使流程规定的职权，承担流程规定的责任，遵守流程的制约规则，以下一道工序为用户，确保流程运作的优质、高效。

建立和健全面向流程的统计和考核指标体系，是落实最终成果责任和强化流程管理的关键。顾客满意度是建立业务流程各环节考核指标体系的核心。因此，华为始终以提高流程管理的程序化、自动化和信息集成化水平为基本手段，不断适应市场变化和公司事业拓展的要求，对原有业务流程体系进行简化和完善，并以此作为长期任务。

事实上，华为有此认知，也是数次失败带来的深刻教训。华为创建初期，因缺少科学流程和制度而失败的案例比比皆是，华为轮值 CEO 郭平对此便体会颇深。

据郭平回忆，他刚进公司做研发的时候，华为既没有严格的产品工程概念，也没有科学的流程和制度，一个项目能否取得成功，主要靠项目经理和运气。郭平负责的第一个项目“运气不错，为公司挣了些钱”。但随后的两个项目又重复了之前的故事，有成有败。这就是 1999 年之前华为产品研发的真实状况，产品获得成功具有一定的偶然性。“可以说，那个时代华为研发依靠的是‘个人英雄’。”郭平说。

正是看到了这种偶然的成功和个人英雄主义有可能给公司带来的不确定性，华为在 1999 年引入 IBM，开始了管理体系的变革和建设。任正非当时提出了“先僵化、后优化、再固化”的变革指导思想。在这个思想的指导下，华为经历了削足适履、“穿美国鞋”的痛苦，实现了从依赖个人的、偶然地推出成功产品，到可以制度化可持续地推出满足客户需求的、有市场竞争力的成功产品的转变。

当然，想成为华为一样优秀的企业，仅仅做到流程固化是不够的，坚决按流程来确定责任、权利，以及角色设计，确实是可以逐步淡化企业管理过程中的“英雄主义色彩”，让组织运营过程更加科学、可靠，但流程固化绝不意味着人员的固化，很多企业在效仿华为的过程中，都犯下了人员固化的错误，华为所提倡的，其实是一种固化与云化相结合的理念，即流程上固化，具体人员在执行上坚持云化。

执行流程固化以后，任正非认为，华为在管理上依然存在很多不足之处。例如，在内部管理流程上，还存在“九龙治水”的局面，各管一摊，流程上无法打通，责任也不明确，这种状况必须加以改变。于是，轮值 CEO 郭平、华为高级管理顾问黄卫伟等人提出了“云、雨、沟”的概念，就是所有的水都要汇到沟里，才能发电。强调人才要流动起来。

为了实现人员云化，华为首先强调减少管理层级，增加团队的管理跨度，缩小团队的数目。2004 年，任正非在华为干部工作会议上发表了《继续提高人均效益，建设高绩效企业文化》的讲话。在讲话中，他强调：“我们过去的组织是在高速成长时期规划的，其特点是分工过细。以每个人的细分来适应高速增长时期的管理变化，这在当时无疑是正确的。但现在的现实是发展速度相对平缓，而且由于这么多年的管理积累，许多事情已逐步理顺，应付突发事件的能力已大大增强，因此，管理团队的跨度可以加大，行政组织机构数目可以减少，副职也可以适当减少。”

在减少管理层级的基础上，前文中提到的“班长战争”也是华为增强人员活性、实现云化战斗的重要手段。任正非在 2014 华为人力资源工作汇报会上的讲话中强调：“将来华为的作战方式也应该是综合性的，我们讲班长的战争，强调授权以后，精化前方作战组织，缩小后方机构，加强战略机动部队的建设。划小作战单位，不是指分工很细，而是通过配备先进武器和提供重型火力支持，使小团队的作战实力大大增强。通过组织改革，华为要坚定不移地逐步实现让前方来呼唤炮火，多余的机构要关掉，这样机关逐渐才不会那么官僚化。”

任正非认为，“在互联网时代，喜马拉雅的水是可以流入亚马逊河的”。事实也是如此，人员云化有效推动了华为队伍的循环流动，使得基层作战队伍的各种优秀人员在循环过程中，能够流水不腐，形成整个公司各个层面都朝向一个胜利的目标，努力前进和奋斗。

4.2.3 以"法"治取代人治

无论是强调制度化、规范化也好，还是坚持流程固化也罢，事实上，任正非所期望在华为的实现的，其实就是中国民主革命所实现的目标，即以法治取代人治。当然，放在企业的范围内，这个"法"和"人"的概念都要相对小很多。

罗斯福曾经说过，一家成熟的公司，是靠"制度"接班，而不是靠"人"接班。确实如此，1787 年，美国的创业者们主要是把宪法和制度体系确定了。至于后来其实谁当总统，是奥巴马还是马里奥，都不重要。因为是庞大的制度体系在治理着美国，总统个人的作用已经很有限。

再去看那些成熟的大公司，如 IBM、HP、GE，它们的 CEO 经常换，但这些公司并没有因此而受到大的震动，甚至很多人都没注意到它们又换 CEO 了。决定大公司生命力的是它的制度体系。

【辅助阅读】法治和人治的根本区别

从古至今，法治与人治之争的问题由来已久。在古代，统治者利用人治思想统治中国数千年，如今的中国把法治作为治理国家的基本理念。两者的根本区别在于：

第一，"法治"与"民主"相容，"人治"与"专制"相合。

第二，"法治"强调"权自法出"，"人治"强调"法自权出"。

第三，"法治"强调"法大于权"，"人治"强调"权大于法"。

第四，"法治"强调"制度至上"，"人治"强调"领袖至上"。

总之，"法治"与"人治"的本质区别在于一个组织的权力是否严格依照法律和制度来运作。无论是依法治国，还是依法治企，都要求树立"法大于权"的观念，创设"法大于权"的制度。逐步摆脱组织成员对"个人英雄主义”的依赖，清除“人治”和“权治”等组织创立初期遗留下来的不良影响。

从某种意义上讲，企业的成长其实是一个危机与消解危机的渐进循环，而所谓的企业发展阶段其实也就是危机性质阶段性变化的体现。创业最初的十几年中，华为同大多数民营企业一样，都有着强烈的“人治”色彩，企业的任何决策都离不开任正非的意志。这种治理方式下，一方面，企业要承担巨大的运营风险；另一方面，企业经营者也要承担很大的决断压力。肩上担子越来越重的任正非在几次决策失误之后，决心要摆脱这种“人治”的混沌状态。

1996 年拟定《华为基本法》的时候，恰好是华为从创业阶段向发展阶段过渡的时候。《华为基本法》的出台，为华为这个从成立到当时一直没有踩过“刹车”的企业增加了稳重和明确了未来的方向。然而，虽然《华为基本法》体现了不少对企业发展阶段的思考，但是很多人都觉得它似乎带有比较明显的决策者个人理念的色彩。而像国外的一些公司，很难在企业发展里面看到某一个人起的作用特别强，更多的可能是一个团队共同作用的结果。

其实，那个时候任正非并不是想突出个人思想，恰恰相反，他很可能是希望淡化自己的个人思想，把华为依靠自己的人治变成依据《华为基本法》的法治。然而，虽然《华为基本法》上上下下在企业不同管理层次分了几十条，但它提供的只能是一种政策性的指导，在真正日常的企业运作之中，华为从人治到法治的转变并没有实现。

好在任正非有一点非常明智。虽然他希望以自己的思想聚集一群人向一个目标迈进，并在这个过程中不断完善和验证自己的思想。但是他在潜意识里面一直在努力摆脱“舵手”的形象。在《华为基本法》之后，任正非并没有中断企业法治化的进程。比如，他一直强调的民主制度和委员会制度，就是为了在各个企业运作层中体现集体领导，而不是个人领导。再比如华为近年来层出不穷的各种“怪异”的基层管理制度等等也是出于一样的目的。

华为公司设立了内部投诉渠道、调查机制、防腐机制与问责制度，并在与供应商签订的《诚信廉洁合作协议》中明确相关规则，供应商能根据协议内提供的渠道，举报员工的不当行为，以协助公司对员工的诚信、廉洁进行监查。内部审计部门对公司整体控制状况进行独立和客观的评价，并对违反商业行为准则的经济责任行为进行调查，审计和调查结果报告给公司高级管理层和审计委员会。

此外，华为建立了对各级流程责任人、区域管理者的内控考核、问责及弹劾机制，并例行运作，以便更好地实现“法治”。审计委员会和公司 CFO 定期审视公司内控状况，听取内控问题改进计划与执行进展的汇报，并有权要求内控状况不满意的流程责任人和业务管理者汇报原因及改进计划，或向人力资源委员会提出问责建议或弹劾动议。

应该说，正是这几年在网络技术上面与众多国际上强大对手的交锋，以及在突入信息产业后与真正的 IT 企业之间的交流，才大大加快了华为走向“法治”的速度。以 IPD 为首的一批国外成功管理体系个个切中华为的“要害”，这使得华为一下子发现，直接“拿来并且用好”原来也是一种了不起的创新。而且，它们的导入对华为和任正非来说似乎也都是一种解脱。从此，华为可以在有自己特色的企业价值观的指导下，通过与国际一流企业一样的管理运作来进入稳步发展阶段。这样，任正非和《华为基本法》也才会发挥自己最大的正效应。同时也让任正非多年来在华为实行“法治”的愿望得以不折不扣地实现。

可以说，IPD 和其他国外成功管理体系的引入，标志着华为发展阶段的真正开始。华为的过渡阶段以很“土”的《华为基本法》起头，用很“洋”的企业管理体系的建立收尾。这对华为来说几乎是一个脱胎换骨的过程。不过，在向“国际一流厂商”迈进的过程中，这却也是非常关键的一大步。

2010 年华为曾在“心声社区”发布了一个《华为如何成功活下去》的话

题，引发了华为人的热议，其中，大多数人的观点都是坚持法治，摆脱人治。

昵称“开心 ING”的华为员工表示：什么是制度？制度就是把人的智慧规则化、例行化，所以有了好的制度，加上执行制度的人不那么糟糕，企业是可以保持较好发展的。

昵称“华为基层员工”的华为员工表示：靠什么成就百年企业？这个毫无疑问是制度和文化。而华为靠什么才能成为百年企业？需要靠什么制度和什么文化呢？这是需要我们每一位管理者去主动思考的问题（虽然我连个小组长都算不上，但德鲁克也曾经说过，每个脑力劳动者都是自我管理者）。

很多事务是两面的，没有绝对的正确，也没有绝对的错误。水能载舟，亦能覆舟。不得不说，企业在创立之初，在制度尚且不够完备的前提下，坚持人治更加有利于迅速决策、果断执行，但随着企业的规模越来越大，经营者和管理者们便必须确立制度的有效性，用制度来管理企业。

法治社会取代人治社会，是国家现代化的重要内容之一。在这条道路上，中国革命前辈的历史实践已经很好地为我们上了一课，而将范围缩小到治企的范围，华为同样为我们提供了良好的指导，并且更加值得我们去学习和借鉴。

4.3　体系化的管理平台

企业的科学治理离不开制度化、规范化的管理手段，同时也离不开体系化的管理平台。企业管理平台是一项“管理体系 + 企业管理软件”的综合性平台，简称 ECP，是企业现实运营中使用的有形和无形相结合的管理体系。

企业管理平台是企业线上生存的运营支撑环境，它为企业的管理者提供了一个类似线下日常工作的环境，分布在不同地方的不同时间工作的管理者，可以像坐在同一个房间一样地工作。毫无疑问，在制度治理方面取得空前成功的华为也是体系化管理平台的有力打造者。通过对技术研发平台、中试平台、制造平台、采购平台等一系列企业内部平台的打造，华为很好地确立起了后方平台服务一线、资源科学协调，以保证成果输出的管理体系，保证了公司持续有力的运营。

4.3.1　平台管理缔造企业成功

纵观华为多年来的发展历程，不难发现，华为的战略落地，依赖的不是任正非，也不是依赖特殊的人才，而是整套管理体系。华为有一个观点：管理是真正的核心竞争力。

1998 年，任正非在《不做昙花一现的英雄》一文中指出："大规模不可能自动地带来低成本，低成本是管理产生的，盲目的规模化是不正确的，规模化以后没有良好的管理，同样也不能出现低成本。一个大公司最主要的问题是两条，一是管理的漏洞，二是官僚主义。"任正非认为，华为想要形成低成本，就必须依靠在管理制度和管理平台上的完善。

【辅助阅读】管理平台的价值

企业管理平台可能是一个软件系统，也可能是一系列软件系统的集合。企业管理平台的主要价值在于：

（1）把重要的流程制度"固化"在软件中，人们使用软件的时候就已经按照既定的流程来执行（如果没有配套的软件，流程就形同纸上谈兵）。

（2）提高管理效率。用软件来管理日常工作和事务，显然比手工记录的效率高得多。

（3）企业管理平台不仅可以积累知识财富，而且可以分析人员的绩效。

华为的成功是管理平台的成功。华为有技术研发平台、中试平台、制造平台、采购平台、营销平台、资源平台、融资平台、服务平台、管理平台、数据平台等等，在这些平台上有组织文化、战略方向、组织结构、流程管理、管理

体系、管理模板、管理工具、衡量方法、求助体系、激励约束，这些东西构成了一个体系，就可以把它称为平台。华为 20 多年来的发展实际上就是构建这个平台，华为未来的发展也是基于这个平台。

2000 年以后，华为通过与 PWC、IBM 的合作，不断推进核算体系、预算体系、监控体系和审计体系流程的变革，在以业务为主导、会计为监督的原则指导下，参与构建完成了业务流程端到端的打通，构建了高效、全球一体化的财经服务、管理、监控平台，更有效地支持公司业务的发展。通过落实财务制度流程、组织机构、人力资源和 IT 平台的“四统一”，以支撑不同国家、不同法律业务发展的需要；通过审计、内控、投资监管体系的建设，降低和防范公司的经营风险；通过“计划—预算—核算—分析—监控—责任考核”闭环的弹性预算体系，以有效、快速、准确、安全地服务业务流程，利用高层绩效考核的宏观牵引，促进公司经营目标的实现。

在这个基础上，2010 年 8 月，任正非又在华为 PSST 体系干部大会上强调，华为要加大对平台的投入，构建明天的胜利，未来的竞争是平台竞争。他指出：“华为的发展需要大的平台，华为现在强调做管道，未来的管道数据流会越来越大，数据泛滥就像电影《2012》中的洪水一样，面对直径像太平洋一样粗的数据管道，如何建起一个平台来支撑这个模型？大家都想想看，这不就是我们的市场空间和机会吗？我们要抓住这个机会，就一定要加大对平台的投入，确保竞争优势。我希望把深圳建成一个平台研发机构，而把一些产品研发机构迁到研究所去。我们一定要在平台建设上有更多的前瞻性，以构筑长期的胜利。但研发现在对平台的投入还不足，投入不足的原因是我们的管理水平，不知道往哪里投钱，如果我们不能把钱很好地花出去，说明没本事。”

在任正非的要求下，华为的各个平台也都高度重视自身的责任和义务，并且努力做到配合企业业务发展，为企业前进赋能。以华为大学为例：

华为大学服务于华为整体战略，现阶段最重要的使命是传承华为核心价值观和管理哲学，发酵华为文化，为华为的发展输送业务及管理方面的实用人才，帮助公司释放潜能。华为大学面向公司关键人群、关键能力，聚焦领导力发展、企业文化及核心价值观传承，提供通用的、核心的学习发展项目及跨部门的专业能力发展项目；开展公司核心业务领域案例和经验总结，并基于关键案例和战略重点，提供业务绩效支持方面的学习研讨项目。而在具体的工作中，华为大学也确实有效地做到了这一点，为华为输送了大批的、强有力的人才。

经历多年的努力，华为建立了全球管理体系，确保企业文化的传承和业务的有效管理，以实现：以客户为中心，成就客户；风险可控，保证业务连续性；承担企业社会责任，促进社会可持续发展。

在公司战略的指引下，华为在公司范围内推行并有效落实管理体系要求，不断强化以客户为中心、基于业务流程集成的管理体系建设，有效支撑业务的发展和持续改进；同时，基于各业务的优秀实践，华为构建了包括运营流程、使能流程和支撑流程在内的完整流程体系，通过流程确保质量、内控、网络安全、信息安全、业务连续性以及环境、健康、员工安全、企业社会责任等要求融入市场、研发、交付和服务、供应链、采购等各领域业务中，并实现全流程端到端贯通；通过发展领导力、全员参与、六西格玛推行、质量度量与内外部审核评估，推动各业务体系持续改进。

以华为的人力资源管理平台——人力资源委员会为例，2015 年，华为人力资源委员会在人力资源战略管理、重大政策制定、重大决策和政策执行监管方面取得了预期的进展：

（1）有效地开展了人力资源管理发展的内外部洞察工作，结合公司多业务、全球化快速发展的需求，形成人力资源战略指引，对于集团各部门的人力资源战略规划工作提供了有效指导。

（2）持续研究并识别影响集团组织高效运作的关键问题，启动了相关组织运作的优化工作；持续完善及优化人力预算弹性管控机制，探索人员规模管理边界。

（3）为激发组织活力，在员工任职资格、薪酬激励等方面开展了针对不同人群的差异化管理，并通过拉开激励差距的方式，激发大量优秀员工的工作热情。进一步优化了人力资源政策，促进以奋斗者为本的激励导向的有效实施。

（4）持续优化内部人才管理框架，开展针对不同人群类别的差异化管理。针对人才市场竞争日趋激烈的趋势，稳步开展了外部人才吸纳和内部人才保留工作，保持了员工队伍的稳定，并逐步增强面向战略与业务需求的人才结构。

（5）持续优化员工健康管理工作，引入优质医疗服务资源，提升面向全体员工的医疗与保障的服务质量与能力。

（6）逐步探索并建立业务违规的问责机制，规范对业务违规的日常管理。

华为的成功得益于各大优秀平台的建设和多年来始终坚持如一的平台化管理，这也为广大中小企业提供了一个很好的管理优化思路。就像任正非在 2016 年华为人力资源工作汇报会上所指出的：“一个企业，当它能够在内部形成社会平台组织的时候，它的组织就缩小了，效率也就提升上去了，成功也就不远了。”

4.3.2　以后方平台服务一线

华为建立起董事会及其专业委员会、华为人力资源委员会、财经委员会、战略与发展委员会、审计委员会等专业化的管理平台以后，又在其基础上坚持了“以后方平台服务一线”的运营机制。

所谓“以后方平台服务一线”，说白了就是融合应用，协同执行。融多种科学的管理方法、管理工具于一个平台之中，实现企业真正的协同运作和高效执行。在华为发展史上，组织是随着市场扩张不断变革的。早年华为和我们现在很多企业一样，就是直线职能制，指挥命令系统一竿子插到底，快速反应。这个阶段一直持续到 1999 年，后来觉得直线职能制管不过来，企业出现了多种产品、多个市场，所以要分权。

后来，华为搞了覆盖全球的矩阵性组织，片区、地区、办事处、代表处管理职能垂直落地。过于矩阵化之后，又会变得流程太长，有时候一件事往往需要几个部门来协调。所以，在2006年又提出基于响应客户管理优化组织，加强客户群系统建设。

到2007年以后，华为开始主张“让听得见炮火的人去做决策”，叫重装旅、陆战队、前端综合化、后端专业化，这就是任正非后来所提出的“铁三角”组织模式。华为处于前线各个地区的代表处为实现价值目标而形成以客户经理、交付专家和解决方案专家三位一体的“铁三角”模式（见图4—1），“铁三角”之间之所以能够实现顺利的沟通和畅快的合作，主要便是依托于设置在华为总部的各大后方平台的技术、数据以及人员支持。

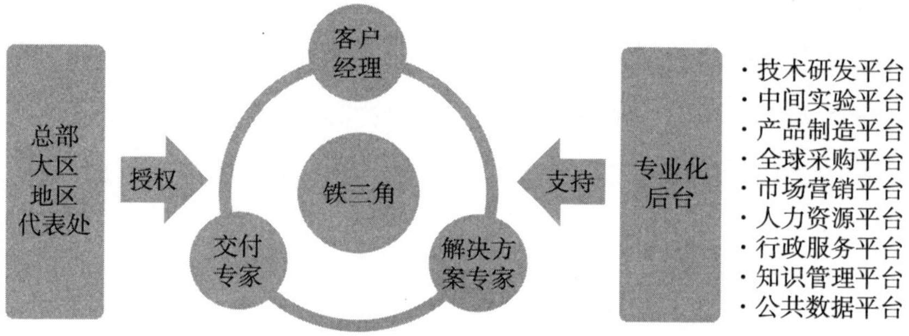

图4—1　华为“铁三角”模式

以华为的行政服务平台为例，华为的行政团队负责内部日常事务的处理以及为一线业务提供支持。华为的行政后勤主要负责华为内部日常行政事务，例如接待、会议、会展、文档、车辆调配、协调、资产等方面的管理。而在为一线业务提供支持方面，华为后勤主要负责为外派人员的生活、办公提供可靠、安全、必要的资源。华为业务遍布全球，每次华为投标或项目实施之前，都会有专门的行政团队预先将一线人员的行程安排、日常起居等等安排妥当，并在他们的工作中提供后勤保障，以确保一线人员可以全心全意投入业务，从而发挥出最大的能量。

华为一线人员实现目标需要满足“技术”和“日常活动”两大需求，这其实也是所有公司需要面对的。华为行政后勤对一线员工的第二项需求全力支持，以保证他们把精力放在第一方面。这种行为极大地保障了一线员工安心地工作，而不受到额外的干扰。

2008 年 10 月 10 日，任正非在中央平台研发部表彰大会上的讲话中指出：“技术日益趋同，客户需求日益多样化，只有靠平台的支撑，才能更快速地满足新形势下的客户需求。产品间的竞争从长期来看，归根结底在于基础平台的竞争。一个产品不能完全从零开始做起，要有丰富的平台、CBB 支持，要有强大的工程工艺能力和技术管理体系支撑，使得产品的成本、质量能在一个很好的平台体系上得到实施。华为公司要继续坚持平台战略，持久地大规模投入，要研究适应客户的各种需求，把握住客户的可靠性、节能环保、可服务性等各种关键要素，构筑华为公司在新时期的竞争优势。当然这个平台不仅仅是研发，包括财务、供应链、交付……这些建设平台的人长期默默无闻地奉献，成就了华为的伟大。”

2014 年 6 月 16 日，任正非在回答记者提问时说：“华为是傻乎乎地走到现在。为什么我们是傻瓜也成功了？因为我们向西方学习形成了一个大平台，大平台弥补了我们的笨拙。一两个人在前面作战，但后方有几百人、数千人在提供支持，让前面的‘傻瓜’看起来就不傻了。我们现在的政策还是希望把优秀人才引进来，常常也是不知如何办为好。”

不论是经理还是员工，精力是有限的，如果忙于处理琐碎的事务，无疑会令本职工作大打折扣，降低了他本应创造的最大价值。为了保障一线人员能够集中精力处理事务，华为还特别设置了秘书处这一服务平台。

早在 1997 年时，华为在与国际巨头的竞争中，还存在很大的差距，如果不想被淘汰，必须夜以继日地研发技术、追赶进度。这就要求华为的一线人员高度集中、高度投入。聘用秘书就是让经理、开发人员、市场营销人员专心从事本职工作，做那些别人做不了的事，别人能做的，例如拖地板、装订文件，则尽可能让秘书来完成。为此，华为迎合内部需求，建立了庞大的秘书体系。

【辅助阅读】华为秘书的两项基本能力

在华为，秘书不是简单地端茶倒水、打字复印，不同地位的秘书，其服务的意义也是不同的。成为华为秘书队伍的一员，必须具备两大基本能力。

（1）拥有熟练的基本功。

一个好秘书必须要对如打字、复印、操作计算机等基础工作非常熟练。华为特意从英国引入了 NVQ 来规范和强化秘书工作。并在内部依据不同的岗位、不同的级别和不同层次，规定了秘书的任职资格，并作为考核的目标和依据。

（2）能够担当经理的助手。

理解并协助上级工作，作为一个秘书必须“善解人意”，明确上级的工作方式、方法和想法，以及时帮助他处理职责以外的工作，减少他的工作量。统计显示，华为秘书约 10% 的时间是用来协助上级的，剩余 90% 的时间则是用来处理各种管理上的琐碎事务，尽可能地减少管理者和一线人员浪费在琐事上的时间。

秘书队伍在华为行政队伍中的地位是举足轻重的，任正非给予华为秘书重大使命的同时，也十分人性地给予了秘书一些权限，比如，某岗位的秘书工作量太大，可以申请增加一位秘书分担工作压力，业务量再次涨上去，就再加一名。如此往复，渐渐便形成了华为今天的秘书科、秘书处等秘书机构。任正非曾经谈笑说：“像我们公司这么庞大的秘书队伍，发达国家是养不起的，因为成本太高，华为公司处于中国特色的情况下，所以养得起。”

任正非虽然是一句戏言，但是对于广大企业经营者而言却是一个警示，我们在学习华为，效仿华为“以后方平台服务一线”，支持一线多打粮的过程中，必须考虑到成本、产出等多重因素，务必要找到一个平衡点，切不可捡了芝麻丢了西瓜。

4.3.3 资源协调保证成果输出

很多企业在管理过程中都面临着一个严重的问题，即，它们也拥有各个完善的平台，并且制定了类似华为的“以后方平台服务一线”的执行策略，然而，在平台使用的过程中，却往往难以达到理想中的效果。这其实是企业在资源整合与共享上出了问题。一个真正的体系化管理平台，各个部门的资源协调必须实现科学化和合理化，从而保证最终的成果输出，帮助企业缔造价值。

【辅助阅读】资源整合的概念

资源整合是指针对物资、信息等资源的供应情况进行统筹整合，以实现精益的供应状态。事实上，华为的每一项业务，甚至包括他们引以为傲的研发工作，都是离不开对于研发资源的强力整合的。在不同的层面上，资源整合的概念理解是有所不同的。

在战略思维的层面上，资源整合是一种基于系统论的思维方式。对于企业内部职能平台而言，它们通常相互关联却又彼此分离；而企业外部合作伙伴，通常既参与共同使命又拥有独立经济利益。而在资源整合时，企业会通过组织和协调的方式，将它们整合成一个为客户服务的系统，最终取得1+1>2的效果。

在战术选择的层面上，资源整合是一种有助于优化配置的决策模式。它根据企业发展战略和市场需求情况，通过企业内部平台重新配置一系列相关资源，用以彰显企业核心竞争力，并寻求资源配置与客户需求满足之间的最佳结合点。其主要目的是通过制度安排和管理协调等模式，来强化企业竞争优势，提升客户服务水平。

早在1996年，任正非便在华为内部讲话中指出：世界上我最佩服的勇士是蜘蛛，不管狂风暴雨，不畏任何艰难困苦，不管网破碎多少次，它仍孜孜不倦地用它纤细的丝织补。”

蜘蛛网结构与华为的平台构架惊人地相似：处于战略前沿的作战部队类似于螺旋形的“黏质蜘蛛丝”，富于弹性、灵活性、机动性，更可怕的是富于“黏性”。一旦接近猎物，便死死地咬住不放，直到捕获到手为止。而放射形、牵引形的蜘蛛丝则类似于强大的后方支撑系统，包括战略司令部、参谋部、后勤部、人力资源部以及其他部门。这样一来，华为整个企业的内部资源便可以得到最大化的协调利用。

任正非曾多次表示：“华为各个机构和平台设置的目的，就是为作战，平台的客户是作战部队，作战部队不需要的就是多余的。”在2009年的华为销服务体系奋斗颁奖大会上，他便在《让一线直接呼唤炮火》的讲话中强调：“我们要积极地先从改革前方作战部队开始，加强他们的作战能力，要综合后方平台的服务与管理，非主业干部要加强对主业务的理解，减少前后方的协调量。我们机构设置的目的，就是为作战，作战的目的，是为了取得利润。平台的客户就是前方作战部队，作战部队不需要的，就是多余的。”

事实上，华为的管理平台是个大平台的概念，它所强调的不仅仅是整合企业内部的种种资源，还包括企业外部任何能够为企业所用的资源。《华为基本法》第三十三条便强调：“市场变化的随机性、市场布局的分散性和公司产品的多样性，要求前方营销队伍必须得到及时强大的综合支援，要求我们必须能够迅速调度和组织大量资源抢夺市场先机和形成局部优势，实现资源的动态最优配置与共享。”

2012年，华为副董事长兼轮值CEO胡厚崑在亚太经合组织（APEC）工商界主题论坛上发言指出："在当下的商业环境下，资本、物资、信息必须在全球范围内方便地流动，这使得全球化公司和本地化公司这两个概念变得越来越统一。"对此，你可以理解为：本地化公司也是全球化公司，反之亦然。华为的商业实践便是要通过体系化的管理平台，将"全球化"与"本地化"结合在一起，整合全球最优资源，打造全球价值链，并帮助本地创造发挥出全球价值。

以华为的研发为例，华为的研发投入不是集中在中国，而是在经济全球化、市场全球化的前提下，把这些投资投在全球范围内，高效整合全球的社会资源。当前，华为在海外已经建立了 16 个独立的研发中心，分布在从北美到欧洲、到亚太的整个世界。说白了，就是集世界之智慧为己用。在今天，中国越来越多的企业希望"走出去"，但这仅仅是市场的"走出去"，真正想要立足世界，必须要充分利用全世界的资源，尤其是智力资源方可持久。

在商业环境中，资源整合行为不仅发生于华为，它在很多企业中都是存在的。以 UPS（联合包裹服务公司）为例，该公司也曾对供应链管理服务资源进行了有效的整合。UPS 原本为客户提供供应链管理服务的有物流集团公司、货运服务公司、金融公司、咨询公司和邮件管理公司等。2002 年，UPS 将这些公司进行了整合，新设了供应链管理解决方案事业部。

UPS 之所以重新整合供应链管理服务资源，主要是因 UPS 在 2002 年初决定将公司定位转变为"一个完全的供应链管理服务公司"。可见，备受推崇的"一站式"服务经营模式，从本质上来讲仍然是一个企业资源整合的过程。

4.4　过程督导与控制

体系化的管理平台系统建成以后，想要维持好系统的正常运转，对各个执行过程的督导与控制便显得尤为重要，而过程督导与控制也是华为实现制度化治理的一个关键性环节。

所谓“过程督导与控制”，说白了就对执行过程实行科学有效的监管和把控，这也是一个企业能否拥有高效执行力的重要保证。为确保结果实现的必然性，企业除了培养一次到位的工作作风外，更要强化过程管理的可控性。事实上，在这方面，几乎每个企业都有自己的一套方法，其有效性也是值得验证的。就目前来看，华为健全考核与评价机制、完善内部环境控制、强化成员自我管理的几大过程督导与控制策略，都取得了极大的成功。

4.4.1 健全考核与评价机制

《华为基本法》第二十条规定，华为必须“遵循价值规律，坚持实事求是，在公司内部引入外部市场压力和公平竞争机制，建立公正客观的价值评价体系并不断改进，以使价值分配制度基本合理。衡量价值分配合理性的最终标准，是公司的竞争力和成就，以及全体员工的士气和对公司的归属意识”。

任正非认为，“全公司一定要建立起统一的价值评价体系、统一的考评体系，才能使人员在内部流动和平衡成为可能”，为此，他在2001年发表的《华为的冬天》一文中指出：“有人说我搞研发创新很厉害，但创新的价值如何体现？创新必须通过转化变成商品，才能产生价值。我们重视技术、重视营销，这一点我并不反对，但每一个链条都是很重要的。研发相对于用户来说，同等级别的一个用户服务工程师可能要比研发人员综合处理能力还强一些。所以如果我们对售后服务体系不给予认同，那么这个体系就永远不是由优秀的人来组成的。不是由优秀的人来组织，就是高成本的组织。”

为此，华为通过多年的努力，建立起了一套系统的绩效考核与价值评价体系，华为价值评价体系的核心是员工考评。考评内容主要包括工作态度、工作能力、工作业绩、个人适应性和潜能、管理能力五大部分。考评的依据和标准主要有三项：共同的价值观、挑战性目标与任务、现有的能力和工作潜力。

华为坚持执行关键绩效考核制度，通过对公司及组织运作过程中关键成功要素的提炼和归纳，形成关键绩效考核指标（KPI），用以判断各级员工的不同价值贡献。

华为的关键绩效考核指标具有以下特征：

第一，将员工的工作与公司愿景、战略及部门相连接，层层分解、层层支持，使每一名员工的个人绩效与部门绩效都与公司的整体效益直接挂钩。

第二，保证员工的绩效与内外部客户的价值相连接，共同为实现客户的价值服务。

第三，员工绩效考核指标的设计是基于公司的发展战略与流程，而非岗位的功能。

所以，与一般企业所执行的普通绩效指标相比，华为采取的关键绩效考核指标考核制度，把个人和部门的目标与公司整体的成败联系起来，更具有长远的战略意义。因为关键绩效考核指标体系集中测量企业成员的行为，而且，由于其简单明了，少而精，可控并可管理。对于员工而言，关键绩效考核指标体系使得员工按照绩效的测量标准和奖励标准去做，真正发挥绩效考核指标的牵引和导向作用。

【辅助阅读】SMART 目标管理原则

目标管理是使管理者的工作由被动变为主动的一个很好的管理手段，实施目标管理不仅是为了利于员工更加明确高效地工作，更是为了管理者将来对员工实施绩效考核提供了考核目标和考核标准，使考核更加科学化、规范化，更能保证考核的公正、公开与公平。

在设计关键绩效考核指标的时候，必须符合“明智（SMART）原则”：

第一，关键绩效考核指标必须是具体的（specific），以保证其明确的牵引性。

第二，关键绩效考核指标必须是可衡量的（measurable），必须有明确的指标。

第三，关键绩效考核指标必须是可以达到的（attainable），不能因指标的无法完成而使员工产生挫败感，但这并不否定其应具挑战性。

第四，关键绩效考核指标必须是相关的（relevant），它必须与公司的战略目标、部门的任务及职位职责相联系。

第五，关键绩效考核指标必须是以时间为基础的（time-based），即必须有明确的时间要求。

华为认为，考核与评价不是目的，只能是一种工具或手段，只能起到对员工的牵引和导向作用。绩效考评的主要目的是在华为内部建立人才竞争和淘汰机制。效率优先，兼顾公平，可持续发展，是华为价值分配的基本原则。

为了做好绩效考核与评价，从而实现价值分配的合理化和科学化，华为还制定了分层考核指标。

2007年，在《华为公司绩效管理暂行规定》中，华为规定：对不同层级的员工，以岗位职责为基础，以客户需求为牵引，关注不同的考核关注点。高层领导：关注长期综合绩效目标的达成和对公司长期利益的贡献，重视团队建设和干部后备队建设，不断提升领导力素质，确保公司的可持续发展。中高层主管：兼顾中长期绩效目标的达成和业务规划的有效落实，关注团队管理、干部员工培养和业务运作，提高业务和干部培养的成功率，使之带领的团队持续地产生更大的绩效。中基层员工：关注本职岗位上短期绩效目标的达成和过程行为的规范，强调实际任务的完成和绩效不断改进。

2010年，在华为HRC纪要053号文件中，华为又再次提到：借鉴业界经验，重新审视高层主管长期指标的合理性；制定分层的考核指标，在高层、中层、基层之间形成短期和长期均衡的"拧麻花"的考核方案；牵引高层在关注当期经营目标的同时，更多地关注长期目标。通过年度考核和中长期考核相结合、上岗述职与离任"快照"相结合、主管评价与委员会评价相结合等改进措施，避免高层主管的短期行为。通过研究制定在职位管理、奖金激励和荣誉激励等方面的针对性方案，优化高层主管的激励机制，牵引其关注长期目标，完善高层主管的责任回溯机制。

任正非很清楚一件事，那就是考核与评价的最终目的是为了引导员工做出更正确、更多的贡献，而不是阻碍员工做贡献，所以，他指出："考核的维度和要素不能太多，主题要突出，要抓主要矛盾，聚焦在关键绩效点上"，强调"华为主要的考核目标和要素，应该是从价值贡献上考核"。

可以说，华为的考核与评价机制主要解决了两方面的问题：第一，价值创造过程问题，即如何充分发挥员工的主观能动性，挖掘员工的潜力，持续地提高工作效率，以创造更多的价值。第二，价值创造成果的评价问题，即对每一个员工创造的价值做出科学的评价。

缺乏科学的价值评价体系，无法发挥出员工的主观能动性，正是中国大多数企业在组织运营管理方面存在的通病，这也直接导致了很多企业在价值分配上的扭曲。所以，向华为学习，通过考核与评价机制的建设，将员工行为引导到"以客户为中心"和"艰苦奋斗"中来，企业在管理上必然会节省大量的时间成本和资金成本。

4.4.2　完善内部环境控制

企业想要实现良好的过程督导与控制，必要的内部环境是不可或缺的。尤其是，当一个企业出现内部腐败的时候，那么，"千里之堤，毁于蚁穴"的悲惨命运便很可能降临在其头上。

改革开放以来，随着国有企业改革的不断加快和资本市场的迅速发展，我国企业在内部环境控制和规范性建设等方面取得了良好成绩，大致经历了三个阶段，即会计基础工作规范中的内部控制监管阶段（1996—1999 年）；内部控制监管体系的独立探索阶段（1999—2005 年）；内部控制监管体系的初步形成阶段（2006 年至今）。华为对企业内部环境的管控大致也经历了这样一个阶段性的过程。

【辅助阅读】企业建设内部监督体系的意义

组织运营过程中，内部监督体系就像是内部环境控制的“摄像头”，只有时刻开着这个“摄像头”，监督着企业内部成员，才能时刻提醒他们规范行为、正确行事。

具体来说，建设企业内部监督体系有以下好处：

第一，提高执行力，形成雷厉风行的执行文化；

第二，发现问题、客观公正地处理问题、划分责任；

第三，关注过程、控制细节，促进目标、计划的达成；

第四，促进流程、制度的落实，形成内部制约机制和控制体系；

第五，规范管理，解放领导，解放企业生产力。

创业之初，华为的监管仅限于以会计为核心的财务部门对资金流的管控，以及任正非等核心管理者的实时检查，这种监督效果虽然有限，但得益于华为奋斗文化的成功，其企业内部的腐败现象并不严重，公司也并未因此而遭受重大打击。

1997 年以后，随着华为国际化步伐的加快，放眼看世界的任正非开始意识到华为与爱立信、西门子等国外竞争对手的巨大差距，并在独立探索的基础上，与 IBM、Hay 等美国知名管理咨询公司合作，开始致力于内部管理系统的升级和改造。其中，便包括对财务体系和监管体系的改革。

改革后，华为对审计、稽核等监管体系告别了之前一盘散沙的局面，有了一套明确的理念。即：监管的目的是要千军万马上战场，支撑业务有效运作和商业成功；监管体系一定是善于妥协的系统，敢于做右派，通过妥协，形成冷威慑，最终还是为了业务发展。

任正非要求审计人员要有不怕做“派”的心理，才会实事求是。“实事求是这简单的 4 个字，想做到好难、好难呀”，所以，“审计人员还要站在被审干部的个人立场上，而不仅仅是在审计的立场上展开工作。如果只会站在审计的立场上，常常达不到目的”。配合审计部门，华为还建立了十分健全的干部管理机制，先后建立了分权制衡与威慑系统。

早在 2009 年，在《CFO 要走向流程化和职业化，支撑公司及时、准确、优质、低成本交付》一文中，任正非便指出：“组织改革过程中，基层在用权时可能不会那么准确、科学和讲究方法，因此需要更多的监管。财经和审计等部门就要在这个监管过程中对关键点不断进行抽查，建立威慑系统，从而保证大家能够更加科学地用权。”

在 2010 年华为《新年献词》中，任正非更加明确地强调：“我们的干部要严格要求自己，要聚焦于本职工作，我们要坚持三权分立的干部监察制度，否定、弹劾不是目的，而是威慑，使干部既可以自由地工作，又不越轨。”

2011 年，在华为 EMT 决议〔2011〕035 号文件中，华为最终确立了“监事会负责对董事和高管进行监督，审计委员会对公司的运营及干部进行监督”的检查机制。并且在已经确立的干部任用建议机制中建立了一些补充机制，用来解决干部自检自查不力的问题。

华为的干部体系遵循三权分立的原则：行政主管有提名权，干部部和人力资源部有评议权，党委有弹劾权。强调以党委为中心、以各级党组织为中心、以干部部门为中心的一票否决制，即品德和自我批判的一票否决制；以管理团队和干部部门为中心的对员工绩效的评议机制；以华为大学为中心的对素质的评价体系。实行这三权对干部进行评价。这样一来，华为干部便不得不踏踏实实地干活，而不能想入非非了。

此外，为了引导华为干部更好地约束自身，华为还专门设立了道德遵从委员会（CEC）和道德遵从办公室（OEC）两大机构，协助华为内部环境管控的执行。

如今，华为已经建立起了完整的内部环境控制系统，华为致力于倡导及维护公司诚信文化，高度重视职业道德，严格遵守与企业公民道德相关的法律法规。公司制定了员工商业行为准则，明确全体员工在公司商业行为中必须遵守的基本业务行为标准，并例行组织全员培训与签署，确保其阅读、了解并遵从《华为员工商业行为准则》（BCG）。建立了完善的治理架构，包括董事会、董事会下属专业委员会、职能部门以及各级管理团队等，各机构均有清晰的授权与明确的问责机制。

在组织架构方面，华为对各组织明确了其权力和职责的分离，以相互监控与制衡。公司 CFO 负责全公司内控管理，业务控制部门向公司 CFO 汇报内控缺陷和改进情况，协助 CFO 建设内控环境。内部审计部门对公司所有经营活动的控制状况进行独立的监督评价。

华为管理层强调，诚实劳动是对员工的基本要求，一切钻公司漏洞、借职务便利牟私利的行为，都是公司不允许的。“对内部腐败零容忍，坚决反对，高度一致，腐败没有灰度……要通过‘查、处、管、教、法’使得腐败行为‘不敢、不想、不能’，让干部和员工健康成长。”

华为高级副总裁陈朝晖这样说道：“每位华为员工在公司商业行为中遵守法律规定和道德规范，是华为能够长久发展的重要保障之一。我们有义务告知并确保员工在业务行为中明辨是非。员工商业行为准则为华为遵循法规道德标准以及公平伦理化运营指明了方向，堪称华为保持长期成功与发展的基石。”

4.4.3 强化成员的自我管理

企业内部监管是一个双向的过程，不能一味地依靠管理层制定各种规章制度来约束企业成员，企业成员本身也要树立起强烈的自我管理意识，形成自我规范。当然，这一过程中，还需要企业加以引导。

华为公司自建立起，就要求干部要严格自律，勇于自我批判，并提出要制度化地防止干部腐化、自私和得过且过。早在 21 世纪初，任正非等华为高管就认识到，企业在内部监管上想要获得成功，就必须保持干部队伍的廉洁自律。

于是，在 2005 年 12 月召开的 EMT 民主生活会上，任正非要求华为 EMT 成员，“作为公司的领导核心，要正人须先正己，以身作则”，并在会上通过了《EMT 自律宣言》，要求在此后的两年时间内，完成 EMT 成员、中高层干部的关联供应商申报与关系清理，并通过制度化宣誓方式层层覆盖所有干部，接受全体员工的监督。2007 年 9 月 29 日，公司举行了首次《EMT 自律宣言》宣誓大会，并将这项活动制度化开展至今。

【辅助阅读】华为《EMT 自律宣言》内容

华为承载着历史赋予的伟大使命和全体员工的共同理想。18 年来我们共同奉献了最宝贵的青春年华，付出了常人难以承受的长年艰辛，才开创了公司今天的局面。要保持公司持久的蓬勃生机，还要数十年地继续艰苦奋斗下去。

我们热爱华为，正如热爱自己的生命。为了华为的可持续发展，为了公司的长治久安，我们要警示历史上种种内朽自毁的悲剧，绝不重蹈覆辙。在此，我们郑重宣誓承诺：第一，正人先正己，以身作则，严于律己，做全体员工的楷模。高级干部的合法收入只能来自华为公司的分红和薪酬，除此之外不能以任何方式获得其他任何不法收入。第二，高级干部要正直无私，用人要五湖四海，不拉帮结派，不在自己管辖范围内形成不良作风。第三，高级干部要有自我约束能力，通过自查、自纠、自我批判，每日三省吾身，以此建立干部队伍的自洁机制。

我们是公司的领导核心，是牵引公司前进的发动机。我们要众志成城，万众一心，把所有的力量都聚集在公司的业务发展上。我们必须廉洁正气、奋发图强、励精图治，带领公司冲过未来征程上的暗礁险滩。我们绝不允许“上梁不正下梁歪”，绝不允许“堡垒从内部攻破”。我们将坚决履行以上承诺，并接受公司审计和全体员工的监督！

任正非谋求将公司从上到下完全置身于一个透明的民主监督的环境之中，有人质疑，任正非是在用“运动”的方式管理公司。对此笔者不予赞同。退一步说，即使这种做法属于“运动”方式，那么，如果它是健康的、有效的，为什么要一概否定呢？

事实上，这种所谓“运动”的方式，在华为的历史上不止一次运用过，比如，1996 年的市场部大辞职，2007 年的 7 000 人主动辞职等，都在当时收到了良好的效果，并且对长远的组织建设、变革和全球扩张战略奠定了重要的思想根基，而在近几年中，几乎每一年，华为高管都会带头组织一次自律宣誓活动。

2013 年 1 月 14 日，上午 9 点整，在任正非的组织下，华为董事会、监事会、市场大会全体会议成员齐聚公司深圳坂田基地，于总部举行董事会自律宣誓大会。会议由轮值 CEO 郭平主持，孙亚芳、徐直军、胡厚崑、郭平、李杰、万飚、孟晚舟、徐文伟、张平安、陈黎芳、丁耘、余承东以及任正非在内，13 名华为董事会成员全部参与了此次自律宣誓。

面对着来自全球各地的几百名中高级管理者，全体董事会成员庄严宣誓：“我们必须廉洁正气、奋发图强、励精图治，带领公司冲过未来征程上的暗礁险滩。我们绝不允许‘上梁不正下梁歪’，绝不允许‘堡垒从内部攻破’。我们将坚决履行承诺，并接受公司监事会和全体员工的监督！”

在集体宣誓之后，每一个董事会成员又依次进行个人宣誓，任正非直言：“公司最大的风险来自内部，华为必须保持干部队伍的廉洁自律。”这种警觉，在企业高管贪污问题更甚的 2014 年，变得更加迫切和必要。

华为最高管理团队举行自律宣言宣誓，表明了高层领导从自身做起，严格自律，众志成城，把所有力量都聚焦在公司的业务发展上的决心。只有在高层领导的奋力牵引和全体员工长期的艰苦努力下，华为才能保持持久的蓬勃生机，不断健康发展！

任正非指出："华为的高级干部一定要克服自己的贪婪，管理好自己的欲望，特别是组织欲望，那样就没有什么摆不平的内外矛盾……我们的奋斗，主观上是为了客户，因为我们一切工作的出发点就是为了客户，最后的收益是我们客观获得生存。当一个领导不把功劳归于自己，能够公正评价属下与协作部门的贡献时，就一定会焕发出群体巨大的力量，难道还有什么不能胜利的吗？其结果最大的受益者反而是你。"

其实，大多数员工也都明白，企业对干部群体实行监管的根本目的不是为了监管而监管，而是为了让千军万马上战场，为了支撑业务有效运作和商业成功。因此，我们在组织企业运营活动的过程中，也完全没有必要把所有监督和防治腐败的责任都推到企业管理机制上，更要引导企业成员从自身抓起，努力提升自律意识，从而有效地规避腐败问题，保证组织的内部健康。

4.5　治中求乱，破除僵腐

很多创业者都错误地认为精细化的管控才是企业发展壮大的必然原因，然而，事实并非如此。精细化的、没有丝毫差池的管理或许可以提供组织的规模效益，但是却难以支撑企业的进一步发展，企业的发展需要"活力"，而企业在稳定和不稳定之间，往往孕育的是下一步发展的源泉，例如一个新的商业模式、一个创新的产品、一个新的市场，都需要新问题和新矛盾的产生来激发。

当然，很多时候，"管控"和"激活"两者存在很多矛盾，缺乏管控的创新如何保障受控，而缺乏创新的管控又如何保障创新的活力，这就是一个组织在多组织管控和经营方面需要深度思考和平衡的内容。对此，华为的有效做法就是治中求乱，在乱与治的矛盾的平衡与统一中面向未来。

4.5.1 破坏性建设

在过去的200多年里，人类经历了三次科技革命，先后发明了蒸汽机、火车、轮船、汽车、飞机、电报电话、生物工程、电脑、原子弹等。每次科技革命对人类的发展都产生了重大而深远的影响，给人类生活带来了翻天覆地的变化。这也让人们更加深刻地意识到不断推陈出新，敢于打破传统的重要意义。

在管理上，任正非同样有着类似的认知，在华为的发展过程中，他很清醒地意识到，只有不断对打破制度的僵化，才能获得破而后立的效果。

1996年，华为刚刚开始走出国门，进军国际市场。面对大好前程，本应该是企业上下携手努力、奋勇向前的时候，任正非却发现，在这样关键的时刻，一些曾经劳苦功高的华为“元老”居然开始安逸起来，尤其是那些每年都能拿到大量股权分红的老员工，对于日常工作更是变得得过且过起来，这样的情绪严重破坏了华为整个企业的奋斗氛围。为了克服这种歪风邪气，在任正非的授意下，分管市场部的华为副总裁孙亚芳带领26位华为办事处主任同时向公司递交辞呈。通过市场部集体辞职再重新竞聘上岗的方式，帮助华为最大程度上降低了“沉淀层”对公司的消极影响。

华为公司坚决要把“夹心阶层”消灭，这是任正非从苹果、西门子等西方先进公司惨痛的教训中总结出来的。“夹心阶层”的存在必然会形成不良文化，这种文化最后将导致公司失败。

事实上，容易对公司发展造成阻碍的，除了“沉淀层”以外，落后的制度也是不可忽视的一大重要元素。为了打破这种既有“枷锁”，保证变革的成功，任正非于1999年11月第一次在华为提出“破坏性建设”的理念，其第一次执行便表现为外界所熟知的“三化管理”。三化管理即：先僵化、后优化、再固化。任正非要求华为人必须以此作为业务流程变革的三部曲，坚持变革，坚持管理上的进步。

【辅助阅读】三化管理背后的管理逻辑

三化管理（先僵化、后优化、再固化），其实质是两大管理循环的结合：PDCA（计划—执行—检查—行动）与 SDCA（标准化—执行—检查—行动）的结合（循环图见图 4—2、图 4—3）。

如反映到企业管理过程中，应先用 PDCA 循环对问题进行改进，然后采用 SDCA 方法将改善成果予以标准化，使问题不至于反弹。当改善成果在一段时间内得以稳定后，再次采用 PDCA 循环进行改进，然后继续采用 SDCA 来固化。如此循环往复，企业的现场改善水平就会稳步提高。

PDCA 代表了四个英文单词首字母的组合，分别指：

P（PLAN）：计划。找出存在的问题，通过分析制定改进的目标，确定达到这些目标的具体措施和方法。

D（DO）：执行。按照制订的计划要求去做，以实现质量改进的目标。

C（CHECK）：检查。对照计划要求，检查、验证执行的效果，及时发现改进过程中的经验及问题。

A（ACTION）：处理。对成功的经验加以肯定，并将它制定成标准、程序、制度（失败的教训也可纳入相应的标准、程序、制度），巩固成绩，克服缺点。

以上这四个阶段又可分为八个步骤分别进行（见图 4—2）。SDCA 循环模型如图 4—3 所示。

S（Standardization）：标准，即企业针对改善过程而制定的执行和评估文件。

D（Do）：执行，即按照标准予以落实。

C（Check）：检查，即对改善的内容进行审核和各种检查。

A（Action）：总结，即通过对标准执行情况的评审，做出相应处置。

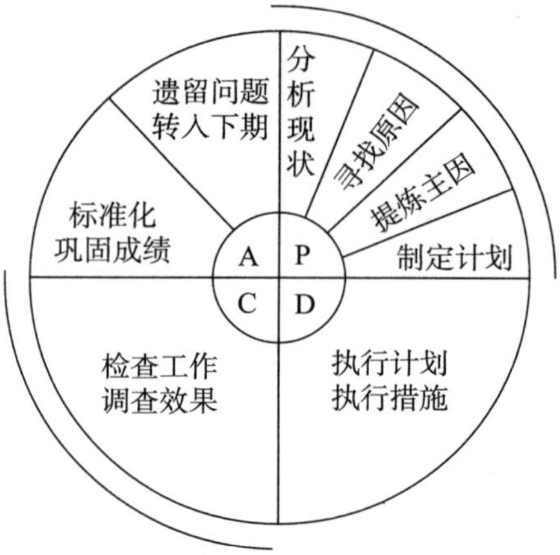

图 4—2　PDCA 循环的八个步骤

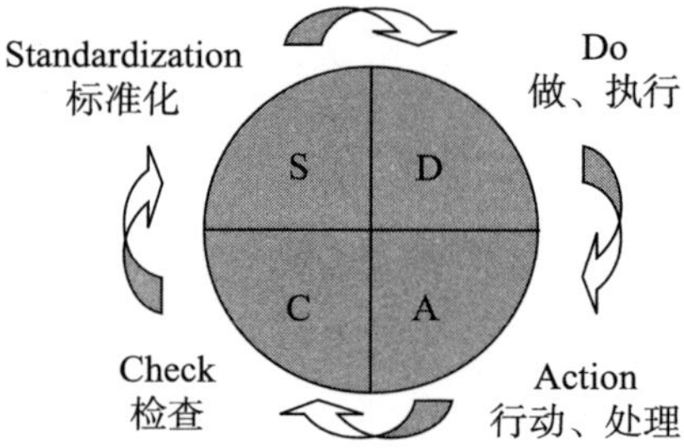

图 4—3　SDCA 循环模型

事实上，“三化管理”还并不是完全意义上的破坏性建设，它所强调的实际上是一种降低错误、减小破坏，尽可能以最正确的方式和路径达到改革目标的方法。但是，在僵化的基础上优化，这一过程同样具有破坏性和建设性的双重特质。

当然，破坏性建设并不是鼓励企业管理者将原有的制度彻底推翻重建，而是在去芜存菁的基础上，把适合企业需求的制度留下来，把阻碍企业发展的制度剔除，或者修改。

围绕“三化管理”方针，任正非便曾在华为干部会议上这样告诫员工：“在僵化的基础上优化，僵化是把 IBM 的先进制度照搬过来，但这些先进制度未必就是全都对华为有利的，我们先用一段时间，观察一下，等我们确定优、良、中、差以后，再有针对性地进行改良和淘汰，这样才能找到最适合我们的发展路径。”

企业组织运营管理中所谓的“破坏性建设”，用一个合适的名词来置换，“适应性调整”再适合不过。企业想要在制度上实现破而后立，并不能像《笑傲江湖》里的令狐冲那样废掉一身武功，从头学起，企业经不起这样掏心挖肺的大手术，企业的盈利性质决定了，其管理上的破坏性建设必须是有度的，不能不管不顾地大开大合。

在华为不断尝试管理模式的过程中，或者说，在华为一次次的破坏性建设过程中，其管理上的进步大多是通过无数次适应性调整行为而实现的。比如，学习美国过程中的“削足适履”，市场扩张时期与思科的“握手言和”，以及近年来反复强调的“小改进，大奖励；大建议，只鼓励”，等等。

此外，任正非还主张，要实现精细化管理与“治中求乱”的均衡，管理上既要精细，又不能因太过精细而陷入僵化。2007 年 7 月 13 日，任正非在英国代表处的讲话便非常有代表性，他说：“一个相对成功的组织，必须对组织职能有着清晰的定义，即副职负责精华细化管理，正职负责跳出管理寻求新突破，是一种守城与攻城的关系”。这一组织理念，也就是大家所熟知的“狼狈组织”。

这些年来，随着华为业务的不断发展和公司规模的不断扩大，“破坏性建设”也被赋予了更多内涵。比如，2015 年，任正非在华为人力资源工作汇报会上的讲话中指出：“当年我们从小公司走向大公司时，不知道怎么管理，分工过细。现在我们使用的工具先进了，很多流程打通了，功能组织也要综合化，不仅减少层级，也要缩小规模，几个组织合并成一个组织。”

其实，华为的诸多制度改良与变化，无不是一种破坏与重建，都可以被称作是“破坏性建设”，而之所以到最后，华为成功了，其他大多数公司却没有，归根结底是一个尺度的问题。控制好“破”与“立”的尺度，才能把握好“治中求乱，破除僵腐”的精髓。

4.5.2 坚持灰度与平衡

说到控制好管理与变革的尺度，恐怕中国当代企业家中，很少有人能够与任正非相提并论。为了不让管理陷入形而上的非黑即白，任正非创造性地提出了灰度理念。而“灰度”一词在华为语境中也有着重要的地位，是任正非在许多重要讲话中使用的词汇。

灰色，是纯白、纯黑以及两者中的一系列从黑到白的过渡色。自然界中的大部分物体的平均灰度为18%。任正非认为，黑白分明是最初级的管理，在这种管理下只能催生一群要么黑、要么白的僵化的管理集体。他要求华为管理者要懂得介于黑白中间的各个不同状态，呈现不同的灰色，即黑白管理的二元平衡。在不能确定两种截然相反的意见和方案中哪种是正确的时，或者事物并非绝对正确的情况下，一个两全其美的办法就是将争论双方引入介于黑白之间的灰色地带。

【辅助阅读】灰色管理与“模糊集”理论

根据管理对象的特性，企业管理可以分为精确管理和灰色管理两大类别。精确管理是指在管理中将部分管理内容予以量化和固化，如工作效率、KPI（关键绩效指标）等，还包括制度规范，都是精确管理的介质部分。此外还有一块非常重要的管理区域，即：灰色地带，这个地带是不能量化或固化的，或者说拍脑袋做决策，这就需要灰色管理。

有一种理论可能适用于解释“灰度”策略。这便是“模糊集（Fuzzy Set）”理论，其核心概念是“隶属度”，也即：当没有一个清晰的属性标准和分类规则来将对象进行分类时，可以借助一种关于对象属性的模糊描述，利用一种模糊算法，计算出对象在不同集合上的隶属度，进而给出将该对象归属于哪个集合的建议。使用模糊集和隶属度概念，似乎可以解释“灰度”，并为恰当把握“灰度”提供外在参考，也即将“灰度”漂白。

“灰度”概念给管理者或领导者留下了自由裁量的空间。

2008 年，在华为市场部年中大会上，任正非首次明确提出了“灰度”的概念，指出：“开放、妥协、灰度是华为文化的精髓，也是一个领导者的风范。我们不能形而上学地认为世间的事物是有你没我、你死我活、非白即黑，更普遍的形态是你中有我、我中有你，你活我也活，黑中见白、白中有黑；在一定条件下黑白可能互相转化，黑可能变白，白亦可变黑。”

华为倡导在管理与改善过程中坚持“灰色”，其初衷是：企业在不同的阶段，需要采用符合实际需要的管理方式，并把精确管理和灰色管理相互结合起来，让精确管理极限地逼近灰色管理，同时让灰色管理构建精确管理的缓冲区，相互促进，进而形成平衡。而想要学会华为的“灰度”，就必须准确掌握华为灰度管理的两大核心思想，即适度放松和宽容。任正非深知，极端的思维往往是过度的，只有开放和宽容才能消除冲突。因此，任正非要求华为的干部要学会宽容，保持开放的心态，这样才有助于真正达到灰色的境界，才能够在正确的道路上走得更远、更扎实。

（1）适度放松。

适度宽松是灰度管理最基本的态度。任正非曾说过：“华为公司一定不能重蹈覆辙。一定要在控制有效的基础上，进行转制改革。要像新加坡的方法一样管得很严，在严管的情况下，逐步去释放能量，释放过快就成了原子弹。但是，我们认为这种很严厉、苛刻的管理不利于公司长期稳定地发展建设，我们想逐步放松、再放松。”

华为成立之初，市场份额就那么大，谁抢占越多，谁就能获得更多的利益，谁的发展就快。为了抢占市场，华为可谓“虎口夺食”，每年都以惊人的速度扩张，一次招聘就成百上千，甚至出现了万人招聘的局面。大多数员工还没来得及好好练兵就要“上战场”了，培训时间短导致了员工基本素质失衡，很多干部的素质和能力还没达到一个管理者的要求就被“火线提拔”，这时候的华为可谓“乱世”。为此，华为采用了严格的管理和控制体系，号称“严刑峻法”。

1999 年以后，随着华为逐步走进平稳发展期，华为羽翼日趋丰满，各项管理变革得到落实。内部管理实现了流程化和制度化以后，华为开始逐步放松了严厉的管理。任正非认识到，以前粗放的管理已经不能适应发展要求，只有让管理更加富有人文色彩、适度地放松，才能适应华为当下的发展需求。

古罗马哲学家西塞罗认为：“极端的法规，就是极端的不公。”因此，禁欲主义不行，拜金主义也不行，人必须在一个放松的环境中发展。就像任正非所说的那样，当企业发展到一定阶段，必须保持适度的放松，不骄不躁。这种管理思想为华为人提供了开放舒适的环境，使他们爆发出更多的能量。

（2）宽容。

宽容是灰度管理的第二个核心思想，它是领导者在管理实践中的应用原则和手段。显然，领导者的宽容能为企业带来的是和谐的发展环境，只有宽容才能有效地处理好企业内部与外部的种种错综复杂的关系。

有人说宽容就是妥协，而妥协的管理似乎就是软弱和不坚定的表现。在他们眼中，管理过程中只有毫不妥协才能显示出管理者英雄的本色。其实，宽容是一种坚强，而不是一种软弱。宽容才能真正体现管理者的气质，因为只有勇敢面对变化管理异常的人，才懂得宽容。

而对于外界对华为“妥协”的误解，任正非这样解释道：“妥协其实是一种非常务实、通权达变的丛林智慧。凡是丛林里的智者，都懂得恰当的时机接受别人的妥协，或向别人提出妥协。毕竟，人要生存，靠的是理性，而不是意气。妥协能够消除冲突，拒绝妥协，必然是对抗的前奏。”

事实上，在企业管理中，特别是面对保守还是改革的时候，矛盾和争端是不可避免的。而像任正非这些成功的领导者一样，找到双方都能接受的“灰色地带”，用适当的妥协化解矛盾冲突，实现平缓过渡，不失为一种更为明智的选择。

在治中求乱，从而实现更好的“治”的过程中，企业经营者和管理者倘若不能依据不同的时间、空间，掌握一定的灰度，就难有合理审时度势的正确决策，这已经是华为经过无数次检验得出的真理。

4.5.3　以体制创新保障技术创新

2016 年 5 月，李克强总理在探讨“深化体制改革企业产能过剩职工会下岗问题”时强调，没有体制机制创新，技术创新就失去了土壤。确实是这样。

自从约瑟夫·熊彼特 1912 年在其《经济发展理论》中开创性地提出“创新理论”以来，创新问题就在经济学中占据了重要地位。熊彼特认为，创新主要可以归结为技术创新、制度创新和管理创新。其中，制度创新和管理创新又可以归结为统一的“体制创新”，而“体制创新”则是技术创新最重要的基础之一。

【辅助阅读】制度创新、管理创新与技术创新的辩证关系

首先，企业制度创新为企业管理创新和技术创新提供了制度基础，形成了相应的激励机制。任何企业管理和技术创新活动都需要相应的激励机制，而企业制度创新的核心作用就在于通过改变产权结构为企业管理活动和技术活动提供有效的激励机制。只有有效的制度“土壤”存在，才能产生科学、有效的企业管理创新、技术创新的激励机制。

其次，企业技术创新为企业制度创新和管理创新提供了物质技术条件，形成了相应的技术能力保障机制。任何创新活动除需有动力因素外，还需有相应

的能力保障。技术创新的结果——新产品、新工艺或新方法，为企业管理创新和企业制度创新提供了物质技术基础和推动力。

最后，企业管理创新是企业技术创新活动和制度创新的组织管理方面的保证，形成了相应的组织管理能力保障机制。现代企业的创新活动是一种有计划、有目的的集体活动，必然面临相应的组织管理问题。

总的来说，企业是一个完整的系统，系统各部分联系是有机的，对系统中任何一个子系统的忽视都会引起整个系统功能的缺陷。企业制度创新、管理创新和技术创新呈相互“支撑”的三角关系，对企业整体生存和发展而言，都是不容忽视的。

在《华为 2015 发展报告》中，华为首席财务官孟晚舟指出：“在这个复杂多变的时代，把握住正确的方向最重要。一方面，在前沿研究领域，华为要强化对不确定性的投入，要多梯次、多路径、高强度地进行投资，允许犯错，寻求突破。‘黑天鹅事件’一定会出现，我们要让‘黑天鹅在我们的咖啡杯中游泳’。另一方面，对确定性的生产活动、开发活动以及工程安装等领域，要事先做好规划，讲求效率，要杜绝管理松散和管理无序，不允许犯低级错误。”

事实上，“确定性”的体制创新贯穿在华为发展中的每一个阶段，每年，华为都要投入巨资建立和完善自身的管理体系，从而保证企业在技术创新、产品创新以及服务创新等方面更具活力。

早在 1991 年底华为就成立了管理科，不断招聘管理学硕士、博士，抓公司的管理。从 1991 年到 1995 年，华为的管理建设主要靠自己摸索，取得了一定的成绩，如在公司计划管理、产品开发项目管理、销售管理等方面。但还是比较落后，很多方面走了很多弯路。

1996 年公司在管理建设方面改变思路，全面借助外力建立公司的管理体系。首先请中国人民大学专家组对华为的经营理念和基本经营政策进行提炼和总结，其次引进美国甲骨文（Oracle）公司的企业资源计划（ERP）系统。接下来，华为请 Hay 公司建立人力资源管理系统，请 KPMG 公司建立财务管理系统，请 IBM 咨询公司建立公司整体构架，实施业务流程重组（BPR）和建立公司的信息系统。通过三年多的努力，华为管理上了一个台阶，具备了国际大公司管理的雏型。

华为每年都会进行一次大规模的组织改革，任正非都要亲自主持。各级领导根据公司的发展策略，研讨在组织结构、干部安排、人力资源上应作如何布署。正是这种组织调整和改革，使得华为每年的发展有了坚强的组织保障。

2012—2014 年间，华为人力资源委员会大约用了两年时间建立了组织绩效管理体系，以及组织绩效同组织奖金的回报关系管理机制，使得华为各级员工的奖金生成和分配都有了切实依据，同业务目标的完成有了相对直观的挂钩关系。这就使得华为员工们不得不将自身的业绩和创新能力与工作成果更加紧密地结合起来。据不完全统计，仅 2015 年一年，华为便有 540 多项创新是直接或间接在制度调整的基础上诞生的，平均每天多达 1.5 次。这还仅仅是工作方式上的创新，产品和服务上的创新更是毋庸赘言。

当然，在持续的“以体制创新保证技术创新”的呼吁下，华为回过头来也发现了许多管理上的问题，比如，公司的绩效 KPI 的导向可能在操作执行中过于片面和强化，反而造成了部门墙、指标僵化等管理弊端；一些部门为了落实工作要求，也容易要求在 KPI 加入很多指标，从而使得 KPI 数量更多、更复杂，并不利于员工的创新与创造。而有了这些认知以后，华为相关管理部门则可以针对性地做出改善和优化，从而实现保证企业价值创造的最终目标。

任正非曾在华为内部讲话中坦言：“一个企业管理是否合理、科学最重要的就是看它能不能与时俱进，能不能不断创新和优化。企业管理只有不断推动体制、机制的创新，才能推动其他一系列的创新与发展，让企业少走弯道。”而这也是华为“治中求乱”管理策略之精髓，更是我们借鉴华为制度化管理与规范化治理的重要内容。

第 5 章　能力与效率

若五至十年后，我们能继续明确责任，实现管理权力下沉，后方支持的优质服务质量上升，那么我们及时满足客户需求的能力及速度就会增强，我们就能在汹涌澎湃的竞争中存活下来。

——**任正非**

导语：环绕能力与效率展开组织运营活动

能力与效率是衡量一个组织强大与否的两个重要标准。很多企业的管理人员十分优秀，且组织成员规模浩大，堪称人多势众，价值创造能力却弱得可怜，其原因可能有很多，但归根结底可以分为五大类，即组织效能的高低、组织责任的明确与否、权力是否能够沉到一线、战略实施过程中能否保持系统性，以及流程上是否能够实现协同。华为诞生之初，组织效率很差，然而，通过以上五点的改善，却做到了组织效率的飞速提升。

首先，华为将在重视人均效率与组织作战能力的基础上，坚持要求以企业整体效益为目标，这就保证了组织从部分到整体的共同提高。而在提高组织能力的过程中，华为还处理好了分权、授权、个体与组织责权的关系，并且始终将权责落实指向价值贡献。当然，正所谓责权相等，华为在明确个体的组织责任的过程中并没有忘记相应的授权工作，并且通过赋予一线指挥权，鼓励少将担任连长，以及推拉机制的建设，有效实现了权力向一线的下沉。再次，为了支撑一线多打粮食，华为还把“铁三角”作战单元的建设和预备队建设等工作作为组织运营管理工作中不可或缺的一部分，用以支撑华为系统性的战略实施。最后，在各个模块建设完毕后，华为还不忘坚持以客户为中心提升效率、让个人能力作用于组织，以及关注内在效率与单元输出等原则，强化各个部门间的流程协同能力，以保证组织间的无缝衔接和整体效能的最终实现。

带着问题阅读：

1. 如何结合华为实践提升自身的组织效能？
2. 落实组织责任的关键要点有哪些？
3. 权力下放过程中必须杜绝哪几大问题？
4. 如何保证组织作战的系统性以实现效率提升？
5. 怎样将强化流程协同能力落实到组织管理当中？

5.1 提升组织效能

“效能”一词，原意是指事物所蕴藏的有利的效用能量，主要从能力、效率、质量、效益这四个方面体现出来。所谓“组织效能”即指组织实现预定目标的实际结果，主要包括群体生产的数量、质量、速度、顾客满意度等，群体对其成员的影响结果，提高组织工作能力三方面。

为了切实提升组织效能以实现企业整体能力与效率的提升，华为主要从以下三个方面做出了努力，首先，华为十分重视人均效率的提升，将人均效率作为组织效率的根本保证；其次，华为格外注重提升组织作战能力，以群体作战保证成果输出；最后，华为还要求，任何个人与组织效率的提升，均要环绕保证企业整体效益的核心原则而展开，不能强调局部而忽视整体，任何组织效能的优化和提升，都是要服务于企业整体的。

5.1.1 重视人均效率

人均效率是组织高效和企业效益的根本保证，华为始终将提升人均效率作为提升组织整体效率的基础。

1997 年，华为正式迈向世界，当时的华为正处在一个超常的发展时期，任正非敏锐地意识到，“当前最严重的问题不是竞争对手，也不是人才、资金等问题。最大的敌人就是自己，能否战胜自己，是我们取得胜利的关键。”

1998 年 1 月 16 日，任正非在《狭路相逢勇者生》的文章中指出：“华为的绩效改进才刚刚起步。每人都要以自己为标准，不断地用今天与昨天比，从而推进个人与公司的进步。”

为此，华为人要求，狭路相逢勇者胜，更是勇者生！华为必须在管理与服务上狠下功夫，从一点一点的小事进步做起，把每个人的效率都提升上去。

【辅助阅读】人均效率的概念及意义

人均效率又叫“人均劳效”，即人均平均劳动效率的简称，代表了一个公司、企业、团队的劳动力程度。

企业效益受制于员工的工作总量和成果输出，员工的工作量计算公式为：工作量 = 人均效率 × 人数 × 时间，也就是说，在人数和工作时长不变的前提下，人均效率越高，企业所能得到的成果便越多。

人均生产力低落，就会使竞争力减弱，自然会导致人均产量效率出现问题。反之，人均效率的提升，则在很大程度上代表着企业整体产出能力的提升，代表着企业将能在经营中攫取更多的效益。

为了切实提升人均效率，华为坚持对人力资源的高投入。《华为基本法》规定：华为坚持人力资本的增值优于财务资本的增值。相对于利润和财务指标，华为把人力资本的增值和回报看得更重要。为此，华为甚至对任正非也有一个考核指标，就是人均效率，任正非关注人均效率，任何部门都不能通过人海战术完成目标，华为形成规模是在人均效率提升的前提下实现的，1999 年，华为的人均效率和微软的比例是1∶8.8，而现在华为和这些标杆企业只差 56%，提高了 10 倍。

2001 年，任正非在《华为的冬天》一文中强调："在去年的一年里，如果没有改进行为的，甚至一次错误也没犯过，工作也没有改进的，是不是可以就地免除他的职务？他的部门的人均效益没提高，他这个科长就不能当了。他说他也没有犯错啊，没犯错就可以当干部吗？有些人没犯过一次错误，因为他一件事情都没做。而有些人在工作中犯了一些错误，但他管理的部门人均效益提升很大，我认为这种干部就要用。对既没犯过错误，又没有改进的干部可以就地免职。"

为了督促华为员工高度重视个人效率的提升，华为在绩效考核方面还采取了"述职 + 比较"的方法。任正非指出："我们要坚持述职报考制度，坚持通过比较制度考核识别干部。怎么比较呢，明年我看着你的两个述职报告比一比，做好了没有？存在的问题是什么？这就是比较考核识别干部。不能改进工作，不能提高人均效益的负责干部，要提前给予警告，不一定马上撤下来，可首先给予警告。警告不行，就要撤你的职了，撤职不是目的而是手段。目的是迫使公司各级干部要有危机意识。"

2009 年，任正非在华为销服体系奋斗颁奖大会上发表了《让一线直接呼唤炮火》的讲话。讲话中，他指出："我们要继续坚持以有效增长、利润、现金流、提高人均效益为起点的考核（条件成熟的地方，可以以薪酬总额为计算基础），凡不能达到公司人均效益提升改进平均线以上的，体系团队负责人，片区、产品线、部门、地区部、代表处等各级一把手，要进行问责。在超越平均线以上的部门，要对正利润、正现金流、战略目标的实现进行排序，坚决对高级管理干部进行末位淘汰，改变过去'刑不上大夫'的做法，调整有一线成功实践经验的人补充到机关。"

为防止有人片面地将"绩效"与"结果"仅仅理解为销售额，而走向另一极端，华为还在《持续管理变革的基本原则》文件中明确了干部选拔原则的优先排序：一是着重绩效，二是观察其品德与自我批判能力，三是看其领导力素质，其中以"绩效"为干部选拔的必要条件，只有取得高绩效，且符合品德要求，并具备了领导力素质，才能选拔为干部。这样，不仅解决了公司干部队伍建设的长期目标和短期目标的矛盾；也解决了刨土、攻山头与打粮食的矛盾；更好地平衡了眼前收益与未来发展的关系；也防止从一个极端走向另一个极端，让绩效与素质、结果、贡献和关键行为结合在一起，如同拧麻花，相辅相成。

今天，华为每年将销售额的10% 投入产品开发，但是研发费用浪费比例和产品开发周期仍然是业界最佳水平的两倍以上。华为销售额虽然连年增长，但产品的毛利率却逐年下降，人均效益只有 Cisco、IBM 等企业的1/3～1/6。

能够取得今天的成就，可以说是华为人牺牲了个人时间加班加点赶出来的。这也在督促着华为人不能因眼前的成绩沾沾自喜，而是要继续深挖个人效率，而对业绩与效率还远远无法与华为相比的大多数中小企业而言，正视人均效率便显得更为重要。

5.1.2 提升组织作战能力

管理学者曾仕强曾说过，人均效率在一定程度上代表着组织效率，但这并不意味着个人效率高，企业的效益便好。在这一过程中，管理者还必须关注整个组织的效能。

2002 年，华为人均绩效比前一年提升了 13.7%，而公司的销售额却下降了4 亿人民币，这让任正非意识到，团队绩效与个人绩效之间是存在差异的，而且差异很大。所以，任正非高度肯定了曾仕强的观点，并且指出，“企业的成功绝不是个人高效的结果，一个人去奋斗，就会消耗掉自己却不会成功，所以革命一定要共同奋斗，一定要提升组织整体的作战能力。”

1997 年9 月16 日，任正非在员工座谈会上发表了《当代青年怎样爱国》的讲话：“华为蓬勃发展的历史会造就千百个一流。大家来到这个集体，每个人都可以谱写自己人生的篇章，为国家民族作贡献。我们是群体奋斗，我们今天的科技时代已不是牛顿、法拉第时代，没有一个专家领袖能概括一个科学技术，所以必须群体奋斗。当华为这么多年轻人拧在一起时，千百个唐东风就出现了。如果一个人去奋斗，就会消耗掉自己却不会成功，但是站在大家的肩膀上就成功了。所以革命一定要共同奋斗。”

【辅助阅读】蚁群效应与组织效率

蚁群效应是人们从蚂蚁群体的组织和分工中总结出来的灵活的组织建设和运转方式。蚂蚁有严格的组织分工，但它们的分工能够迅速根据环境作出调整。蚁群效应之所以成为“高效”的代名词，正是在于通过组织结构和岗位设置发挥了团队成员的组织能力。

企业内部组织效率的提升离不开科学的分工和个体能量的充分发挥，运营管理者必须提高科学分工的意识，像蚁群一样合理发挥每个个体的力量，形成一个产出稳定，并且能够持续优化的工作链条，保证员工工作效率的大大提高，使得团队实现高效。

任正非认为，管理者必须要关注整个组织的作战能力，要懂得锻炼下属。他指出：“业务增长得益于人，我们的队伍是取得未来成功的关键。我们将继续贯彻精兵战略，优化组织，提升组织效率和人均效益。这个时代不是靠人海战术，一群乌合之众、晕头晕脑的家伙根本打不了胜仗，我们的队伍一定要精悍。”

为了组织作战能力的提升，华为首先要求各级主管要善于用人所长、人尽其才，加大干部内生式成长，给予优秀人才更多的机会，大胆提拔；对于不合适的人坚决淘汰。同时，华为还要求各级员工要不断学习，开放心胸引进“业界优秀明白人”，加强渠道、零售、品牌、营销、精品用户体验构建等领域的优秀人才引入，补齐 2C 人才短板。

另外，华为还明确了组织建设必须遵循的五大方针。《华为基本法》第三十九条明确规定，华为组织的建立和健全，必须满足以下五点要求，即：

1. 有利于强化责任，确保公司目标和战略的实现。

2. 有利于简化流程，快速响应顾客的需求和市场的变化。

3. 有利于提高协作的效率，降低管理成本。

4. 有利于信息的交流，促进创新和优秀人才的脱颖而出。

5. 有利于培养未来的领袖人才，使公司可持续成长。

2010年，任正非在华为人力资源管理纲要第一次研讨会上指出：“我们（华为）的中高级干部要学会经营组织，学会以组织行为去推动进步，增强组织弹性。我们已经在航空母舰上了，但有的高级干部手里还握着桨。不善于运作组织就是高成本，最终会转嫁给客户。”为此，华为明确规定，主管绩效不等同于组织绩效，组织绩效的高低必须参考以下几点来判断：

1. 是否达成组织目标。

2. 既比输出，也比消耗、比代价，看综合贡献。

3. 既比当期，也比前后期，识别当期贡献、组织积淀、前人贡献。

4. 对比周边贡献。

为了充分保证组织战斗力的持续升级，华为还打破传统模式，另辟蹊径独创了蜂巢型企业模式。华为蜂巢结构是严格的六角柱型体，这是一种用最少耗材制成最大的菱形容器的科学结论。华为创始人任正非坚信企业的成功必须依循损耗最低、效用最大的原则。

为此，华为将企业管理的重点放在了团队分工与协作上。华为建立高度统一的目标，以此激发团队的动力，集思广益最终实现创新。大家所熟知的轮值CEO制度，就是华为蜂巢式创新模式的实践之一。

华为当年刚搞轮值CEO制度的时候，媒体都觉得挺不可思议，或者觉得会不会出什么问题，但现在都觉得非常好。用任正非的话来说：“法国大革命讲的口号非常美好，死了几百万人，流血啊，却没有实现美好。所以你看英国的光荣革命，英国大权不在女皇掌握，是在议会掌握。所以英国350年没有战争、没有死人，而且世界版图也拥有了很大一部分，那英国这个东西也很好，就是世界不能只有唯一的一种方法。第二，一个公司不能把希望寄托在一个优秀人才身上，万一飞机掉下来了呢？怎么会就摔别人不摔你呢？对吧。这个时候我们实行的这种制度就是离开谁公司都得转，集体的战斗力都是那么强。”

5.1.3　保证企业整体效益

任正非曾在回答“如何应对金融危机”的提问时说道：“应对金融危机不难，首先，各个基础单位一定要有效益，未来的改革一定要把销售收入、优质交付所产生的贡献作为基本薪酬包和奖金。其次，坚持从战略贡献中选拔出各级优秀干部。干部获得提拔的充分必要条件：一、要能使所在部门盈利；二、要有战略贡献。最后，不要在一些非战略机会点上计较，否则局部利益会牵制战略竞争力量。”

从任正非的谈话中不难发现，华为在各个政策的制定和执行过程中，都是环绕着“保证企业整体效益”这一核心主旨而展开的。事实上，个体服务于组织，组织服务于整个企业，企业不盈利，个体和组织再高效也是枉然，在任何行业乃至任何企业中，都是这个道理。所以，华为在强调重视人均效率与持续提升组织作战能力的过程中，从未忘记兼顾企业整体，华为所做的一切关于人均效率与组织效率的提升，也都是以提升企业整体效益为目标的。

【辅助阅读】效益最优原则

组织运营管理的目的是获得最大、最优的效益。所谓效益最优原则，是指在一定条件下，管理系统的内部根据内外条件的相互作用，使系统的某个方面最大限度地接近或适合某种客观标准，实现最优化。

效益最优原则要求管理不仅要追求效益，而且要综合分析，保证整体利益，追求最优效益。同时，效益最优是一个相对的、动态的概念，短期最优不一定长期最优，局部最优不一定整体最优。效益最优无限性要求企业必须从全局的角度考虑企业长远的发展。

在管理领域中，效益最优原则几乎存在于各个方面。在生产管理、质量管理、财务管理、人事管理等方面，都有最优化、最优的存在。然而，实现最优化是长期奋斗的过程。这是一个动态的概念，不可能一劳永逸。因此，坚持这条原则是管理的最高境界，是每个管理者不可忘却的准绳。

多年来，华为产品线软硬件、工业设计平台组织不断地拉通整合，加强核心能力构建和资源共享，并且根据市场发展需要新成立了互联网软件与云服务部，补足用户经营和生态系统短板，都是为了保证企业整体效益的顺利提升。而为了达到这一目标，华为还做了许多细节性的努力。

第一，裁员与涨薪同步，以人才结构优化实现增值。

近几年，华为从未出现过大规模裁员，但是华为也始终没有停止过对落后员工的淘汰。

工作于光谷软件园的华为武汉研究所员工陈实便曾对记者说："从管理机制和企业文化来看，华为绝不会让业绩好的老员工吃亏。老员工收入大头在于年终奖，年终奖直接跟产品线业绩挂钩。约三分之一的员工年终奖在 10 万元以上，而新员工年终奖就少多了。"陈实还透露，按照公司规定，每年 7 月底，负责人将逐一与员工就绩效进行沟通，确定员工的涨薪标准。"华为每年的人才淘汰率在 5% 左右。显而易见，绩效不好的，不仅加不了薪，还有可能被淘汰。"

其实，除了淘汰小部分落后员工，给大多数员工涨薪之外，华为每年都在进行人才结构优化。一切都是以产品线的市场业绩来考量。可见，抓住最有活力的基层员工，是华为涨薪的意图所在。其人才优化的路径，就是一边淘汰业绩不佳的员工，一边吸引应届生作为新鲜血液。这样，才不会让人才成为制约企业整体效益的瓶颈。

第二，根据当期产粮多少来确定基本评价（KPI）。

华为规定，组织绩效判断，要根据产粮食多少来确定基本评价（KPI），根据对土壤未来肥沃的改造程度来确定战略贡献。比如，根据销售收入 + 优质交付所产生的共同贡献拿薪酬包；若没有做出战略贡献，就不能被提拔。同时，战略 KPI 和销售收入 KPI 不能一致，战略贡献要搞 KPI。将来公司所有指标都要关注抢粮食，关注战略指标。区域考核的是盈利和战略，即使薄利，也是盈利。当 BG 和区域的诉求完全不一致时，由区域说了算。

第三，胜则举杯相庆，败则拼死相救。

华为很早就明确了“胜则举杯相庆，败则拼死相救”的市场工作原则。1994 年 6 月，任正非在《胜利祝酒辞》一文中讲到：“胜则举杯相庆，败则拼死相救的市场工作原则，几年来感召了多少英雄儿女一批一批地上前线。商场如战场，却比战场更加持久地残酷与艰苦，苦难的历程又抚育成长了多少市场营销干部。没有他们一滴汗、一滴泪的奋斗，就不会有今天月销售额突破 12 万线的好成绩。我代表公司向市场部全体成员表示衷心的祝贺。在全国多个市场上，各省管局都较大幅度地接纳了 C&C08。预计 6 月份的市场占有率将上升 10% 。”

第四，以轮值 CEO 制度带入全局利益的平衡。

2004 年，美国顾问公司帮助华为设计公司组织结构时，认为华为还没有中枢机构，不可思议。而且高层只是空任命，也不运作，提出来要建立 EMT（Executive Management Team）。由于任正非不愿做 EMT 的主席，就开始了轮值主席制度，由八位领导轮流执政，每人半年，经过两个循环，演变到今年的轮值 CEO 制度。

正是这种无意中的轮值制度，平衡了公司各方面的矛盾，保证了公司的整体利益，使华为公司得以均衡成长。就如 2011 年 12 月 25 日，任正非在《一江春水向东流：为轮值 CEO 鸣锣开道》一文中所说的：“轮值 CEO 制度使公司高层更多的是着眼于公司的整体战略，着眼于制度建设。将日常经营决策的权力进一步下放给各 BG、区域，以推动扩张的合理进行。这比将公司的成功系于一人、败也是这一人的制度要好。每个轮值 CEO 在轮值期间奋力地拉车，牵引公司前进。”

身为企业经营者和管理者，在保证企业健康运营的过程中，我们一定要站在全局的高度来看待整体管理构架的进步，系统地、建设性地、简单地建筑一个有机连接的运营体系，要端到端地打通流程，让个人为组织服务，组织为集体服务，最终保证企业经营成果的实现。而在这一过程中，华为再一次为我们提供了优秀的范例。

5.2 落实组织职责

重视人均效率，提升组织作战能力，保证组织的整体利益，引导一切组织活动为企业整体利益而服务，这是华为所做的，但并不是华为提升组织能力与效率的全部。事实上，任正非一直在思考，怎样才能在各级员工之间树立起明确的责任意识，以组织责任的落实来约束和激发员工行为。为此，华为的具体做法是：在关注组织成长的基础上，明确个体与组织的职责，并将最终的工作目标指向价值贡献，从而支撑起华为的战略发展目标。

5.2.1 关注组织的成长

哈佛商学院教授迈克尔·波特曾经说过，就像人类是由一个个细胞组成器官，再组成整个身体一样，企业也是由一个个小的组织结合而成，各个小的组织和部门如果发育不够健全，那么整个企业必然是畸形的。所以，为了保证企业的健康成长，经营者和管理者就必须格外关注组织的成长。华为在落实组织责任的过程中，首先做的就是关注组织的成长。

【辅助阅读】组织成长

所谓组织成长，指组织在其所处的市场竞争环境中维持生存和繁荣的能力，是 1972 年由著名管理学家格林纳提出的。

格林纳指出，在对企业进行分析时，有两个现象是不容忽视的，一个是组织的年龄。年轻的组织往往充满创意，这些创意可能有点混乱无序，但它们的的确确是在寻求变化。随着年龄的增长，组织将倾向于保守和加倍协作。另一个现象是组织的规模。小组织可能更加贴近市场，并具有较为简单的行政结构。随着规模增大和员工人数增多，组织将发展各种系统和程序以应付需要。

格林纳认为，一个组织的成长大致可以分为创业、集合、规范化、成熟、再发展或衰退五个阶段。每一阶段最后都面临某种危机和管理问题，都要采用一定的管理策略解决这些危机，以达到成长的目的。

为了保证各个部门的健康运转，华为首先对个人主义和集体主义的不同地位做出了明确界定，1998 年，任正非在向中国电信调研团的汇报以及在联通总部与处级以上干部座谈会上发表了《华为的红旗到底能打多久》一文，并在文中指出："HAY 公司曾问我是如何发现企业的优秀员工，我说我永远都不知道谁是优秀员工，就像我不知道在茫茫荒原上到底谁是领头狼一样。企业就是要发展一批狼，狼有三大特性：一是敏锐的嗅觉。二是不屈不挠、奋不顾身的进攻精神。三是群体奋斗。企业要扩张，必须有这三要素。所以要构筑一个宽松的环境，让大家去努力奋斗，在新机会点出现时，自然会有一批领袖站出来去争夺市场先机。市场部有一个狼狈组织计划，就是强调了组织的进攻性（狼）与管理性（狈）。当然，只有担负扩张任务的部门，才执行狼狈组织计划。其他部门要根据自己的特征确定自己的干部选拔原则。"

在这一主张的基础上，华为又提出了"个人绩效不等于组织绩效"的主张，号召各级主管关注组织发展。在华为，对于主管而言，个人绩效绝不等于组织绩效，个人绩效是组织中最重要的、能够体现个人独特价值的绩效；组织绩效是通过组织的日常运作能够完成的绩效。华为将 PBC 分成个人绩效与组织绩效两个部分，重点突出个人绩效的同时，必须兼顾组织绩效，这样才更能牵引被辅导人向独特价值聚焦。

华为人认为，如果主管能够通过以上思路一路走下来，感觉至少可一举三得：

第一，真正实现上下对齐。主管会非常深入地了解下属的业务领域，在互动中理清业务思路，真正实现上下对齐。通过这一次充分、彻底的沟通，日常的沟通就会少很多，大大降低日常的沟通成本。

第二，为下属赋能。顾问从来不下结论，而是不断地启发，对员工来讲，互动的过程是员工开启思路的过程，是被“授之以渔”的过程。

第三，各岗位各得其所，团队高效运作。通过不断刨根问底地澄清下属所在岗位的独特价值，能够把每一位下属最主要的精力聚焦在最关键的事情上。用顾问的话说：“让主管、下属、主管的主管都做他们最该做的事情”，这样能保证团队的强战斗力和高效率。

除此之外，华为还鼓励各个部门自主开展活动，提升组织成员的能力。以华为销服体系为例，伴随着公司海外业务的发展步伐，销服体系的海外本地员工队伍也迅速壮大起来。2004 年初本地员工尚不足 1 000 人，到 2008 年已有本地员工 1 万多人。为减少跨文化、语言、地域的障碍，让海外本地员工了解公司、认同公司，真正成为华为的同路人，在多种合力的推动下，销服体系从 2007 年 8 月开始推行“掺沙子”行动。通过这项计划，为一些优秀的本地骨干提供培训，让他们承担更大的职责，同时，提升机关英文能力，更多地倾听本地员工的声音，大大加速了组织成长进程。

华为销服体系内各部门根据业务特点及实际情况开展了各具特色的“掺沙子”行动，如全球产品行销的“候鸟行动”、全球销售的“凤凰行动”、全球技术服务的“金种子计划”、销服干部部的“Star 计划”等等。

在“掺沙子”行动中，海外代表处先推选出一些优秀本地员工到中国。机关部门为他们量身定制详细的培训和项目实践计划，并指定导师为其提供指导、答疑解惑。本地员工按计划参加项目实践、技能培训、文化培训、参观交流……通过耳濡目染，他们感受、学习、思考公司的管理运作和文化。部门定期组织相关人员与他们沟通、分享经验，同时倾听本地员工的需求与困惑、思考和收获。2 ~6 个月的实践结束，组织正式的培训答辩检验“沙子”们的学习成果。业务导师给出评价意见，指出优点、不足及改进的方向。

销服各干部部对“沙子”们回国后的表现进行了跟踪调查，结果表明，“沙子”们的业务能力有所提升；对公司及公司的价值观更认同；与中方员工、中方主管的相处、沟通和互动更加和谐融洽；本地员工将在深圳的所见所学与其他本地员工分享，对周围的同事产生了非常积极的影响。

目前，华为销服体系的“掺沙子”计划已完成了几次优化和升级，来自海外六大片区的数百名本地骨干员工都参加过该活动，而他们，又犹如星星火种般，将自己所学会的更多技能撒向了各片区。

正如华为轮值 CEO 徐直军曾经说过的，打造一支职业化的队伍，就必须要充分关注组织效率的提升，只有当组织内部每个个体都能始终保持高度成长，并在成长中获益的时候，他们才能更好地肩负起组织赋予他们的各项职责，为组织的发展贡献更卓越的力量。

5.2.2　明确个体与组织职责

《华为基本法》第二条明确规定，认真负责和管理有效的员工是华为最大的财富。尊重知识、尊重个性、集体奋斗和不迁就有功的员工，是华为事业可持续成长的内在要求。从这一点上不难看出，华为对员工有着严格的管理和要求，即便是有功之臣，应该其承担责任时，也绝不迁就。

事实上，早在 20 世纪 90 年代任正非便提出，在追求企业整体效率的过程中，必须严格明确个人责任与组织责任，做到“人人勇担责，事事不怕追究”。

1998 年，任正非在向中国电信调研团的汇报以及在联通总部与处级以上干部座谈会上发表了《华为的红旗到底能打多久》的发言，并指出：“华为公司遵循人才成长规律，依据客观公正的考评结果，建立对流程负责的责任体系，让最有责任心的明白人担负重要的责任。我们要求每个员工都要努力工作，在努力工作中得到任职资格的提升。我们认为待遇不仅仅指钱，还包括职务的分配、责任的承担。干部的职务能上能下，因为时代在发展，企业在大发展，而个人的能力是有限的，这是组织的需求，个人要理解大局。”

【辅助阅读】个体职责与组织职责

美国著名管理学家、组织行为学的权威斯蒂芬·P·罗宾斯指出，企业内部成员必须同时肩负两个责任，即个体责任和组织责任。个体责任是在职位要求和企业需求的前提下，企业成员所必须肩负的职责，而组织职责则是个体在兑现自身职能的过程中所要肩负的支持组织发展的责任，通常是指个人承担的高于个人职责和目标的组织义务。

罗宾斯曾在《管理评论》一书中写道：企业想要实现效率上的提升，就必须严格落实成员的组织责任，要求企业成员以一种有利于组织的方式进行经营、管理和工作。而事实上，华为、IBM 等企业能够做到持续的组织优化和效率提升，与“高度明确个体职责与组织职责”这一行为也是密不可分的。

华为在多项管理条例中明确规定：各级员工要充分关注组织职责，要肩负起建设优秀组织、进一步铸造优秀企业的重任。为此，华为规定：“每一个人的进步要和整个周边、整个流程共同进步放到一起，共同进步。”

1999 年 5 月，任正非在《能工巧匠是我们企业的宝贵财富》一文中指出：

"在苦练基本功的同时，还要加强同周边流程、相关工作岗位的协调，同步前进……一个人有进步是不够的，整个周边环境都要进步。如果只有一个人干得很快，各方面都没有实现同等进步，一个人进步很快也没有多大意义。所以我认为在这个不断进步和优化的过程中，要特别强化周边的协调有效，我们每一个人的进步要和整个周边、整个流程共同进步放到一起。"

在划分个人职责与组织职责方面，很多企业都没有形成一个明确的理念和标准，大多都处在随企业经营者和管理者意志变化而执行的"人治"状态。而在前面，我们已经阐述了企业过于依赖"人治"的弊端。华为在企业成员的个体职责与组织职责划分上，并没有囫囵吞枣，而是将二者严格区分开来，摆脱"人治"的随意性，以制度、条例的方式，明确二者之间的不同归属关系。以员工持续学习和进步的责任为例，华为明确规定，推广员工主动学习进步是员工自己的责任，不是组织的责任。

2011 年，任正非在华为大学干部高级管理研讨班上讲话时强调："任何人都可以报名要求到华为大学来重新调配工作，但要避免震动太大，可以一步一步来。我们允许员工毛遂自荐，毛遂自荐不是说我到北京去，而是我有能力，我希望到艰苦的地区去，到艰苦的岗位去，到最需要的地方去，我去做项目，把表格、成本核算、制度做好，以此证明自己确实是一个优秀人才，从而获得更大的机会。要从选拔制开始，推广员工主动学习进步是自己的责任，不是组织的责任。我们做一个平台，所有岗位的应知应会，全在这个平台上，掌握应知应会是你的责任。应知应会是公开的，你想做这个职务，你得利用业余或休假时间好好学习，付费考试，网上考试成功了，就给你面试机会。面试也要收费。任职资格评价的时候，我们就不再收费了。像考托福一样，考一次交一次钱，考级考过了就给你一个证明，证明你的任职资格，这样应知应会的问题也解决了。"

明确个人职责与组织职责除了从源头上解决了员工个人进步与组织进步之间的关系以外，当企业内部出现问题时，也更便利于责任的追究和明晰，避免管理者转嫁危机，把自己的错误推给属下，让属下背黑锅。

为了严格落实组织责任，华为还在各大执行流程中设立若干监控与审计点，明确各级管理干部的监控责任。多年来，华为始终坚持实行以流程为核心的管理审计制度。在流程中设立若干监控与审计点，明确各级管理干部的监控责任，实现自动审计。坚持推行和不断完善计划、统计、审计既相互独立运作，又整体闭合循环的优化再生系统。这种三角循环贯穿每一个部门、每一个环节和每一件事。在这种众多的小循环基础上组成中循环，由足够多的中循环组成大循环，有效监督和引导了个体职责与组织职责的落实到位。

5.2.3 指向价值贡献

在任正非的组织运营管理理念中，始终有一个明确的概念，即无论是落实个体职责也好，还是落实组织职责也罢，都是为了提高绩效管理质量，而改进绩效管理则是为了获得业务价值上的提升。所以，在落实组织责任的过程中，华为始终专注于在业务导向下聚焦个体与组织的价值创造。

任正非认为，经营企业的最理想状态就是在明确的价值导向下，让企业形成一个自动化运转的系统，让每个组织成员都能指向价值创造，从而使企业家从企业中解放出来，而不是必须依靠企业家去主导变革。他甚至指出："企业家在这个企业没有太大作用的时候就是这个企业最有生命的时候。"

【辅助阅读】做懒蚂蚁型企业家

美国著名经济学家熊彼特把企业家称为市场经济的"原动者"，形容他们是市场发展的永动机，而已逝的中国继续教育部前部长郑学益先生则认为，一个企业的成功必须尽可能地脱离"原动者"，让"原动者"成为只提供战略和思维的懒蚂蚁，要把执行交给下面勤快的"蚂蚁"去做。

对此，郑学益先生曾经做过一个比喻：一只小蚂蚁发现了一只肥大的马蜂，想要把它抓回洞里当作食物，结果怎么都无法拉动，最后只能悻悻地离开，然而，当它带领一群蚂蚁，指挥众多蚂蚁去搬运马蜂的时候，满身都是蚂蚁的马蜂唯有束手就擒。

蚂蚁与马蜂博弈的过程，就是战略管理。优秀的企业家应该做懒蚂蚁，指挥勤快的蚂蚁工作并创造价值，只有当每一只弱小的蚂蚁都能够在正确的指挥下发挥出自己作用的时候，企业的管理才是成功的，企业家才是最轻松的。

多年来，华为所进行的组织管理变革，就是要建立一系列以客户为中心、以生存为底线的管理体系，就是在明确的职责划分的基础上，摆脱企业对个人的依赖，尽可能地减少层级，使成本最低、效率最高。简而言之，华为的标准就是：在明确的职责体系下，谁能创造效益，谁就能赢得机会，而对于那些不能创造价值的岗位和个人，则要面临被淘汰的风险。

第一，华为倡导能上能下，主张在实践活动的大浪淘沙中，把确有作为的同志放到岗位上来，把有希望的干部转入培训，以便能担负起更大的重任。同时，为了保护高效益，华为也坚定不移地淘汰不称职者，绝不心软、手软。

第二，干部获得提拔的充分必要条件，一是要能使所在部门盈利；二是要有战略贡献。2014 年，任正非在 IT 产品存储产品线业务汇报会上的讲话中指出："我们一定要坚持从战略贡献中选拔出各级优秀干部。干部获得提拔的充分必要条件，一是要能使所在部门盈利；二是要有战略贡献。如果你不能使这个代表处产生盈利，我们就对你末位淘汰；如果你有盈利，但没有做出战略贡献，我们也不会提拔你。这两者是充分必要条件。现在我们选拔干部，就要慢慢调整结构，从而走向更有利于公司发展的方向。"

第三，把得过且过、不懂原则、钻空子、不做实的干部撤下去，坚决贯彻淘汰机制，尤其是干部的淘汰机制。在华为，包括任正非在内，无论是高级干部还是创始人，都有可能被淘汰。而事实上，仅在 1996 年市场部大辞职、

2000年“内部创业”以及2007年的“7 000人大辞职”三场运动中，被华为淘汰的干部便有数百人，其中更是不乏副总裁级别的人物。

第四，华为明确规定：要严格地确定流程责任制，充分调动中下层必须承担责任。任正非多次指出：“要在职权范围内正确及时决策，把不能承担责任、不敢承担责任的干部调整到操作岗位上去，把明哲保身或技能不足的干部从管理岗位上换下来，要去除论资排辈，把责任心、能力、品德以及人际沟通能力、团队组织协调能力……作为选拔干部的导向。”

华为这些对于流程责任和价值创造的要求，也让华为人越发明白创造踏实的绩效成果的重要性。2013年，华为2012实验室整机工程部工程热物理专家李泉明便在《华为人报》第265期报刊上发表文章说：“在别的公司，常常能听到这样的抱怨，‘我拿钱比别人少，却干与别人一样的活’。很多人，正是因为这种计较的心态，做事不用心，什么事都得过且过，以此获得心理的暂时平衡，其实这是吃大亏的做法。华为员工肯定不会这么想，每一个华为人都知道，承担的工作越少，自己学习和扩充知识的机会就少，锻炼的机会就少。长此以往，你与别人的差距越来越大，这是要吃大亏的。唯有踏实地工作，把你应该做好的工作按照流程要求做好，你才算为企业创造了价值，企业才能给予你相应的回报。”

除了以上几点外，为了更好地落实组织责任以保证效率输出，华为提出了服务内部客户的概念，通过赋予各个员工服务“战友”的组织责任的方式，加强企业的综合作战能力和跨部门价值输出能力。近年来，华为的内部客户意识已经很好地建立起来。几乎所有部门都能找出几个乃至几十个长于合作的“金牌团队”。不仅如此，华为的高层们也都成就了很强的“客户服务意识”，在找下属谈话时，甚至都会自然而然地给属下倒水。原因很简单，下属们才是绩效的创造者，为下属服务，下属才能拿出更好的状态创造绩效、输出价值。

被美国《时代》杂志誉为“20世纪伟大的管理思想家”的菲利浦 · 克劳士比曾经说过，如果一个企业中，所有组织和部门的责任都能够按照一定的逻辑关系被层层分解到每一个员工以及岗位上的时候，只要每一个人都能做好组织对于自己的那点微末要求，企业的整体绩效就可以实现了。对于广大运营管理者而言，横亘在高效理想与低效现实之间的一座大山，就是组织责任能否落实到位。

5.3　权力下沉一线

组织能力与效率的提升，要求运营管理者必须在经营管理事务的过程中，通过对管理的科学性、规律性的研究，不断提升管理的技能与技巧，适应外部的变化，积极发挥人们的主观能动性，有效地开展工作。这其中尤其重要的一条是管理控制与权力的分配问题。

企业中的不同层级人员拥有着差异化的职权，而权限则在不同的层级之间对应地流动，由此便产生了授权的问题。从某种程度上来说，授权是组织运作的一大关键行为，是将完成一项工作任务所必须具备的权力分授给下属员工的过程。进一步讲，在此过程中，管理者将决策权移转给员工，只授予权力，但不托付完成该项工作的必要责任。这种决策权涉及：处理用人、用资源、做事、调度协调等。从管理实践来看，各大企业在规模扩展后取得成功，在很大程度上得益于授权得当。华为的向下授权主要有四大特点，即先分权，再授权；让一线指挥后方；鼓励少将连长；剪断不受力的绳子。

5.3.1　先分权，再授权

自创立开始，华为始终因应着环境和自身发展变化，步步为营地探索着一套适合自己的授权之道。时至2009年，任正非酝酿了一次改革：华为内部开展了组织结构和人力资源管理机制的改革，确定了“以代表处系统部铁三角为基础的，轻装及能力综合化的海军陆战队式”的作战队形。这种管理模式变革的核心在于：打破过去的决策集中和滞后，采用“先分权，再授权”的模式来促进决策与行动反应的速度，让员工当家作主。而华为之所以会如此设计，却是源于华为的管理实践中遇到的一个难题。

21世纪初，随着华为组织规模的不断扩大，拥有着较多权力和资源的华为决策机构开始远离业务一线，而为了控制企业运营风险，华为不得不设置了许多流程控制点。但是，由于授权不足，使得华为内部出现了严重的官僚主义及教条主义问题。于是，一线工作人员除了花不到三分之一的时间去找目标、找机会以及将机会转化为结果之外，其他时间完全被用在了与后方的频繁联系上。也就是说，面对规模越来越大的市场，华为的管理线被越拉越长，而对机会的把握越来越不得力，甚至很多时候在坐失良机。所以，一线工作人员必须拥有更多的决策权，才能在遭遇千变万化时亦能科学决策，才能在机会面前作出最快速的反应。

于是，华为在组织结构变革和管理上反复创新，提出了一条新的思路，就是：采用新型分权管理模式，把决策权根据授权规则授予一线团队，而后方仅起到监督和保障作用。

2009年开始，华为建立了铁三角新型分权形式，在此前提下选择适宜的人员进行授权管理，一线被授予了“将在外，军令有所不受”的决策权；而总部则依靠分级授权、定期汇报等形式，来确认和保障授权效果。

这种策略很快便见到成效。2012年上半年，华为营业收入达到1 027亿人民币，同比增长5.1%。诚然，如此喜人的业绩离不开华为终端市场的突破，但从分权再到授权管理带来的组织运营效率提升也是功不可没的。任正非曾感叹：“哪怕每年提高千分之一的效率都是可喜的。”分权与授权的管理变革使得华为在前进中不断优化、厚积薄发，而华为在面对未来日益复杂的市场变化时的反应也更加敏捷、游刃有余。

【辅助阅读】授权与分权的区分

在组织运营管理的过程中，很多经营者分不清授权与分权，将二者混为一谈，胡乱应用，最终往往导致企业管理混乱。事实上，分权是指权力的分立，授权是指权力的下放。两者既有相同点，又有不同点。相同之处在于，授权与分权都是将原本属于上级的权力授予下级，由下级自主处理相关事务。

不同之处有三：

第一，从时间上来看，授权通常是短期性质的行为，当项目结束后权力将被收回；分权则是长期性行为，往往会形成固化的职位说明和权力划分规定。

第二，从授予主体来看，分权是组织权责制度规定的，授权则是由上级根据分权要求而决定的。

第三，从受众来说，一个企业会通过经常性授权来确认受众的问题处理能力；如果能力达到要求、令人满意，他才能成为分权对象。

为了更好地解决管理问题，提升组织效率，华为采取授权管理是必然的，而事实上，充分向下授权虽然益处多多，但却不能胡乱进行。

企业授权的目的是让每个管理者的个人在工作中尽自己最大的职责。如果一个人有了权力以后能够一心一意地去尽自己的责任，那当然很好；问题是各层管理者有了权力以后，如果只享受权利而不尽责任，那样一来企业就很危险了。一方面，乱授权可能导致中下层管理者间争权夺利、滥用职权；另一方面，也导致领导者被架空，由有权无责变成有责无权。

所以，华为为了规避胡乱授权的行为，提出了四大授权原则，以保障工作的有序推进和授权结果的有效实现。

（1）适当授权。

授权适当。所谓“适当”包含三层含义：一是授权大小适宜。因为如果授权过小，往往无法实现激发员工尽职尽责的目标；如果授权过大，又会导致大权旁落，出现难以收拾的局面。二是契合员工承受能力。也就是说，被授权者所授的工作量不可超过其能力、精力、体力所能承受的限度，以免被授权者因工作量过大而顾此失彼、无所适从，继而影响了整个组织的战斗力。三是视任务轻重、业务性质授权。如果任务重、工作专业性强，应该多采取授权措施，但管理者必须确保自己能掌控局面、作出正确决策。

（2）**授权可控**。

授权行为是可控的。这种可控性体现在两个方面：一方面，管理者握有主动性、灵活性，并灵活掌握授权的范围、时间等；另一方面，授权后管理者能够根据实际需要来随时调整授权，收放自如，大小适宜。华为非常重视授权的可控度，任正非曾说："授权而不彻底放权，对权力加以监督和干涉。"因此，华为采取多种措施去控制授权效果，具体实践我们将在后面细化说明。

（3）**带责授权**。

所谓"带责授权"，是指管理者明确地将权与责同时授予员工，这种方式会促使员工自主完成工作任务，在一定程度上也可以规避员工不愿意承担责任的问题。在华为，管理者会向员工交代清楚权限范围，但是管理者并不会授出最终权力和责任。此外，凡是属于个体职权范围的事、涉及关于组织的全局性问题（如集中指挥权、组织目标确定、经济预算审批等），管理者亦不会轻易授权。

（4）**动态考量**。

动态考量是指针对环境条件、目标责任及时间的差异，管理者授予员工不同的权利。动态考量原则体现了华为从实际需要出发的授权思想。

上述四大原则是华为在"权力下沉"管理时奉行的基本原则。在此过程中，华为也进行了很多尝试和实践，由此形成了一些独到的管理理念和管理技巧，其中部分管理理念和技巧方法甚至已经成为华为默认的管理模式。

5.3.2 让一线指挥后方

组织运营管理者为实现提升效率的目标坚持向下授权，权力层层落实，最终肩负起最艰巨任务的，必然是一线“作战”人员。在企业的各个部分中，一线所代表的意义往往是“产粮区”，是战略的发起点，一线员工的活力高低，直接关系着企业整体效益的高低。通常而言，一线的活力越大，其创造力便越强，越能够为企业带来盈利。

因此，华为坚持“一切为了前线、一切为了业务服务、一切为了胜利”的准则，为了培养一支“能打胜仗”的队伍，任正非格外注重给予员工和干部“上前线”的机会，并且在权限、制度等众多方面对“一线”予以支持，力求最大限度地激发“一线”活力。

【辅助阅读】华为的一线理念

华为将直接与客户接触并为企业输出价值的岗位称作“前线”，也称为“一线”。因此，所谓“一线”就是最前线的意思，既包括研发前线，也包括销售前线和客户服务前线。近年来，华为格外强调“一线”的概念。

2013 年，任正非在华为干部工作会议上指出：“公司管控目标要逐步从中央集权式，转向让听得见炮声的人来呼唤炮火，让前方组织有责、有权；后方组织赋能及监管。这种组织模式必须建立在一个有效的管理平台上，包括流程、数据、信息、权力。历经二十多年来的努力，在西方顾问的帮助下，华为已经构建了一个相对统一的平台，对前方作战提供了指导和帮助。在此基础上，再用五至十年的时间，逐步实现决策前移及行权支撑。”

2015 年，任正非又在华为市场工作会议上发表了《华为还担不起世界领袖任重而道远》的讲话，并在讲话中强调：“未来五至十年，我们将从中央集权式的管理，逐步迈向让听得见炮声的人来呼唤炮火。当前正在进行的管理从以功能部门为中心，转向以项目为中心的过渡试验，就是对这种模式的探索。若五至十年后，我们能实现管理权力下沉，后方支持的优质服务质量上升，那么我们及时满足客户需求的能力及速度就会增强，我们就能在大流量汹涌澎湃中存活下来。”

在华为创立的前10年里，华为的战略通常是由任正非等高层领导来决策，其他员工特别是一线员工，仅仅负责执行上级分派的任务。执行过程中遇到问题也不能自主决策，而是要向上级层层汇报，得到上级的指示才能进行下一步的工作。这在华为创建初期是符合时代需要的，就华为当时的艰难处境而言，如果不是任正非牢牢地把握着华为的正确方向，华为很可能尚未崛起便已经沉没在了市场的浪涛里。然而，随着华为规模的日渐扩大，任正非渐渐发现，这样的决策机制不仅大大妨碍了组织绩效，还无法及时响应客户的需求，无法提供令客户满意的服务，这与华为“以客户为中心”的价值理念是背道而驰的。

2009年，对于华为内部管理面临的组织僵化的问题，任正非进行了深入的反思：“我们后方配备的先进设备、优质资源，应该在前线一发现目标和机会时就能及时发挥作用，提供有效的支持，而不是拥有资源的人来指挥战争、拥兵自重。

“谁来呼唤炮火，应该让听得见炮声的人来决策。而现在我们恰好是反过来的。机关不了解前线，但拥有太多的权力与资源，为了控制运营的风险，自然而然地设置了许多流程控制点，而且不愿意授权。过多的流程控制点会降低运行效率，增加运作成本，滋生官僚主义和教条主义。”

任正非认为，丰田那类制造型企业无法对其一线销售员工赋予太多的决策权力，但对于华为这样的服务性行业来讲，赋予一线员工部分决策的权力是非常有必要的，这是关乎企业服务能力和服务水平的大事。为此，任正非还专门关注过近年“红遍京城”的海底捞。他发现，海底捞之所以会受到消费者的热捧，很大一部分原因就是它能够提供热情周到、无微不至的服务，而这种服务的根源则在于公司对一线员工的授权。

在海底捞的一线，每一家店长均有签 3 万元项目单的权利，连海底捞的普通服务人员都有一定的自主权利，他们不仅可以按需求灵活地免费送菜，甚至可以免费送一桌的菜。“战略上要向前移动，一线要有话语权”，这是任正非从海底捞得出的宝贵经验，而事实上，这种作战方式更早则是源于真正的战场。

二战时期，德国著名的陆军元帅、有着“沙漠之狐”之称的隆美尔便指出，“指挥官最重要的任务，就是对自己的战场以及敌人的位置都要彻底地了解。”即要深入一线，以便彻底地认知战场。因此，隆美尔还要求“指挥官必须亲自去观察战场和战况的发展，站在一线指挥后方部队”。

正是凭借着这一策略，配合德军赖以成名的闪电战，隆美尔率领 2 个陆军师，仅仅用了 2 个星期就让英军在北非之前 2 个月的战果丧失殆尽。隆美尔也因此成为唯一一个被盟军和联军都认可的元帅，英国战时首相丘吉尔评价其为：“我们面对的是一位大胆与熟练的对手，一位伟大的将军。”

海底捞和隆美尔所取得的成绩让任正非忍不住思考，如果华为能够更多地赋予一线足够的权力，是不是就能充分激发他们的活力，使他们能有足够的机会和热情去及时响应客户的需求呢?

在这样认知的指导下，任正非进一步提出，“前线已经存在的作战方法我们要承认它的合理性，不要急于推翻它，应该允许各地适当地灵活机动，以及优先、推后的秩序的自主。新的方法是推动已有系统适当改良。”

与此同时，任正非更是强调：“我们（华为）进一步的改革，就是前端组织的技能要变成全能的，但并非意味着组织要去设各种功能的部门。基层作战单元在授权范围内，有权力直接呼唤炮火（即，在项目管理过程中的条款、签约、价格等毛利及现金流方面，华为一线享有一定的权限，在授权允许范围内，一线可以直接签字，超越授权则要按程序审批）。同时，后方变成系统支持力量，必须及时、有效地提供支持与服务，以及分析监控。公司机关不要轻言总部，机关不代表总部，更不代表公司，机关是后方，必须对前方支持与服务，不能颐气颇指。”

在组织运作中，谁来针对客户的问题做决策？提出关键时刻（MOT）概念的詹·卡尔森倡导“奖励让顾客满意的‘自作主张’”，格鲁夫“希望决策是由离问题最近，而且是最了解问题的人来制定”，华为主张让听得见炮声的人来决策和重视“班长的战争”。决策的制定向一线前移，已经成为企业管理的趋势和方向。

如今，在“一线指挥后方”的理念指导下，华为越来越像一条蛇，一线就是蛇头，蛇头不断随客户需求而摆动，后方充当身体的每个部门则按照既定的流程逐一对接，直接听命于蛇头，随着蛇头的转向而转向，不仅少走了许多弯路，也为华为有效地控制了成本浪费，当然，最重要的是，享有一定决策权的一线组织在发掘用户需求和绑定用户方面更加顺畅了，组织的整体效率也跟着大大提高了。

5.3.3 鼓励少将连长

向一线授权以后，一线能不能承担起管理层在授权的同时所赋予的职责，能不能真正做到有效指挥后方，合理调度资源，并且实现组织效益的提升，这是一个十分关键的问题。因此，为了充分保证权力下沉的效果，华为还创造性地提出了一个“少将连长”的概念。

【辅助阅读】华为的少将连长

在任正非近年的不少讲话中，曾多次提到“少将连长”这个词，他说：“少将有两种，一是少将同志当了连长，二是连长配了个少将衔。”任正非认为，只有鼓励大家都能专注于一线实战，企业才能真正地拥有持久的战斗力。

相对应地，在华为，出现“少将连长”有两个途径：第一，是高级干部下到基层一线，当基层主管，带小团队冲锋陷阵，充当尖兵；或者如同重装旅，作为资源池，到一线协调指挥重大项目、建立高层客户关系、建设商业生态环境，充分发挥老干部的优势。第二，“连长配了个少将衔”，就是提高一线人员的级别，一线基层主管、骨干因为优秀而被破格提拔，职级、待遇等等达到了很高的水准，这样，就会引导优秀人才到一线、长期奋斗在一线，逐渐筛选出优质资源直接服务客户，从而创造更大的价值。

你们要去研究一下美国军队变革，乔良写了一本叫《超限战》的书，书中指出，军队的作战单位已经开始从“师”变成“旅”，作战的能力却增强很厉害，而且美国还在变革，未来的方向是：作战单位有可能从“旅”直管“营”，去除“团”一级，还要缩小成“排”“班”……班长可能真的就是“少将”或“少校”，因为一个班的火力配置很强（巡航导弹、飞机、航母……），就没有必要大部队作战。

任正非认为，“班长的战争”这个理念应该这么来看：大规模人员作战很笨重，缩小作战单位，更加灵活，综合作战能力提升了，机关要更综合，决策人不能更多。让组织更轻、更灵活，是适应未来社会发展的，也是未来企业组织改革的奋斗目标。华为的少将连长便是基于班长战争建立起来的。

“华为的领导班子，都是一路从基层打拼上来的，只要有战功，30 岁当少将，管几十亿美元的合同，都是很常见的事。”任正非的密友、华为顾问田涛曾经这样说道。“能者多劳，多劳者多得”，这就是华为的企业精神。任正非虽然大量导入了 IBM、GE、惠普等西方公司的管理制度，却对华尔街的金融体系和高层管理者专注务虚非常不以为然。在他眼中，搞金融的人光靠数字游戏就能赚进大笔财富，真正卷起袖子苦干的人却只能赚取微薄的工资，这是全世界最不合理的事。所以他坚决不让华为上市，宁可选择把利润分享给员工。

过去在讲究辈分的日本企业，往往等上七八年还轮不到升迁，但在华为奋斗10年，已是一个统管4 000名研发工程师的中阶主管。这就是任正非的“少将连长”哲学。给予绩效优良、战功彪逼催如少将的职衔与权力。

在华为公司2013年度干部工作会议上，任正非便曾指出：“我们是要让具有少将能力的人去做连长。支持少将连长存在的基础，是你那儿必须有盈利……我们要从有效益，能养高级别专家、干部的代表处开始改革，优质资源向优质客户倾斜 。只有从优质客户赚到更多的钱，才能提高优质队伍的级别配置。”任正非称他不支持雷锋少将，雷锋是一种精神，但不能作为一种机制。

“灵活机动的战略战术来源于严格、有序、简单的认真管理”是任正非一直坚持的一个要点。他认为，“公司可以越来越大，管理决不允许越来越复杂。”必须要让听得见炮声的人来呼唤炮火，公司管控目标要逐步从中央集权式转向让前方组织有责、有权，后方组织赋能及监管，这就要依靠“少将连长”们充分发挥作用。任正非坦言：“华为历经二十多年来的努力，在西方顾问的帮助下，华为已经构建了一个相对统一的平台，对前方作战提供了指导和帮助。在此基础上，要再用五至十年的时间，逐步实现决策前移及行权支撑。”

执行“少将连长”的授权制度，对企业而言益处良多，最突出的一点就是能够强化人才金字塔底层能力，让具有少将能力的人去作连长，在更加充分锻炼自身能力的同时，带领更多人走上去。任正非在《用乌龟精神，追上龙飞船》的讲话中指出：“我们将试点少将连长，按员工面对项目的价值与难度，以及已产生的价值与贡献，合理配置管理团队及专家团队。传统金字塔的最底层，过去级别最低，他们恰恰是我们面对CEO团队、面对复杂项目、面对极端困难突破的着力点。过去的配置恰恰是最软的点着力。”

华为强调少将连长，强调授权以后，精化前方作战组织，缩小后方机构，加强战略机动部队的建设。划小作战单位，不是指分工很细，而是通过配备先进武器和提供重型火力支持，使小团队的作战实力大大增强。

当然，任何一家企业的授权过程都是十分复杂的，都不是一两天能够完成的。运营管理者想要实现少将连长在管理上的落地，必须像华为一样，实现端到端的贯通。并且坚定不移地逐步实现让前方来呼唤炮火，多余的机构要关掉，这样机关逐渐不会那么官僚化。而这一点在后面的章节中我们再来详细论述。

5.3.4　剪断不受力的绳子

在物理实验中，受力的绳子才会对小木块产生牵引效果，从而让力作用在摩擦面上，而在组织运营管理中，如果一个管理者是不能牵引员工去完成绩效或通过其他途径为企业创造价值的，那么，他便属于不受力的绳子，便是可有可无的。多年来华为对于这类干部的基本主张就是：及时裁撤，绝不姑息。

华为过去是中央集权制，组织和运作机制是中央权威的强大发动机在“推”，推的过程中，一些无用的流程、不出功的岗位是看不到的。而现在华为将权力分配给一线团队，逐步形成“拉”的机制，准确地说，是“推”“拉”结合、以“拉”为主的机制。在拉的时候，看到哪一根绳子不受力，就将它剪去，连在这根绳子上的部门及人员一并剪去，组织效率就会有较大的提高。权力的重新分配促使华为组织结构、运作机制和流程发生彻底转变，每根链条都能快速灵活地运转，重点的交互节点得到控制，自然也就不会出现臃肿的机构和官僚作风。

【辅助阅读】华为的推、拉机制

2009 年，在华为销服体系奋斗颁奖大会上，任正非首次提出了建立推、拉机制的概念，他说：“用一个形象的术语来描述，我们过去的组织和运作机制是‘推’的机制，现在我们要将其逐步转换到‘拉’的机制上去，或者说，是‘推’‘拉’结合、以‘拉’为主的机制。”

简单来说，华为这种推、拉机制，在推的时候，是企业高层权威的强大发动机在推，一些无用的流程、不出功的岗位，是看不清的。拉的时候，看到哪一根绳子不受力（哪些部门和人不出力），就将它剪去，连在这根绳子上的部门及人员一并减去，组织效率就会有较大的提高。

在华为的众多推、拉机制中，两大机制是最为值得关注的，一个是全员持股的股权激励模式，一个是末位淘汰的淘汰机制，前者是“拉动”员工的犀利武器，后者则是“剪断”不受力绳子的重要手段，而随着华为各项管理制度的不断完善，全员持股制度也开始对华为的权责明晰发挥起重要作用。

首先说末位淘汰制度，与一般企业的末位淘汰制不同，华为的淘汰不仅仅是针对普通员工的，就连领导干部也不例外。在华为，每年要有10%的干部末位淘汰率，按行政权力来划分淘汰率。没有做出成绩，无论是谁，都要被淘汰。这就促使华为干部在行政岗位上积极地履行管理职责，不会偷懒、误工。

当然，淘汰并不意味着辞退，华为被末位淘汰的干部可以转去做专家。但专家队伍同样也有淘汰机制，用任正非的话来说：“管理者做了专家之后才会知道做专家有多难，就会更加珍惜做行政长官的位置。”

华为的末位淘汰制由来已久，关于末位淘汰，也已经形成了系统性的制度和条例。

2004年，在《持续提高人均效益，建设高绩效企业文化》的文件中，华为便强调：“已经降职的干部，一年之内不准提拔使用，更不能跨部门地提拔使用，我们要防止‘非血缘’的裙带之风。一年以后卓有成绩的要严格考核。”

而在2006年“华为EMT纪要012号”文件中，华为又指出：对于连续两年绩效不能达到公司要求的部门/团队，不仅仅一把手要降职使用，全体下属干部和员工也要负连带责任。

在2009年“华为EMT纪要016号”文件中，再次强调：“公司的末位淘汰制度主要针对行政管理者，而不是针对员工的。要强化落实对干部群体分层级的末位淘汰，现阶段重点抓好对年度排序在后 10% 的中基层管理者的末位淘汰。对不适合担任管理岗位的人员，可以调整到其适合的业务岗位上工作。”

2011 年，在《以“选拔制”建设干部队伍，按流程梳理和精简组织，推进组织公开性和均衡性建设》一文中，任正非说道：“我们对 12 级及以下人员的考核做了改变，是绝对考核，但对 13 级及以上的奋斗者，我们实行相对考核，特别是担任行政管理职务的人，我们要坚定不移地实行末位淘汰制，不淘汰你就可以得到更多的利益，我们不能让你坐享其成，责任和权力、贡献和利益是对等的，不可能只有利益没有贡献。”

通过末位淘汰制度，华为将不合格的干部和不奋斗的员工淘汰，大浪淘沙，留下那些能够为企业舍生赴死，并且能够承担企业发展责任的人，队伍得到提纯和优化，战斗力自然也就随之提升了。

我们曾在之前的几本“华为管理方法论丛书”中系统介绍过与末位淘汰制度同为组织优化利器的全员持股制度。全员持股这一事业合伙人制度在设立初期有效激励了华为员工的工作热情，但是，随着时间的推移，一些拥有大量股权的老员工，即便不去努力工作，也能够得到大量的分红，这无疑是不利于企业持续发展的，一方面，企业的全球化流动会受到严重限制；另一方面，老员工中的既得利益层也会吞食企业新鲜血液，让新人看不到希望，起不到“推”“拉”的良好效果。所以，华为又有针对性地提出了 TUP 奖金的递延分配计划。

【辅助阅读】TUP 奖金的递延分配计划

TUP（Time Unit Plan）——时间单位计划，即现金奖励型的递延分配计划，属于中长期激励模式的一种，除了分配额度上参照分红和股本增值确定之外，其他方面与涉及所有权性质的股票没有任何关系，更接近于分期付款：先给你一个获取收益的权利，但收益需要在未来 N 年中逐步兑现。

华为采取的基本模式为：假如 2014 年给你配了 5 000 股，当期股票价值为 5.42 元，规定当年（第一年）没有分红权。

2015 年（第二年），可以获取 5 000 × 1/3 股的分红权。

2016 年（第三年），可以获取 5 000 × 2/3 股的分红权。

2017 年（第四年），可以全额获取 5 000 股的分红权。

2018 年（第五年），在全额获取分红权的同时，还进行股票值结算。如果当年股价升值到 6.42 元，则第五年你能获取的回报是：2018 年分红 + 5 000 × (6.42 − 5.42)。同时对这 5 000 股进行权益清零。

可以看出，华为采取的是五年期（$N = 5$）的 TUP，前四年递增分红权收益，最后一年除了获得全额分红收益之外，还可能获得五年中股本增值的收益。

在 TUP 奖金的递延分配计划之下，任何华为员工，只要你拉车而且能拉好车，则你的价值必须在分配中得到体现，与你的肤色、国籍、资历没有关系。这就有效地解决了新员工激励不足的问题。

可以说，华为采取 TUP 模式，最大的获益者就是那些长期奋斗的人才，既包括优秀的新员工，同时也包括优秀的老员工，而最大的受损者就是躺在股票上数钱的企业沉淀层。与此同时，企业也是最终的有效收益者。

在 TUP 的循环赋股、持股的制度下，不管是新员工，还是老员工，也不管你是普通员工，还是高层干部，想要获取更多股权和分红，那么，就只有拼命拉车这一条路。一个企业中，如果所有人都去拼命拉车、争抢着承担责任了，那么，它便永远不用再去担忧动力的问题了。

5.4　系统性战略实施

企业的快速发展得益于果断、正确的决策以及高效的执行。而想要实现这一点，组织运营管理者就必须有一套系统性的战略实施举措，包括作战单元建设、各个流程的打通，以及战略预备队的培养。

华为建设了“开发战略到执行（DSTE）”的战略管理体系，以战略驱动业务计划预算和绩效考核，并且借鉴美军作战经验，在企业中创造性地提出了“铁三角”的作战理念，为战略的最终落地铸造了一把尖刀，而对准目标的全流程打通，则为前方的铁三角提供了充分的物资支持，使各业务单元协调一致。与此同时，华为通过对战略预备队人才的不懈培养，又充分保证了企业在长期作战过程中能够始终拥有充足的、优秀的兵员，从而更好地实现了对公司战略的有效管理，支撑公司战略与业务目标的实现。

5.4.1　以铁三角为作战单元

在本书第 4 章“体系化的管理平台”一节的第二小节“以后方平台服务一线”中，以及在本章第三节第一小节“先分权，再授权”中，我们都曾提及过“铁三角”这一作战理念。

华为铁三角模式的构成体系包含两个层次，一个是项目铁三角团队，一个是系统部铁三角组织。基于项目的铁三角团队是代表华为直接面向客户的最基本组织以及一线的经营作战单元，是华为铁三角模式的核心组成部分。而系统部铁三角组织是项目铁三角各角色资源的来源以及项目铁三角业务能力的建设平台。

通常而言，大家经常提到华为铁三角，都是指项目铁三角。所谓“项目铁三角”，即一个项目中，前端真正面向客户端的客户经理、解决方案专家、交付专家。三者在针对客户时，往往最能发现问题，并制定出最准确的解决方案，而这个方案的落地则要交由后端专业化的团队来执行。这样，前后方有力结合、相互协作，才能保证作战的胜利。

【辅助阅读】美军的铁三角作战单元

美军在阿富汗战争中发明了“铁三角”的作战模式。

最初，美军前线的连长指挥不了炮兵，要报告师部请求支援，师部下命令炮兵才开炸。后来，美军改善了这种后方指挥前方的机制，开始以作战规模来定位作战小组的授权范围。

美军前线3人一组，包括一名信息情报专家、一名火力炸弹专家、一名战斗专家。他们互相了解一点对方的领域，紧急救援、包扎等都经过训练。当发现目标后，信息专家利用先进的卫星工具等确定敌人的集群、目标、方向、装备……炸弹专家配置炸弹、火力，计算出必要的作战方式，其按授权许可度，用通信呼唤炮火，完全消灭了敌人。

在2003年的美伊战争中，美军之所以能够迅速瓦解伊拉克部队的防线，就是凭借着前端侦查专家、地形测量专家、军事专家组成的三人小组的深入侦查与后方专业的武装力量的完美配合。

华为铁三角模式的雏形，最早出现在华为公司北非地区部的苏丹代表处。

2006年8月，业务快速增长的苏丹代表处在投标一个移动通信网络项目时没有中标。在分析会上，总结出导致失利的原因有：部门各自为政，相互之间沟通不畅，信息不共享，承诺不一致；客户接口涉及多个部门的人员，关系复杂；对于客户的需求，更多的是被动地响应，难以主动把握客户深层次的需求。

为此，苏丹代表处决定打破楚河汉界，以客户为中心，协同客户关系、产品与解决方案、交付与服务，甚至商务合同、融资回款等部门，组建针对特定客户（群）项目的核心管理团队，实现客户接口归一化，更好地帮助客户商业成功。

具体来说，苏丹办事处以客户经理（AR）、解决方案专家/经理（SR/SSR）、交付专家/经理（FR）为核心组建项目管理团队，形成面向客户的、以项目为中心的一线作战单元，从点对点被动响应客户到面对面主动对接客户，以便深入、准确、全面地理解客户需求。“三人同心，其利断金”。苏丹办事处就把这种项目核心管理团队称之为“铁三角”。

铁三角模式刚一建立，便展现出了良好的效果。2007 年，苏丹办事处通过铁三角模式获得苏丹电信在塞内加尔的移动通讯网络项目。其后，华为在全公司推广并完善“铁三角模式”。

随着企业的快速发展壮大，华为在全球电信市场获得的大型项目越来越多，客户需求愈发复杂和多样，需要全方位满足客户需求、提供全面解决方案；同时，伴随着全球经营以及业务增加，华为内部组织部门不断扩大，部门壁垒逐渐增厚，内部竞争也加剧，需要以客户为中心来打通相关业务和部门间的流程，聚焦一线，简化管理，提高沟通效率，实现决策前移和风险可控。而铁三角这一搞笑、简洁、强大的作战单元，便在华为世界各地的代表处中推广开来了。

铁三角模式有效运作要求客户经理（AR）、解决方案经理（SR）和交付经理（FR）以客户为中心，依据各岗位职责来协调和工作。

第一，铁三角团队的第一责任人由客户经理担任，解决方案经理和交付经理全力协同工作，三者任务目标一致、思想统一。三者之间组成一个三角形，三个角之间的距离，可以依据项目 LTC 流程进度以及实际需要进行调整。

第二，铁三角团队需要与客户组织匹配。需要深入理解和梳理客户组织结构图，熟悉客户的部门、岗位、职务、权限、运作流程；洞察关键客户链和整理客户各项业务流程，梳理出流程上的所有关键客户和角色。

第三，做好角色转换工作。客户经理需要从过去的纯粹的销售人员向综合经营管理角色转变；解决方案经理由产品销售向综合解决方案销售转变；交付经理也由单纯的项目交付向对客户服务与满意负责。最终实现与客户共赢。

第四，赋予铁三角组织相应的权利，提升一线决策的灵活性和及时性。华为结合铁三角组织形式的推行，相应引入项目制授权，赋予项目铁三角相应的权利，来增强一线决策层级，实现决策前移，让听得见炮声的人来呼唤炮火，保证能快速响应客户需求对应市场竞争。

第五，作为独立经营单元运作。华为项目铁三角运作团队在公司授予的权限和预算范围以内具有经营管理、奖金分配、资源调度、相关重大问题决策、成员绩效目标承诺和关键绩效指标制定等重要权利，保证铁三角制度的有效落实以及效力发挥。

2009 年，华为利用 LTC（线索至回款）的流程变革之机，逐步完善和夯实“铁三角”运作模式，构建立体的铁三角运作体系，以支持市场的可持续发展，提升客户全生命周期体验，实现企业的高效运营以及可盈利的增长。

始于苏丹的“铁三角”，如今已形成星火燎原之势，在公司业务开展的各领域、各环节广泛应用。“铁三角”成员在面对客户时，他们代表的不仅仅是客户关系、解决方案或者交付，而是代表客户诉求和价值的成长。

2015 年 1 月，在华为公司销服体系奋斗颁奖大会上，全球各地的 30 余个优秀铁三角团队一一登上颁奖台，接受公司授予的荣誉。当时，任正非曾经这样评价“铁三角”这一作战单元，他说：“我们系统部的铁三角，其目的就是发现机会，咬住机会，将作战规划前移，呼唤与组织力量，实现目标的完成。系统部里的三角关系，并不是一个三权分立的制约体系，而是紧紧抱在一起生死与共、聚焦客户需求的共同作战单元。它们的目的只有一个：满足客户需求，成就客户的理想。”

在推动“铁三角”建设的过程中，华为人逐渐总结出了以下几点心得：首先，“铁三角”成员需要有很好的合作精神，不能吃独食。华为管理团队核心成员都很开放，具有团队精神，不贪功。其次，“铁三角”成员要有良好的服务意识。“铁三角”作为一种面向客户的组织，需要主动积极关注客户面临的挑战和压力，并将其转变为内部的组织行为，要有帮助客户成功的心态。最后，“铁三角”成员还需要有良好的学习能力。在实战中努力让自己做到一专多能。

当然，我们对华为的铁三角模式也要有着清醒的认识，在组织运营的过程中，应该把“铁三角”当作一种组织价值观去推行，形成制度和流程。而在这种制度化的过程中，我们还必须认识到，“铁三角”本来就需要因地制宜，在不同市场、不同文化背景中，“铁三角”的运作模式应该有所不同，不能全盘照抄。如何在种种矛盾中找到平衡，还需要运营管理者根据自身企业的实际情况去继续探索。

5.4.2　对准目标，全面打通

21 世纪的信息化战场是班长的战争，是小的作战单元充分发挥前端指挥与协调优势的战争。在华为公司，以身为“班长”一线的项目经理为核心的“铁三角”组织，正在华为攻城略地的过程中发挥着越来越重要的作用。但前端的“铁三角”绝不是孤军奋战的。华为要求，各级机关要积极转变成服务与支持机构，协同作战，形成“小前端，大平台”的组织作战结构，前端建设高、精、专的精兵队伍，后端建设区域、机关两级平台，配套全球能力中心建设，提供专业能力和知识共享，为前端提供有效的支持。

【辅助阅读】前方精准需求，后方支持前方需求

无论是军事作战也好，企业执行也罢，都需要走到前后方的协同一致和资源的有效调配，而这一战略实现的前提是，前方必须精准地锁定需求，提出需求，将需求准确无误并及时有效地传递给后方，接下来，后方才能针对目标予以驰援。这就要求，前方要准确清晰地提出并输入需求，后方要能清楚准确地

理解前方的需求，按需求提供支持。只要前方的需求没有发生变动，所有的协调工作应由后方平台之间自行协调完成，而且必须在前方需求的时限内完成。前方的需求变化了，要及时、准确地提供给后方。

1997 年，IBM 对华为当时的管理现状进行了全面诊断：缺乏准确、前瞻的客户需求关注，反复做无用功，浪费资源，造成高成本；没有跨部门的结构化流程，各部门都有自己的流程，但部门流程之间是靠人工衔接，运作过程割裂；组织上存在本位主义，部门墙，各自为政，造成内耗；专业技能不足，作业不规范，依赖英雄；项目计划无效，项目实施混乱，无变更控制，版本泛滥。通过十余年的探索和实践，华为以客户需求为导向，以保证一线作战胜利为目标，已经构筑了流程框架，实现高效的流程化运作和全线打通，确保端到端的优质交付。

2005 年，任正非在广东省委中心组的发言《华为公司的核心价值观》一文中指出："（华为）想要实现系统性的战略落地，就必须沿着客户价值创造链梳理，打通端到端的流程。并将这些经过检验并稳定运行的流程固化到企业信息化系统中，并使这些流程管理电子化，同时将他们运行的数据固定到数据库中，实现从客户端（需求）到客户端（供应）最简洁、最规范、最不情绪化的控制有效地连通，摆脱了对人的依赖。"

以华为的项目授权为例，IBM 顾问提供给华为的关于项目管理的三个授权文件，帮助华为开始解开了前后方部门协作中的一团乱麻。华为开始准确理解并严格执行。各级干部要敢于承担自己的岗位责任，履行授权，使管理摆脱僵化的中央集权。同时，华为也会对各种授权文件进行适时修改，以适应新的需求。而且这些授权仅是定性的，具体执行要有不同地方、不同时间、不同事件的授权。这就要求，华为人要积极地先从改革前方作战部队开始，加强他们的作战能力，要综合后方平台的服务与管理，非主业干部要加强对主业务的理解，减少前后方的协调量。

系统性的战略实施是保证华为组织效能的重要一环，“全面打通，一线主导，机关支持，横向拉通”则是华为实现系统性战略实施的有效办法。为此，华为坚持推进“让听得到炮声的人能呼唤到炮火”的改革，实现大平台支持精兵作战的战略，并逐步开始管理权和指挥权的分离。要求一线组织形态围绕业务特点灵活设置，人员规模弹性管理，体现灵活性和自适应性；同时强化专业牵引，建设高、精、专的客户界面团队。

在全球层面，华为不断加强共享中心的能力建设。通过整合、优化、自动化等手段，持续提升服务质量，支撑公司运作效率不断提升。在区域层面，华为还强化了区域作战能力和平台作用，完善资源调配机制，加强专业能力和知识共享；建设重大项目部、解决方案重装旅和项目交付管理资源池等多个公司级战略预备队；完善项目型组织的配套管理机制与方法的建设。

另外，为了充分保证各部门的有效打通，华为还提出了建设多维度的信息与沟通渠道的理念。在“2015 年华为发展报告”中，华为便指出：公司设立了多维度的信息与沟通渠道，及时获取来自客户、供应商等的外部信息，并建立公司内部信息的正式传递渠道，同时在内部网站上建立了所有员工可以自由沟通的心声社区。公司管理层通过日常会议与各级部门定期沟通，以有效传递管理导向，保证管理层的决策有效落实。同时，公司在内部网站上发布所有业务政策和流程，并定期由各级管理者/流程责任人组织业务流程和内控培训，确保所有员工能及时掌握信息。公司亦建立了各级流程责任人之间的定期沟通机制，回顾内控执行状况，跟进和落实内控问题改进计划。

其实，企业在明确作战目标以后，所谓的“全线打通”，说白了就是一种无缝对接的理念，最理想的状态就是，各个单位在管理、调度、后勤等部门的管理体系和技术支撑是完全一样的，当由一个单位指挥其他单位时，如同指挥自己的单位。当然，这一状态的实现并不容易，广大运营管理必须紧扣自身企业实际，反复摸索和尝试，才能更快找到出路。

5.4.3 组建战略预备队

在系统性的战略实施中，无论制度如何先进、工具如何超群，最终的执行主体还是人，执行必须要落实到人身上，才能产生价值成果。因此，为了保证组织效能，企业就必须在常规的运营活动之外，尽可能地在团队内部建立一个全员赋能的作战梯队和替补战队，一旦企业需要某一方面的人才为整体效益作出贡献时，就能有人顶上来，这是十分关键的。而当下大部分企业所面临的一大难题便是，没有人能够挺身而出。

华为也曾一度面临这种情况，1996 年，华为开始大面积进入国际市场，当时，任正非便发现，不仅是华为的制度有些跟不上时代的发展，适应不了国外的竞争形势，就连华为的管理人才，也出现了断档的尴尬情况。事实上，这一现象的出现并不是偶然的。20 世纪 90 年代是华为高速发展的崛起时期，企业规模每天都在扩大，为了适应市场需求，企业的成员也在迅速扩张，很多老员工未必具备管理者的素质，但因为对公司更熟悉，公司也对其更信任，加之没有其他合适的人选，便被提拔到了管理岗位上来，这样的人不但很难适应自身的角色变化，更不利于下级员工的培养和企业效益的提升，给企业内部造成了很多管理和执行上的难题。

为了解决这一问题，华为决定探索一条科学的人才培养路线，建立一支良好的人才预备队伍，从研发到销售，再到客户服务部门，每一环节都有着无数可以独当一面的精英随时准备站到一线去。

【辅助阅读】人才战略预备队

“预备”队一词最早出现于军队中，是作战部署中一种作为机动使用的兵力编组。在战斗中，掌握并适时使用预备队对于夺取作战主动权和取得作战胜利都具有重要意义。而在华为等国际化大企业中，组建人才战略预备队已经成为一种培育和锻炼人才的基本方式。企业人力资源部门将一部分后备的精英人才加以识别和培养，并且在关键时刻将他们投入重要岗位上去，一方面起到补充岗位缺口、保证企业稳定运营的目的，另一方面则是以“训战结合”的方式促进人才成长，实现企业人才资源的生生不息。

华为重视人才预备队建设，尤其是注重培养后备干部资源，早在 1998 年华为品管圈活动成果汇报颁奖会上，任正非便说：“中、高级干部要加强自己的管理技能训练，提高自己的业务素质，赶上时代的需要。经历了十年创业，中、高级干部总的来说是好的，具有高度的责任心与事业心，也勇于自我批判、自我约束。由于历史的原因，把你们推到了领导岗位，并不意味着具备了必需的才干。”

不难发现，早在 20 世纪末任正非便已经清晰地认识到了华为干部团队的不足，并且对华为干部提出了“学习深造”的要求，通过这一方式为华为干部再赋能。

2002 年，任正非在《认清形势，坚定信心，以开放的心胸和高昂的斗志和公司一起渡过难关》一文中指出：“暂时富余的人员和战略预备队的管理由人力资源部直接负责，减下来的一些机关干部要去用服组成战略预备队伍。战略预备队绝不是末位淘汰，当员工在富余岗位上下来时，我们认为需要把一部分优秀骨干留下来，当然这些骨干人员的心态也要好，对于抵制改革的骨干，将来成为高级干部也会有问题。”

2005 年，任正非在《认清形势，加快组织建设和后备干部培养，迎接公司新发展》文件中再次强调：“我们正面临历史赋予的巨大的使命，但是我们缺乏大量经过正规训练、经过考验的干部。华为现在的塔山，就是后备干部的培养。”而在华为《EMT 纪要》009 号文件中，华为高层也明确肯定了任正非的认知，肯定地表示：“公司目前的瓶颈有两个，一是后备干部，二是管理落地。要加强干部梯队建设。干部梯队多，就说明一把手和干部部工作做得好。”

在华为，建设战略预备队是一项涉及各个部门的要务，任何因组织机构调整或编制压缩而富余出来的华为正式合同制员工都有机会成为战略预备队中的一员，但被末位淘汰的人员除外。从某种意义上讲，这一要求有效地保证了预备队成员的素质。

【辅助阅读】战略预备队的管理原则

（1）竞聘上岗原则。竞聘上岗是IBM等西方名企流行已久的一种岗位聘用方式。在华为，岗位不仅向原岗位人员以及部门内部开放，战略预备队人员也有竞聘资格，任何预备队成员只要达到考核要求并在考核中胜出，就可以优先上岗。

（2）动态管理原则。动态管理已经成为当下企业管理的常态，对于战略预备队的管理和使用也应该奉行动态化管理原则，发现适合预备队成员的岗位，积极推进上岗，发现岗位考核不过关但又符合战略预备队管理条件的人员，也要适时引入队伍当中。

（3）人岗匹配原则。关于战略预备队任职者的选拔，华为提倡以应聘者的任职能力与岗位任职要求匹配效果最佳为原则，绝不盲目选人。

（4）淘汰原则。企业中没有淘汰就没有压力，更没有动力。为了保证战略预备队人员动力十足，华为坚持淘汰三种人，培训期间累计两次考试不合格者淘汰；培训期间未能竞聘上岗者淘汰；重新上岗后试用转正考核不合格者淘汰。

通过对竞聘上岗、动态管理、人岗匹配、末位淘汰等原则的遵守，华为有效保证了战略预备队制度的落地，保证了解决方案重装旅、重大项目部、项目管理资源池等战略预备队在建立和执行的过程中能够做到真正切实有效，而这些战略预备持续稳定的输出，也促进了华为在项目运行中进行组织、人才、技术、管理方法及经验的循环流动，促使华为从项目的实现中寻找更多的优秀干部、专家，来带领公司的循环进步。

事实上，像华为这样对员工坚持持续赋能，时刻关注内部人才成长，也确实会对企业的长期平稳发展起到至关重要的影响。而企业想要建设起自给的战略预备队，则需要将华为的成功经验和自身的实际运营情况紧密结合才行。

5.5　强化流程协同能力

流程协同是当下流程管理更新的一个重要方向，也是流程管理发展的必然趋势，更是保证企业在精简、顺畅的流程中攫取效率的关键。企业通过流程协同可以有效减少各个部门之间由于沟通不畅或沟通不及时等原因导致的错、漏、碰、缺等执行难题，真正实现所有执行环节的一致性，简化流程，减少浪费，实现企业内部系统化的资源共享和协同工作。

企业流程协同的要点在于将零散的流程要素组合在一起，并最终形成有价值、有效率的一个整体。华为在强化流程协同能力的过程中，侧重强调以客户为中心的效率提升，充分尊重人的地位，让个体的能力完全释放并作用于组织，并且，格外关注内在效率与单元效能输出，以各个部分的效率升级带动整体效率的提升。

5.5.1　以客户为中心的效率提升

近年来，华为公司持续有效增收，过去五年收入复合率达 12%，其流程支撑了全球 100 多个国家和地区每年 600 多亿美元的产品和解决方案交付，以及 17 万员工协同工作。可以说，华为 20 多年来的成长与其成功地进行了流程变革息息相关。

很多企业在组织流程变革的过程中错误地将流程当作了整合中心，这其实是不对的，流程的简化、优化和升华其实并不是企业进行改革的最终目的，提升效率，保证最终效益的升级才是核心。所以，华为的流程变革与很多企业的不同之处在于，华为直接抓住了“以客户为中心提升效率”这一关键点，在变革之初就锁定了变革的原动力。

【辅助阅读】以效率为导向的流程优化

流程优化可以延伸出三种不同的目的，也可以称之为三种不同的流程优化导向——效率导向、成本导向和控制导向。其中，效率导向，即效率提升，是企业的最本质需求。

效率导向的流程优化：顾名思义，效率导向的流程优化，其立足点和目标就是为了提高效率，提高对客户（包括内部客户）需求及反馈的响应能力。

效率导向的流程优化有一个最重要的特征，即增加工作并行的数量并扩大授权的范围，以及提高各流程节点的权限。其核心在于将企业里大量的串行性的工作进行合理的调整，将可以改为并行的工作进行调整，通过减少串行工作的范围和流程节点数量，实现工作办理时间的减少，进而提高效率。

在实际操作中，效率导向的流程优化并不只有将串行改为并行这一种方法，还可以通过将不必要或者风险小的业务活动进行合并，将这部分工作向流程节点的前端或后端分配，进而实现流程节点数量的减少，这种方法也能够实现效率的提高。

1997 年，华为面临着市场环境复杂化和对客户需求响应不足的双重压力，未来方向迷茫，通过诊断分析，华为发现企业管理存在以下严重问题：缺乏准确、前瞻的客户需求关注，反复做无用功，浪费资源，造成高成本；没有跨部门的结构化流程，各部门都有自己的流程，但部门流程之间靠人工衔接，运作过程割裂；组织上存在本位主义、部门墙，各自为政，造成内耗；流程作业不

规范，依赖英雄，这些英雄的成功难以复制；项目计划无效，项目实施混乱，无变更控制，版本泛滥。

可以说，那个时代华为产品的成功具有一定的偶然性，研发依靠的是“个人英雄”。这样的处境逼迫华为必须进行转变，1998 年以来，华为在流程、组织和 IT 方面开展了一系列重要的管理变革，主要目的是提升对客户需求的理解、实现、交付能力。

简单来讲，华为的流程变革之道是“以战略为指引，以客户为中心，反映业务本质”。这主要有三层意思：一是流程体系与战略对接，具体体现华为的中长期战略发展要求，将战略所需的核心能力落实到流程里。二是流程是指向客户需求的，从客户中来，到客户中去，每个一级流程都是端到端设计的，都是直指利益相关方价值创造需求的，而不是被职能割裂成一段一段的流程碎片。三是流程要反映业务本质，不是为了流程而流程，而是要在流程设计中引入业界最佳业务模型，实现整体业务运作最优化，做到“横向拉通，纵向集成”，形成前、中、后台高度协同的一体化运作。

在这三个理念的要求和指导下，华为接下来所做的才是明确流程变革的规范和模式，从而解决“如何正确地做事情”的问题。而在这一点上，华为的经验也可以普适于多数企业的流程改造。

首先，坚持流程必须以客户为中心，业务从客户中来，也要回到客户中去。

华为的流程从客户角度可以分为三类：面向运营商的、面向政府和企业的、面向家庭和消费者的。针对不同客户的不同需求，实现“前端个性化，后端标准化”运作，并且为了更好地解决客户需求痛点，华为学习西点军校，形成前端的“铁三角模式”，即面向客户，形成“客户经理 + 解决方案专家 + 交付专家”的铁三角，让客户得到最专业的支撑。

其次，流程要完整地反映业务本质。

无论任何流程，必须能够完整地将业务本质反映出来，因此，业务中的各要素及其管理不能在流程体系外。这就包括业务的质量、运营、内控、授权、财经等要素都需要放到流程中去，实行一张皮运作。

最后，流程要落地，必须匹配到组织，固化到IT。

匹配到组织，指的是组织中要有与流程匹配的角色岗位、决策体系、考核体系；固化到IT，指的是流程需要固化到IT系统中，保证其持续、高效地运行。

从本质上讲，一家企业的矩阵结构、业务流程和流程型文化的要义，就是以客户为中心，是以客户为中心的效率提升，而不是以流程为核心。企业不能追求内部管理之美，管理的核心永远是效率，经营的核心永远是客户。管理的高效率如果不能直面客户与市场，就是管理对经营战略的背叛。这是组织运营管理者必须意识到的。

5.5.2 让个人能力作用于组织能力

2015年，任正非在华为市场工作会议上指出，战舰的目的就是为了作战，任何装饰都是多余的，并在《华为还担不起世界领袖，任重而道远》的讲话中强调："我们要接受瓦萨号战舰沉没的教训。在变革中，要避免画蛇添足，使流程烦琐。变革的目的要始终围绕为客户创造价值，不能为客户直接和间接创造价值的部门为多余部门、流程为多余的流程、人为多余的人。我们要紧紧围绕价值创造，来简化我们的组织与流程。"

不难看出，华为在优化流程的过程中格外注重让个体的能力提升服务于组织的整体效率。在一个集体中，组织能力的提升的重要度远远大于个人能力的提升，在没有组织能力提升下的个人能力提升，只是增长了长木板。如果提升的个人能力未能整合指向组织目标，就很可能会破坏组织能力的提升。所以，流程协同的一个重要意义就是在于，让个人能力作用于组织能力，最终保证整体效率的提升。

华为在稳定的流程中，始终要求要逐步标准化、简单化，提高及时服务的能力，降低期间成本和管理成本。在管理上，永远要朝着以客户为中心、聚焦价值创造、不断简化管理、缩小期间费用而努力，明确任何变革都要看近期、远期是否能增产粮食。

【辅助阅读】流程管理的目的

由于职责清楚、责任分明，将大大提高企业的市场反应能力和竞争能力。流程管理消除了部门壁垒、消除了职务空白地带，并且由于全体员工潜能的释放和积极性的发挥，将大大提高企业的整体运行效率和效益，也将大大增强企业的核心竞争力。流程管理就是消除人浮于事、扯皮推诿、职责不清、执行不力的痼疾，从而达到企业运行有序、效率提高的目的。

为了达到企业有序运营和效率提升的目的，在完成以客户需求为主线的流程框架变革后，华为的业务流程广度逐渐覆盖到全业务，包括执行类、使能类和支撑类三大类业务流程。其中，执行类包括产品从开发到交付，完成客户的价值创造；使能类包括响应执行类流程的需求，支撑执行类流程的价值实现；支撑类包括公司基础性的流程，支撑整个公司能够持续高效、低风险运作。

这样一套自上而下、从里到外的覆盖全业务的流程相互配合，为实现客户价值提供了完整而且可执行的解决方案。从流程的深度上来看，华为的流程架构从流程大类到流程组、流程、子流程、流程活动一直到最后的具体任务都一一细化，而主干流程由集团统一制定，末端流程由区域制定，这样保证了主干清晰、末端灵活。

为了让个人能力更好地作用于组织效率，更好地体现战略，更好地以客户为中心，更好地体现业务本质，华为的流程可以从上到下分为六个层级。

第一级和第二级是回答“Why to do”的问题。第一级是流程分类，即从为客户创造价值和企业愿景出发，支撑公司战略和业务目标实现，覆盖全部业务；第二级是流程组，即聚焦战略设计，体现创造客户价值的主要业务流程。

第三级和第四级是回答“What to do”的问题，即由哪些具体的业务流程去实现价值创造。比如，华为将培训交给华为大学，将人员流动的引导交给片联组织等等。

以前文中曾经几次提过的片联组织为例。华为的片联组织独立于流程之外，并联于流程运作，主管干部的循环流动。它不是一级串联组织，乱一些不影响公司的流程运行；它在流程外，并联于流程运作，激活流程的流动。

在过去的一些年，华为有很多个人能力很优秀的人，受到地方主义和部门利益的阻挠，就是升不上去，不能更好地为企业整体服务。这种文化让机关和现场脱节，公司的前途也被耽误了。任正非意识到，破除板结就一定要在强化流程协同的过程中加强干部流动，让人才的个人能力在流程运作之中充分地展现出来。任正非强调："片联要担负起历史的重任，加强干部'之'字形成长制度建设，坚持从成功实践中选拔优秀干部，破除地方主义，破除部门利益，让个人能力作用于组织能力。"

第五级和第六级是回答"How to do"的问题。第五级是活动、第六级是任务，即完成流程目标所需要的具体活动及任务，体现业务的多样性和灵活性。第三层以上的流程要通，即固定不变，第五层及第六层强调的是灵活，可因地制宜。

流程变革的效果是明显的，从 1998 年到 2015 年，华为的销售额增长超过 28 倍，达到了 609 亿美元，通信设备市场份额增长超过 30 倍，占比超过 27%，员工人数也从不足 1 万人发展到现在超过 17 万人，成为 ICT 行业真正的全球性领导者。

就是这样一个能够将整个流程都协调起来，让每个个体都能充分发挥能量的，覆盖全业务，层级分明，细化到可执行的严格、有序、简单的流程体系，支撑华为从一家管理松散的本土公司变身为一家以流程立身的国际化公司。

5.5.3 关注内在效率与单元产出

流程变革无异于改变公司已有的经络运行，华为根据公司最核心的三件事，设计了三大主要流程，即按 IPD 做出的产品，按 LTC 流程交付，用 ITR 把问题高效关闭。IPD、LTC 和 ITR 属于华为面向客户的主要的三大执行类流程，梳理了这三大流程，再以其顺利运行作为抓手，梳理背后的使能类和支撑类流程，则顺理成章、水到渠成。

【辅助阅读】华为的三大流程

IPD：强调以客户需求作为产品开发的起点，组织跨职能团队承接任务，通过市场规划、产品开发和技术开发三大流程满足客户需求，包含概念、计划、开发、验证、发布、生命周期六个阶段。

LTC：对线索至回款进行管理的端到端流程，包含线索管理、项目立项、标书准备、投标、谈判、合同评审、合同签订、交接八个节点。

ITR：面对客户反馈，解决问题，对产品改造升级是 ITR 流程的根本。

任正非认为，流程变革要沿着“战略—业务—客户”的逻辑循序渐进，但是，企业在流程上做到了以客户为中心并不能代表着其流程就是完美的，企业还必须将组织内在效率和各个流程环节的单元输出能力的提升与否作为流程变革的最终标准。一个企业当中，只有每个精简的流程环节都是能够为企业总体效率作出稳定贡献输出的，其流程协同能力才算是真正建立了起来。

单元产出的高低，与各个流程环节中的管理者和执行人员的个人能力有着密切关系，为此，华为规定，必须压缩管理干部的数量，加强专业及业务工作的队列人数，改变非生产人员的比例。同时要努力提高专业与业务人员的工作量及工作效率，进一步减少人员数量。华为的流程和组织就要围绕这个目的来建设。

首先，管理干部的配置要以能满足服务和监控所需的基本数量为基础。

任正非认为，过大的配置会造成资源浪费，而且由于责任不清反而会降低效率，所以，一切多余的流程与干部设置都不利于这一目的的实现。因此，他指出：“我们不能人为地绕一个弯路，增加几道关卡来安置干部。必须压缩管理干部的数量，将这些人转移到专业及业务管理岗位上去。”

其次，合理地减少非生产性人员。

德鲁克曾在《21世纪的管理挑战》一书中指出，“唯有增加专业与业务人员，才有可能提高人均效益”。对此，华为的做法十分相似，华为要求：“各级干部一定要把自己部门内部效率低、不出贡献的人淘汰出去。不能因为也在做工作，与周边的关系、上下级关系不错，就一直迁就，如果一个干部不懂得通过主动置换去创建一个更有效的组织，这个干部是不合适做一把手的。”

再次，始终坚持对岗位责任制进行合理设计优化，而不是处处要求高学历。

任正非认为，高学历人才是华为等通讯业企业必争的资源和资本，但不合理地使用高学历，就是高成本。真正需要企业迫切去做的，是将岗位职责分工与流程的每个环节充分匹配耦合，让组织重新适配流程；此外，还需进行IT固化，从客户服务、业务交付等角度对IT进行设计和考核。在2014年的华为内部讲话中，他便强调：“华为的管理已经逐步变得规范，操作已经明晰，在相当多的岗位上，可以开放专科生上岗。一定要把成本降下来。”

最后，上下协调，配合进行，保证成果。

华为董事长孙亚芳曾在2015年接受记者采访时指出，流程变革规划设计需自上而下，而流程的优化、查漏补缺需要自下而上，需发动全公司的力量参与其中，才能实现公司彻底的流程变革。华为的协同性流程的塑造，就是整合了高层建筑与底层基础的实用型改良方案，就是让价值工程融入流程之中。这种方案之下改良后的流程，才能帮助帮助组织找到更多的机会点，明确哪些才是大家必须协同一致、全力攻克的关键点，从而提升工作效率。

总的来说，在强化流程协同能力以提升组织整理能力与效率的过程中，组织运营管理者必须意识到，企业管理活动的最重要的评估指标永远是度量“产出”，而不是“产出”之前的“生产活动”。或者说，我们忙乎的应该是瞄准“产出”的“活动”，而不应是为了“活动”而“活动”，这句话用来论述流程优化和价值输出再准确不过。无论企业怎样变革，如果不能让优化后的流程作用于产出，那么，其变革无疑就是失败的。因为没有产出的瞎忙实际是一种资源浪费。

第6章 成长与变革

这个时代前进得太快了，若我们自满自足，只要停留三个月，就注定会从历史上被抹掉。正因为我们长期坚持变革，保持开放，在实践中持续成长，才活到了今天。

——**任正非**

导语：坚持以成长与变革的态度面向未来

任何企业的管理体系蜕变历程都是复杂而烦琐的，没有一蹴而就的成功，如何建设组织能力并保持组织活力是每一个组织运营管理者都会关心的重要问题。在接近30年的摸索和实践当中，华为渐渐掌握了一些关于变革的技巧，并将其很好地运用到了华为的组织变革当中，这为那些迫切寻求组织结构变革的企业经营者提供了很有意义的借鉴。

第一，华为坚持以正确有力的领导来主导变革，以领导者的变革决心和意志为基础，通过以领导者对变革方向和变革内容的正确把控来引领组织持续成长。第二，通过先形式、后实质、向专业的人学习等手段，在继承中持续改善管理，让组织管理变革得以持续化。第三，华为将变革方法与制度管理综合起来，发挥二者的协同效能，并且以考核的方式，推动组织成员接受变革，积极进行能力变现。第四，华为始终坚持放眼全球，以破旧立新的积极态度，向竞争对手学习，以打造开放性的企业生态系统为发展目标，持续优化升级。第五，通过在变革中勇敢试错建设学习型组织，基于时间推动变革等手段，实现组织结构的不断优化和升级，最终为企业的持续发展奠定了坚实的基础。

带着问题阅读：

1. 运营管理者应该具备哪些组织变革的能力？
2. 如何借鉴华为经验掌控变革节奏？
3. 怎样融合方法与制度才能让组织变革顺利实现？
4. 如何在开放中进取以实现组织生态建设？
5. 如何把握组织成长与企业实践的关系？

6.1 正确有力的领导

组织的成功离不开运营管理者强有力的正确领导，放眼全球任何一家成功企业，包括IBM、微软、亚马逊、思科、阿里巴巴等，无不是有着一个或者一群睿智、勇敢且大局观卓越的领导者。IBM的郭士纳、微软的盖茨、亚马逊的贝索斯、思科的斯坦福、阿里巴巴的马云，皆在此列。

当然，华为的成功也同样离不开任正非的正确领导。正是凭借着任正非强烈的变革意志和决心，凭借他对企业变革方向和内容的科学把握，才最终引领着华为走向了持久的成功。

6.1.1 变革的意志和决心

意志和决心是企业家与普通上班族最本质的区别之一，很多人在抱怨自己无法成为领导者的同时，却很少去评估自己是不是有决心一定要成为那样的人，是不是能够为成功在所不惜。

在任正非看来，企业成长与变革中，不能说企业家在这个过程里起到决定性作用，但企业家的意志绝对会对整个过程产生至关重要的影响。用他的话来说："做一件正确的事不难，但是持续做一件正确的事非常不易，这就需要管理者拥有坚定的变革意志和决心。”任正非曾多次提到自己反复看过《阿甘正传》这部励志片，阿甘一辈子都在用不同的方式奔跑，看似那些机遇与邂逅都是机缘巧合，但是如果没有持续奔跑的意志，阿甘连机遇的机会都没用。

【辅助阅读】企业家的意志

人的行为受理性与非理性因素双重制约，意志占据非理性因素的最高层。企业家受以理性逻辑结构为特征的心理动机驱动并不常见，企业家意志是企业家精神的核心与决定因素，也是激发企业家行为的决定性力量，是一种向上的力量。企业家意志主要显现为创造力、控制力、决断力，并以合力的形式决定企业决策与行为。在企业家意志的驱动下，企业家创意得以实现，企业契约得以生成，企业规模与边界得以扩展。

在华为的发展历程中，能够体现任正非个人的变革意志和决心对华为公司产生巨大影响的事件不胜枚举，概括说来，以下三方面最为突出。

第一，勇于踏足研发领域，做自主产品。

1988 年，华为刚刚成立时只是充当着“倒爷”的角色，以深圳为跳板，从香港进口交换机，然后卖给大陆有需要的企业。在这一过程中，华为是赚了不少钱的。但是，任正非却敏锐地发现，“倒爷”并没有想象中那么好做，能不能出货并不受自己控制，而是完全要依赖于供应商，看供应商的脸色。于是，任正非想到了，要开设研发部门，自己研制交换机。当时，不少华为元老都认为“继续老套路搞下去就可以了，有钱赚，受点气就受点气呗，还瞎折腾什么呢?”任正非却坚持要将企业的命运掌握在华为自己手里。

1994 年，华为独立研发的第一台 C&C08 数字程控交换机问世。第二年，华为的销售额便暴涨到了 15 亿元人民币。据知情人士透露：“当时，华为已经到了破产边缘，如果投入了上亿元的 C&C08 数字程控交换机研发不出来，或者再晚三个月成功，那华为就垮了。这个过程中，华为内部也出现了很大的分歧，全靠任正非的决心才坚持了下来。”

第二，不惜重金聘请 IBM 专家主导改革。

华为走上自主研发道路以后，彻底将企业命门掌握在了自己手中，企业规模迅速壮大，并在 1996 年开启了国际化道路。但是，随着规模的疯狂扩张和企业员工的急剧增长，华为在管理上的各种落后也迅速凸显了出来。很多身处管理岗位的人并不懂得如何管理，很多老员工也开始倚老卖老，凭借资格欺负新员工，而新员工则很难在华为当时的管理机制中看到出头之日。为此，任正非再次决心变革，不惜花费数亿美元，先后邀请 IBM、Hay 等国际知名管理咨询公司帮助华为优化管理，系统性地引入了世界级管理咨询公司的成功经验，在华为人力资源管理、质量控制等诸多方面，全面构建起了一套系统性的、以业务为驱动的流程和管理体系。

以华为的人力资源管理变革为例。华为的人力资源管理变革最早是从 1997 年开始的。1997 年，华为与美国 Hay Group（合益咨询公司）合作，共同探索人力资源管理的变革。在 Hay 的帮助下，华为完善了自身的职位体系和绩效薪酬体系，并且建立起了领先全国的任职资格体系以及岗位、角色的素质模型。

几大体系和模型建立后，华为在此基础上形成了一套完整的员工和干部的选拔、培养及使用、考核原则，使得每个员工加入华为之后都能明确看到自己的晋升机会，自 1998 年开始，Hay 的专家们每年还会对华为人力资源管理现状与改进进行审计，发现管理中存在的问题，并且做成报告，交由华为解决。随着公司国际化进程的加快，从 2005 年开始，华为公司又与 Hay 展开深度合作，进行管理层人员领导力培养、开发以及建模，为华为面向全球发展培养领导者。当时，不少华为元老都对 Hay 的专家嗤之以鼻，任正非却说：“专家是我请来帮助我们进步的，谁不信任专家，不想进步，就请离开，华为不需要自以为是的自大狂。”

第三，虚拟股票制度，让全员受益。

在主导和支持企业变革的过程中，任正非给外界留下最深印象的，还要数华为全员持股的虚拟股票制度。众所周知，任正非本人只有华为约 1.4% 的股份，其他股份全部掌握在一半左右的华为员工手中。这种全员持股、全体员工都是企业股东的大事业合伙人制度，对华为全民皆兵、群狼作战发挥着至关重要的作用。而想要企业经营者放弃个人利益，做到这一点，无疑是很难的。任正非做到了，华为也因此而成功了。如今看来，任正非为了引领华为走向更高、更远，放弃的利益数以千亿元计，这种决心和意志，显然不是所有组织运营者都能具备的，但是，以任正非为目标，一步步地向任正非靠拢，也未尝不可。

十余年前，任正非便曾说过："危机的到来是不知不觉地，如果说你们没有宽广的胸怀，就不可能正确对待变革。如果你不能正确对待变革，抵制变革，公司就会死亡。"这句话是说给华为人听的，同样，也是说给所有运营管理者听的。如果你没有勇气去面对变革，主动去尝试变革，那么，你的组织就势必会被时代所淘汰。这并不是危言耸听，而是随着历史发展，新事物取代旧事物的必然趋势。

6.1.2 坚定变革方向和内容

组织运营管理者决心变革，并且支持变革，这是一个企业在管理、生产、销售等各个部门实现持续优化的重要条件之一。但具备这一条件并不意味着改善便会自然达成，在这一个过程中还需要运营管理者对变革方向和内容加以梳理和管控。

【辅助阅读】当代组织变革的几大趋势方向

扁平化。组织结构由纵高转向扁平，已经成为企业发展的必然要求。所谓扁平化，就是减少中间层次，增大管理幅度，促进信息的传递与沟通。

小型化。面对日趋复杂多变的信息时代，压缩企业规模，划小核算单位，已经成为现代企业的一种竞争手段。随着传统观念的逐渐破除，企业的组织结构将会逐步走向小型化。资产运营、委托生产、业务外包等已经为企业组织小型化提供了实现的条件。

弹性化。企业为了实现某一目标，而把在不同领域工作的具有不同知识和技能的人集中于一个特定的动态团体之中，大家共同完成某个项目，待项目完成后团体成员各回各处，这种动态团队组织因其结构灵活便捷、能伸能缩、富有弹性，因此被称作弹性化的组织。根据实际需求而设立或裁撤部门，这样才能有效避免企业的资源浪费。

多年来，华为的变革方向始终是“多打粮食”和“增强土地肥力”。内容则处在不断的变化之中，但这种变化并非无规律的，而是遵循着抓紧主要矛盾的原则。早在 2001 年，任正非便在《华为的冬天》一文中指出：“在管理改进中，一定要强调改进我们木板最短的那一块。各部门、各科室、各流程主要领导都要抓薄弱环节。要坚持均衡发展，不断地强化以流程型和时效型为主导的管理体系的建设，在符合公司整体核心竞争力提升的条件下，不断优化你的工作，提高贡献率。”

在任正非看来，华为组织变革的主要矛盾有两个，一是日益庞大的组织规模和日趋老化的管理结构、人才结构的矛盾；一是现代通讯设备行业极速更新换代与华为研发不能形成绝对优势的矛盾。

在人才管理结构方面，华为提出了“加强对金字塔人力资源模型的优化”的理念。

首先，加快对金字塔中直接面对客户的中基层，以及直接面对复杂项目、直接面对困难的优秀员工的任职资格及职级的优化。改良人才金字塔，人力资源体系要对曾经为金字塔人力资源建设做出贡献的人给予表彰和肯定，把作出卓越贡献的已离职员工也要纳入进来。

其次，持续对优秀人员的及时准确评价，加快优秀才俊晋升的考核与选拔。在全社会、全球，选拔具有全球化业务经验及视野的干部，担任高级主管；选拔能洞察客户、洞察市场、洞察技术、洞察国际商业生态环境的人做领袖。

再次，继续优化并坚持薪酬包管理制度，让各级管理者学会管理。你们愿意养懒人也是自己养，如果你愿意挤压，就让优秀分子起来，落后的人员流失。过一段时间，若挤压得太极端，再来看是否优化调整，但目前还是遵循这个模式。

最后，坚决坚持不懈地反对腐败、反对惰怠。华为要求，作为第一层防线的各业务主管，在业务运作中控制风险，是最重要的防线，要杜绝腐败。

2015 年，任正非在华为发展报告中指出，华为公司聚焦“效率”提升，基于 CRM +、IPD +、ISC + 开展面向对象的变革集成和打通，并且通过对人才管理结构的改善，推动变革后的组织走向高效。而在这一过程中，华为也始终没有忘记自身的立足根本，那就是坚定不移地进行研发投入，以推动研发上的突破和升级。

众所周知，华为的研发能力很强，几乎所有核心技术都是自己的。而事实上，几年前，在华为的 K3V2 芯片快要出炉的时候，高通的高管曾经向任正非提出过这样一个要求：只要华为放弃自己的研发，高通可以降价一半向华为供应芯片，这样的降价幅度在整个世界市场都是空前的，然而，任正非却拒绝了。结果，高通的手机芯片在中国市场上降价一半，卖给了其他厂家，导致华为的自主芯片手机没有价格优势，在相当长一段时间里都是赔本赚吆喝。但是，等到再后来，华为推出主要性能指标超越高通的麒麟 920 芯片，高通却再也打不了价格战了，只能乖乖地购买华为的通讯设备以做芯片测试之用。任正非对研发变革的决心可见一斑，而研发变革对于华为所产生的重大影响也不言而喻。所以，直到今天，华为仍然坚持每年拿出年收入 10% 以上的经费做研发，真正的懂行人却没有人会认为这是在浪费资本。

2016 年 4 月，任正非在接受新华社记者采访时表示：2015 年，华为全球销售收入 3 950 亿元人民币，同时，研发投入 596 亿元人民币，占销售收入的 15%，过去 10 年华为在研发上的投入累计超过 2 400 亿元人民币。未来，这一数字将持续增长，预计未来几年每年的研发经费会逐步提升到 100 亿～200 亿美元。

华为在面向未来的基础研究和创新上持续加大投入，其逻辑很简单，即希望借助技术的创新突破来驱动产业的发展与商业模式成功。下一代移动通信领域，在强有力的技术支撑下，华为已经是 5G 创新领域的领跑者和产业建设的积极贡献者。

中国的企业从来不注重研发，而是以短平快著称，而华为有 1 万名博士、几十名俄罗斯数学家。华为用它今天的成果向我们证明，只有静下心来做研发，企业才有长远前途！

以研发投入经费计：华为最近 10 年研发经费已经达到 1 900 亿元人民币，从这个数据上看，如果华为在日本，仅次于丰田，排第二，远超索尼的 50 亿美元；如果华为在德国，仅次于大众，排第二，远超西门子的 55 亿美元。2015 年，华为甚至进入了世界各国非军工企业研发经费前 10 强！根据 2006—2015 财年财报显示，过去 10 年，联想累计投入研发成本 44.05 亿美元，尚不及华为 2015 年一年的研发支出！华为和联想的差距可想而知。

对于华为的变革方向和内容，华为始终有着一个明确的认知，即找准正确的路，坚定不移地走下去。就像任正非 2015 年在华为市场工作会议上所说："我们是赶着牛车创业的，现在是高铁时代了，未来 20～30 年内，传统社会一定会演进为信息社会，虽然实现形式我们并不明白，但趋势已经明显。我们所要做的，就是在管理上永远要朝着以客户为中心，聚焦价值创造。"

6.1.3 引领组织持续成长

亨利·明茨伯格认为，对企业整体而言，不断变化的市场是一种促进创新和实现改造的机遇。各种组织部门要跳出传统的价值链，打破其已有的组织和文化模式，领导者们必须明确在组件化、权力分散、适度集权以及价值网络的整合过程中所需求的是什么。换句话说，领导必须详细定义组织结构并且贯彻执行能够为企业带来增长的企业文化，引领组织持续发展。

【辅助阅读】组织发展理念

组织发展（Organizational Development，OD）是指将行为科学知识广泛应用在根据计划发展、改进和加强那些促进组织有效性的战略、结构和过程上。

该定义突出了几个特征，使得组织发展区别于其他推动组织变革和改进的措施。例如，管理咨询、技术创新、业务管理以及培训和开发。它也有助于将组织发展同另外两个相关领域——变革管理和组织变革区别开来。

明茨伯格等管理学家指出，组织变革与组织发展有十分密切的关系，组织发展可以看成实现有效组织变革的手段。与组织变革和组织发展密切相关的另一个概念是组织创新，组织创新是指运用多种技能和组织资源，创造出所在行业或市场上全新的思路、产品或服务。

良好的公司治理是落实一系列战略举措、实现未来愿景的重要保障。以任正非为首的华为管理者便通过以客户为中心、以奋斗者为本，持续改善公司治理架构、组织流程和考核机制，有效提升了客户满意度，使公司长期保持着持久的有效增长（如图6—1所示）。

在公司不断优化的治理体系和持续改善的组织结构下，任正非还在其他两个方面做了很多努力，以便促进组织更好地成长。

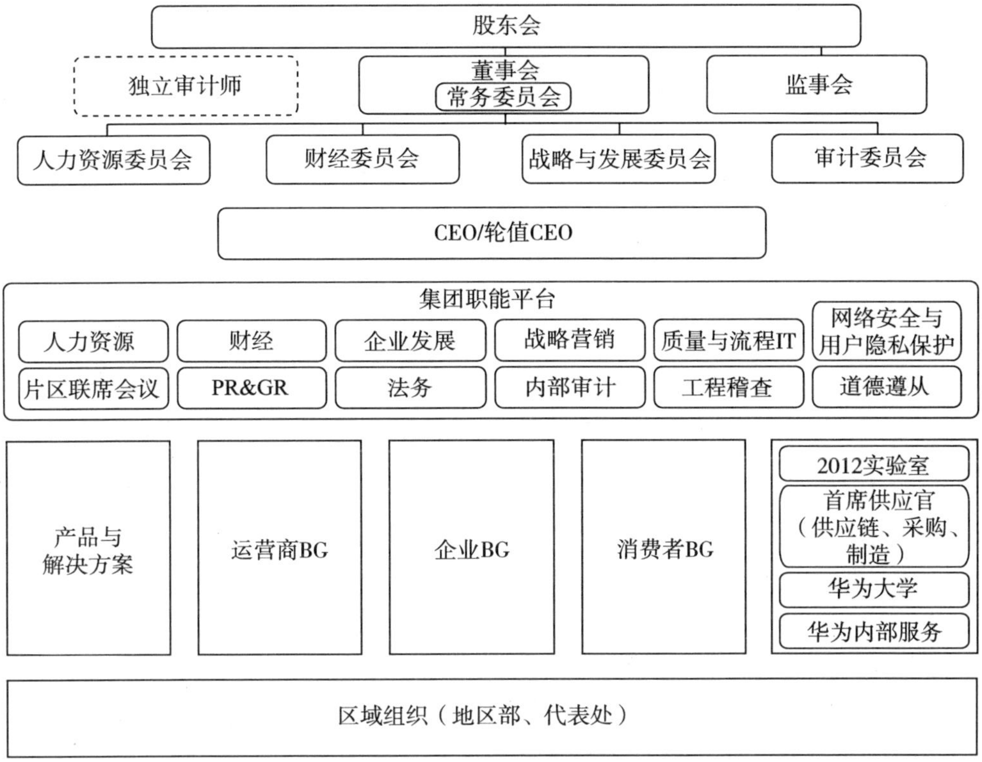

图 6—1　华为组织流程图

其一，在动力方面。

任正非早在 20 世纪 90 年代就针对华为的工资状态进行了工资改革，将多劳多得的绩效工资放在核心位置，并逐步明确了公司分享机制由全员共享向获取分享的转变。

工资改革使华为的分配逐步步入合理化，调动了全体职工的积极性，进一步提高了劳动生产率。从 1996 年开始，华为真正达到人均产值 100 万元，并以每年提升 10% 的比例使公司人力资源利用达到最佳优化状态，最大限度地去发挥人才的优势与潜能。

随后的几年中，华为又逐步拉开差距，提高优秀人员的待遇，通过前文提及的 TUP 计划等，让雷锋先富起来，使千百人争做雷锋。同时，也使得具有高度责任心和强烈敬业精神，大公无私、廉洁奉公，努力学习、有较高技能，善于协作、勇于合作、能团结群众，踏踏实实、一步一个脚印的骨干员工，团结成企业的核心。保持企业发展的稳定，增强承受风险的能力，以此事业的火车头为基础，加快加大人才的吸收，使越来越多的优秀人才愿意进入，补充和壮大华为的队伍，并具有持之以恒的奋斗精神。

其二，在环境方面。

任正非力求建立一个“导人向善，引人寻优”的工作环境，鼓励员工有计划地多读书，丰富知识，并禁止不良活动。在任正非看来，公司的进步主要取决员工的工作成绩，一个高科技产业，没有文化是不行的，没有好的文化环境更是不行的。因此，企业在员工的业余时间可安排一些休闲，但还是要有计划地读些书。不要搞不正当的娱乐活动，绝对禁止打麻将之类的消磨意志的活动。

任正非曾在《能工巧匠是我们企业的宝贵财富》邮件中写道：“生产系统要先建立起好的环境，在这个好环境里面，要进行新的方法的不断优化和改进，只有提高生产效率才能活下去。有人说我今年干了这么多活，比去年还增加了 10% 的贡献，为什么我的工资还是这么多？但是我认为，你增加 10% 的贡献，你的工资可能还要降一点，因为我们的产品价格降得太快，竞争太激烈！去年干 100 线，今年就要干 110 线，否则就没法保住现在的工资，想上升就更没有希望了。因此生产系统不仅要有新的环境、新的条件，还要有新的气象、新的精神面貌。跟国内企业相比，生产系统在总的方面还是好的，但如果和美国、日本、欧洲的企业相比，我们还有很大差距。”

此外，任正非还通过奋斗者文化、狼性文化等正确的文化引导，积极推进华为员工主动拥抱变化、迎接变革，主动融入到组织成长之中，与整个组织保持协同进步。在当代多数创业型企业中，组织管理者缺少的，正是引领组织持续成长的能力，只有企业成员与企业一起实现了进步，企业才不会在快速的业务扩张中迷失，这是组织运营管理者必须理解并融会贯通的。

6.2　掌控变革节奏

唯物辩证法强调，事物的发展过程，就是量变到质变的过程，而在这一过程中，我们不仅要注重量的积累，不失时机地促成质的飞跃，同时也要学会把握量变与质变的节奏，不能一蹴而就，也不能放任不管，任由其缓慢发展。事实上，企业变革也是一样，组织运营管理者唯有掌握好变革的节奏，才能保证企业既不会因为贪功冒进而深陷危机，又不会因为发展过于缓慢而被时代所淘汰。

6.2.1　先形式，后实质

华为在控制变革节奏方面极具代表性，20 多年来，任正非始终强调，华为“只改良，不革命”，在变革的过程中，坚定不移地执行“先形式，后实质”的原则。先僵化，再优化，后固化，一步步地改善，循序渐进。

【辅助阅读】IBM 给任正非的变革启迪

华为的管理变革起始于 1997 年年末，当时，任正非用了两周时间，先后考察了 IBM、惠普、休斯和朗讯四家具有典型意义的美国一流企业。一系列的观摩学习下来，任正非受到了巨大的震撼和启发。IBM 给他留下最深刻的印象就是：这样一家大企业虽然管理制度规范，但同时也不失灵活，市场响应速度不慢。

一般说来，企业规模小，则竞争力不强，而扩大规模的同时如果不能进行有效的管理，企业则有面临死亡的高风险。因此，加强管理，才有生存的基础。这就成为华为走规模化路线的战略出发点。管理的重要性是 IBM 付出数十亿美元的直接代价总结出来的，从 IBM 的经历中，任正非更加清晰地看到华为未来所需面对的挑战和必经的前进路径，并且决心将其先进的管理制度引入华为的管理中来，为华为的管理变革提供帮助。

1998 年起，华为开始了从“游击队”向“正规军”转变的管理变革，规划了 IPD（Integrated Product Development，集成的产品开发）、ISC（Integrated-Supply Chain，集成供应链）、IT 系统重整、财务四统一等项目，以及人力资源管理机制。其中，IPD 和 ISC 是管理变革的重中之重。

ISC 的管理原则，是通过对供应链中的信息流、物流和资金流进行重新设计、规划和控制，从而保证供应链的两个关键目标的实现：提升客户满意度，降低供应链的总成本。在对供应链进行重整之前，华为的管理水平与业内其他公司相比存在较大差距。华为的订单及时交货率只有 50%，国际上其他电信设备制造商的平均水平为 94%；华为的库存周转率只有 3.6 次/年，而国际平均水平为 9.4 次/年；华为的订单履行周期长达 20～25 天，国际电信设备制造商平均水平为 10 天左右。同时，和许多生产制造型企业一样，华为当时的供应链环节涉及多个部门，如销售、订单、制造、采购等，部门之间缺乏良好的合作与沟通，因而也无法形成一个面向客户的顺畅的供应链流程。

IBM、Hay 的管理专家在帮助华为建设新 ISC 管理制度的过程中，很多华为人纷纷向任正非反映，“老外的这些制度，很多都是从美国照搬过来的，根本不适合华为，这么搞下去，华为就乱了。”

事实上，任正非也知道这一点，但是，他却坚定地说：“你们觉得人家的东西不对，但人家那一套却帮助 IBM 完成了大飞跃，或许他们的东西确实不适合华为，但如果我们不把这些学透了，怎么找到适合华为的出路呢？”

为此，任正非还在华为的干部会议上这样告诫员工：“5 年内不许你们的幼稚创新，顾问说什么、用什么样的方法，即便认为他不合理也不许你们动。

5 年之后，把人家的系统用好了，我可以授权你们进行局部的改动。至于进行结构性的改动，那是 10 年之后的事情。”

前文中曾经不止一次提到的“先僵化、后优化、再固化”的三化管理，就是在华为这一特殊历史时期提出的。用华为的说法来说，华为 20 世纪 90 年代的改良，就是“削足适履”，削华为的“足”适美国的“履”。

华为在自己不懂得如何进行管理变革的前提下，向 IBM、Hay 等美国企业买了双“西方鞋”，这双鞋中国人可能要削掉了脚趾头才能穿进去，但一旦穿进去了、适应了以后，再把脚趾头养好，然后再根据脚的大小和形状，制造一双中国人自己能够穿进去的鞋，变革才能顺利进行下去，并且收获良好的效果。

这是一个很痛苦的过程。正像一个小孩，在小的时候，为生存而劳碌，腰都压弯了，长大后骨骼定形后改起来很困难。所以，华为在向西方学习的过程中，很好地防止了喜欢幻想的习惯，真正学习到了管理的真谛。

华为的发展实践证明，任正非选择的“先僵化、后优化、再固化”的方针是最为明智的。华为是一个高级知识分子聚集的地方，每个人都有自己独到的见解。如果没有在引进的管理方法中实践，而是直接进行“优化”，那么员工就会单凭个人经验来套新的规则，就会陷入“形而上学”，内部也很容易出现争执。

就像任正非所说的那样，华为的员工是很聪明的，他们容易形成很多独特的思想和见解；但是一旦认识不统一，就容易分散人们的精力。另外，引进新的管理办法一定会触及一部分人的利益，这些人在“优化”的时候，就会找很多理由，很容易沦为企业变革与发展的阻力。

在“先僵化”阶段，华为面临最多的是内部的压力。曾在集成产品开发推进小组工作过的员工说，他们整天都会受到研发部门和销售部门的批评，说他们的团队成员唯一能做的就是兜里有钱乱花钱或者舒舒服服地打高尔夫。但是，任正非并没有放弃，而是坚定不移地克服一切阻力，坚持执行。

华为人经历了僵化阶段的困难期后，任正非要求华为员工将已经僵化的管理方法结合中国国情灵活运用，即进入了优化阶段之后，再将优化的结果加以制度化、程序化和规范化，即固化阶段。

任正非曾在华为大学和党委领导座谈会上的讲话中强调："我们不缺项羽之类的勇猛之士，为什么不能产生真正的将军？因为我们不给这些草莽英雄以制度化、规范化的作业方法的教育。但这些培训不是从任何西方课本中下载来的，而是要结合我司的实践。要活学活用，急用先学，系统全面的教育要与解决现实问题结合起来。"

华为结合自身实践，将变革后的西方管理制度和经验用于企业建设当中，这也就意味着其在管理上有了重大的进步。华为 ISC 管理变革进入优化阶段后，开始发挥重要作用，逐渐成就了华为"以客户为中心"的核心价值观，极大地提升了客户满意度，大幅度地降低了供应链总成本，为华为快速步入世界级企业的发展轨道注入了新的动力。

等到华为将适用于自身发展的新制度彻底融入企业整个运营体系之中以后，确定了这一制度在该时期是能够促进企业发展的，华为便会将该制度固定下来，并且在未来一段时间内，始终坚持该制度，指导员工的价值变现，也就是所谓的"固化"。

6.2.2 向专业的人学习

《师说》有云：闻道有先后，术业有专攻。运营管理者还必须认识到"向专业的人请教专业事"的重要性，这样才能保证及时有效地发现问题、解决问题，保障组织的健康成长。在华为的运营管理变革过程中，任正非便很好地诠释了这一点。

任正非认为，变革必须要把握好节奏，产业的变革并不是单兵作战，由哪些人来扮演往前冲，哪些人跟随，要有更多的人来做，同时企业要明白自己的能力，认识自己：我到底是谁？我的企业到底具备哪一方面的强项和弱项？对于强项，就要发扬光大；对于弱项，就要想办法向人学习，迅速弥补。尊崇术业有专攻的原则，邀请专业团队推进变革，企业才会少走弯路。

【辅助阅读】坚持专业主义

专业主义是麦肯锡专家大前研一的一种主张。他强调，所谓专业主义，先强调“业”，后强调“专”，任何人只有专注于自己的“职业”和“事业”，在自己的职位上做到最好，才能具备别人所无法具备的专业化技能。所以，他认为，每个组织中，只有分工明确，员工各尽其职，同时，关键时刻又能在此基础上忙而不乱，拧成一股绳，企业这台大机器才能得以高效率运转。

事实上，专业主义并非大前研一的独创，在国际上，包括通用公司的德鲁克、IBM的郭士纳，以及更年轻的Face Book的创始人扎克伯格，都是专业主义的支持者。哈佛商学院的一些教授也普遍认为，在组织管理变革中，让专业的人做专业的事，无论是对于节约企业成本，还是降低变革难度，都有着重要的意义，是提升变革效率的有效手段之一。

在华为近20年的变革与成长过程中，我们始终能够看到IBM的身影。据不完全统计，这些年来，华为仅为IBM管理专家团队支付的咨询费用便高达十几亿美元，而1997年时，华为第一次邀请IBM帮助其进行管理改善，花了5 000万美元，既没有买设备也没有买品牌，而是买了IPD（集成产品研发）的流程。当时，很多人都认为任正非疯了，就连华为内部都有不少人这样认为，觉得他是在“烧钱”，然而，这种“烧钱”行为带来的回报是什么呢？

以客户为中心的市场成长基因，被IBM用集成管理的模式移植到华为的终端研发，并通过流程加以固化，产生了直接的经济效益。在改良前，根据IBM专家的测评，华为人均工作效率只有国际一流公司的40%，订单及时交货率只有50%，而国际上其他电信设备制造商的平均水平为94%；华为的库存周转率只有3.6次/年，而国际平均水平为9.4次/年；华为的订单履行周期长达20～25天，而国际电信设备制造商平均水平为10天左右。

以上问题曾长期存在于华为之中，但是，在IBM专家团队到来之前，华为却从来都没统计出一个系统的数字，这就是专业人士与非专业人士的差距。而更加体现差距的是，IBM专家很快便做出了相应的改善方案，重整了华为的供货链，先从研发、供应链等环节入手，大大提升了华为的管理能力，使华为在短时间内便完成了与国际管理理论的接轨。用任正非2013年11月在巴黎接受法国媒体采访时所说的："我们学的方法是IBM的。IBM教会了我们怎么爬树，我们爬到树上就摘到了苹果。我们的老师主要是IBM。"

在与IBM完成第一阶段合作之后，华为还在2007年再次邀请IBM帮助华为完善财务管理变革。20世纪90年代初，IBM在遭遇变革困境的时候，也曾面临一系列的财务难题，但IBM很好地克服了这些。任正非亲自给时任IBM CEO的彭明盛写了封信，要求IBM帮助华为完善财务管理。此后，IBM全球最精锐的财务咨询顾问又进驻华为，启动了IFS（集成财务转型）项目。

IFS为华为培养了数千名合格的财务总监，他们深入华为各个业务部门（包括销售、营销、研发、供应链等），把规范的财务流程植入华为公司的整个运营流程，实现了收入与利润的平衡发展，这也是最近几年华为虽然营收增长放缓，但是利润的增长仍然不错的重要原因。这不禁让我们感叹：财务管理也是生产力！

除了邀请IBM的专家以外，华为还先后邀请过英国做认知资格标准最棒的团队，以及美国薪酬体系建设最完备的公司Hay等咨询团队，尽可能让专业的团队来帮助华为实现最简单、有效的变革。

2005年，任正非在广东省委中心组的发言《华为公司的核心价值观》一文中讲道："我们从1997年开始与Hay Group合作进行人力资源管理变革。在Hay的帮助下，建立了职位体系、薪酬体系、任职资格体系、绩效管理体系及岗位、角色的素质模型。在此基础上形成了华为公司员工的选、育、用、留原则和干部选拔、培养、任用、考核原则。如果没有 Hay，华为想独立完成这些根本是不可能的。这也是为什么后来我们又与 Hay 合作，进行领导力培养、开发和领导力素质模型的建立，为公司面向全球发展培养领导者。”

此外，华为还有一个向蓝血十杰学管理的传统。“蓝血十杰”是出身名校哈佛的十个天才，也是二战期间美国空军的后勤英雄，其卓有成效的数字管理模式被美军广泛地应用于战争当中，为盟军节省了十几亿美元的军费，其主张的科学管理理念，也是当今管理界备受推崇的热门思想之一。蓝血十杰是任正非十分推崇的管理天才，华为的“蓝血十杰奖”就是因此而设，这也体现了华为向专业的人学习的理念。

早年，任正非在点评当时中关村的标志性公司时说：“联想有管理，方正有技术。华为除了众所周知的在技术上大力投入，在管理上每年也花费好多亿美元的顾问费。我们不怕花钱，丰田的董事长退休后带着一个高级团队在我们公司工作了 10 年，德国的工程研究院团队在我们公司也待了十几年，正是他们的存在，才使我们的生产过程走向了科学化、正常化。”

6.2.3　在继承中持续改善

华为向专业人士学来改善方法，与自身实践相结合，摸索出适合自身发展的模式后便对其加以固化，但华为的“固化”并不是墨守成规、一成不变的，而是一个相对的概念。

任正非要求，任何华为管理者都必须学会在继承中持续改善，一旦发现新的、有利于企业的新方法和新制度，都可以提出来，推动企业运营的优化和进步。但必须满足一个条件，那就是不能全盘否定过去的制度和机制，要在继承中逐步改善。而这种组织上的持续而稳定的变革方式，正是广大运营管理者必须认知并掌握的。

【辅助阅读】任正非对变革的三个态度

首先，任正非告诫华为同仁们稍安勿躁，不要让“冲动”这个魔鬼把公司带入歧途。这恰恰体现了任正非对当下中国社会的深度理解。躁动不安、功利至上的社会环境推崇概念炒作，忽悠者众，成事者寡。在全民热炒“互联网思维”的时候，任正非极其冷静地给华为管理层浇上一盆冷水，建议大家稍安勿躁。

其次，变革创新是一项系统工程，任正非理性地认识到中国与美国在创新环境上的本质性差距。超越是必须完成的事业，但现实是采取最有效的策略来缩小差距，为未来的超越赢得机会。

最后，拥抱变革，融入移动互联时代是必需的。但要想在移动互联时代持续成功，却需要具备超越互联网思维的商业能力。任正非清楚，中国正处在大转型期，移动互联革命方兴未艾，华为将面临前所未有的一轮又一轮的严峻挑战。华为只有具备持续创新的能力，才能在风起云涌中长久地生存下去。

面对变革，任正非坚持认为，企业的成功没有捷径可以走，必须一步步地爬过去。他曾在多次讲话中提到，华为长期坚持的战略是基于“鲜花插在牛粪上”的战略，是从不离开传统去盲目创新，而是基于原有的存在去开放、去创新。鲜花长好后，又成为新的牛粪。华为要永远基于存在去创新。

“我的一贯主张是‘鲜花是要插在牛粪上’。我从来不主张凭空创造出一个东西、好高骛远地去规划一个未来看不见的情景，我认为要踩在现有的基础上前进。……世界总有人去创造物理性的转变，创造以后，我们再去确定路线。我们坚持在牛粪上去长出鲜花来，那就是一步一步地延伸。我们以通信电源为起步，逐步地扩展开。我们不指望天上掉下林妹妹。”任正非如是说。

思科一定很后悔没有在10年前一举灭掉华为，让土狼长成了狮子。2003

年，思科对华为提出起诉，称华为窃取了思科的代码。这是一场实力并不匹配的较量，当时，思科的销售额达 189 亿美元，华为的销售额仅为 317 亿元人民币，海外销售仅 10 亿美元。然而，华为的快速追赶大大超出了钱伯斯的预计：2011 财年时，思科的收入为 432 亿美元；华为则已经飙升到了 320 亿美元。2016 年，在全球瞩目的 5G 网络项目上，思科、高通等竞争对手更是彻底地败给了华为。而华为取得如此大的成功，凭借的就是基于“鲜花插在牛粪上”的战略。华为从不离开传统去盲目创新，而是基于原有的存在去开放、去创新。鲜花长好后，又成为新的牛粪，永远基于存在去创新。

为此，华为还提出了“小改进，大奖励；大建议，只鼓励”的主张。号召华为人不要好高骛远，而是要基于过去做小的改善，持续进步。

1998 年，任正非在华为第二期品管圈活动汇报暨颁奖大会上的讲话中强调：“大家应该认识到，‘小改进，大奖励’对我们华为公司来说，将是一个长远的政策，而不是一个短期的政策。为什么呢？我们最近研讨了什么是企业的核心竞争力，什么是企业的创新和创业。创业，并非最早到公司的几个人才算创业，后来者就不算创业。创业是一个永恒的过程，创新也是一个永恒的过程，核心竞争力也是一个不断提升的过程。大家可以想一想，发错货少一点，公司的核心竞争力不就提升一点了吗？订单处理速度提高 30%，我们的整个业务运行速度不就提高 30% 了吗？这些都有利于核心竞争力的提升。对于我们这样一个公司，如果谁要来跟我谈一谈华为公司的战略，我都没有兴趣。为什么？因为华为公司今天的问题不是战略问题，而是怎样才能生存下去的问题。我们在座的都很年轻，都是向日葵。但是，年轻的最大问题就是没有经验。公司发展很快，你既没有理论基础，又没有实践经验，华为公司怎么能搞得好？如果我们再鼓励‘大家来提大建议呀，提战略决策呀’，那我看，华为公司肯定就是墙头上的芦苇，风一吹就倒，没有希望。”

华为通过坚持瞄准提高企业核心竞争力这个大方向的“小改进”，使得工作不断地优化、规范化、合理化，既提高了产品的质量，也提高了华为人的工作效率，降低了华为的成本，市场竞争力也跟着进一步提高了。

“小改进，大奖励；大建议，只鼓励”其实是一种朴素的辩证唯物主义观点，这种观点所阐释的含义是：企业创新要有所继承和发扬，不能盲目。2004年，任正非在华为干部工作会议上发表了《继续提高人均效益，建设高绩效企业文化》一文，并在文中指出：“我们反对一朝天子一朝臣，反对新干部上台否认前任的管理。我们强调继承与发扬，在过去的文化中，有许多合理的内核，以及与周边已形成的习惯性的协调。它的客观存在，就是它合理、自然的一面。随意地破坏就会撕裂与周边的关系，以及破坏上、下游的流畅。盲目地创新，对已有成熟管理的破坏是不必要的，随意地创新是对过去投入的浪费。”

事实上，对于企业变革和创新来说，那些实用的小发明真正地解决了问题，就是伟大创造。

早期的飞机，你敢坐吗？天天都有摔下来的危险。有些飞机长时间都飞得很好，突然一下翅膀就断了。科学家通过分析，确定了是因为金属疲劳了。金属为什么会疲劳呢？是因为一定频率的振动造成了金属的疲劳。于是他们研究生物界，蜻蜓的翅膀振动更大，为什么它不会粉碎呢？后来在蜻蜓的翅膀上找到了一个黑点。原来是这个黑点起到了平衡的作用。现在的飞机翅膀上就安装了这个东西，解决了金属疲劳的问题了。

这个成就现在说穿了不值钱，但真的不值钱吗？华罗庚说过一句话：“神奇化易是坦途，易化神奇不足提”，这对今天企业创新概念的认识同样具有指导意义。

6.3　融合方法与制度

在主导企业组织运营管理变革的过程中，有两个重要元素是不能忽略的，一个是制度，一个是方法。方法是指为获得某种东西或达到某种目的而采取的手段与行为方式；制度则是要求大家共同遵守的办事规程或行动准则，是实现某种功能和特定目标的社会组织乃至整个社会的一系列规范体系。

就像一篇好的推广文章要融合图像与文字、好的音乐要融合歌词与曲调一样，企业变革若想顺利实现，也需要管理者学会融合方法与制度。用制度指导方法，用方法辅助制度，使企业变革程序规范法、变革手段方法化，最终将组织的能力变现与考核结合起来，实现蜕变与进步。

6.3.1　变革程序规范化

变革程序规范化，是企业变革过程中必须遵守的一项重要原则，也是华为变革之所以能够获得持续成功的关键之一。

任正非认为，无论是变革也好，其他任何执行也罢，都需要有一个规范的程序。他指出："企业变革的核心是管理变革，而管理变革的成功来自变革管理。变革的成功率并不是100%，在大多数时候，成功与失败的概率甚至要五五分成，这常常使人产生一种'变革是死，不变也是死'的恐惧。但是市场竞争的压力、技术更新的频繁和自身成长的需要使得'变革可能失败，但不变肯定失败'。因此知道怎样变革比知道为什么变革和变革什么更为重要。华为的任何变革都必须严格遵照规范的程序而进行，做出组织变革策略，将内部层级、工作流程以及企业文化进行必要的调整与改善管理，以达到企业的顺利转型。"

【辅助阅读】企业变革的两大原则

第一，从最高领导者开始。对于企业内部各个层次的员工来说，变革都是容易令人忐忑不安的，当变革即将到来时，所有人的目光都会投向CEO，寻求来自领导层的力量、支持和指引。领导者们就要身体力行，积极采纳新的方式，给下属们以挑战和激励。同时，有着紧密协同工作的管理层团队是最容易获得成功的。只有当领导层团结起来，致力于推进变革的流程，表现出必达目标的决心，变革引起的下游效应才能在员工中间广泛体现出来。

第二，将各个层面的员工都带动起来。当企业的变革项目从初期的制定战略、明确目标，逐渐开展到具体方案设计和实施执行的时候，变革将影响到整个公司的不同层面。在变革措施中，需要在内部明确指定各级层次的领导者，然后将设计和实施执行的责任层层下放。这样，变革才能自上而下地顺利展开。在公司内部的每一个层面上，经过培训的被指定领导者，必须从公司愿景出发，严格执行自己的使命，让变革落到实处。

在长达20多年的持续变革中，华为归纳、总结出了一套科学的手段和步骤。首先，其变革管理有四大工具：以华为大学为教育培训机构；以公司舆论宣传系统为传播机构；以华为董事会之下的审计委员会、财经委员会和人力资源委员会为权力机构；由外部专家和咨询团队负责的顾问组织。

在四大工具的基础上，华为还总结并明确了变革管理的八个步骤：

（1）制造紧迫感，认真考察市场和竞争现实，明确并讨论危机，包括潜在危机或主要危机，形成一个强有力的领导联盟。

（2）组织一个强有力的领导联盟，鼓励这支队伍协同作战。

（3）制定远景规划，建立远景规划以指导改革措施，形成策略以实现目标。

（4）传达远景规划，用所有可能的媒介手段把新的远景规划策略传达下去，用领导联盟的亲身实例教育人们养成新的行为习惯，授权他人按远景规划行事。

（5）消除改革的障碍，改革严重损害这种远景规划的机制和结构，鼓励承担风险和非传统的活动和行为。计划并实现近期的成功，计划看得见的业绩改进。

（6）实现那些改进，肯定并奖励参与改进的雇员，巩固改进成果并进行更多的改革，利用提高的信誉来改革那些不适合远景规划的机制、结构和政策。

（7）聘用、提升和培养能够完成远景规划的雇员，用新的工程、主题方向和改革者来重新激励改革进程。

（8）把新的方法制度化，明确新的行为方式和企业成功之间的关系，建立能够确保领导顺利发展和交替的方法和制度。

员工天生都是理智的，他们会问：怎样程度的变革才是公司需要的？公司是不是行进在正确的方向上？个人是不是值得致力于使转变切实发生呢？他们会向领导层去寻求答案。像华为一样，通过明确变革机构、明确变革步骤的方法，将企业变革描述成一种正式、正规的重大事件，并将公司的愿景以书面形式公布出来，对于统一领导层与下属团队的思路、促进整体团队协作来说，是非常好的方式。

任正非曾对规范变革流程提出过三点建议。他说："这个过程可以通过三步来完成：首先，正视现实，着重强调变革的重要性；其次，对公司持续发展的未来和达成目标表现出坚定的信念；最后，为指导变革实施的行动和决策提供一张路线图。领导者们需要针对公司内部的不同受众，用不同的方式传达变革的信息，使得即将到来的变革与企业中的每个人切身相关。"

惠普公司在 20 世纪 80 年代的时候曾经历数年的收入下滑，为保持市场竞争力，惠普总裁决定在运营上实施一系列的重大变革，包括 30% 的裁员。在会议上，执行 CEO 约翰・杨阐述了当前的严峻局面，并指明缩减规模是唯一出路。

同时，惠普高层管理者从公司数代积累、赖以生存的品牌价值出发，精心构建了有说服力的愿景发展计划，并且制定了详细变革方案，向员工保证，变革一定会按照既定方案进行，绝不会半途而废，或是徇私舞弊。凭借着直面现实的态度，惠普员工充分意识到了变革的必要性，从而使得管理层在实施有史以来最大的紧缩计划之时，仍能够激励内部成员前进，员工们并未因此士气低落，相反，留下来的人们感到了一种帮助惠普继续前进的决心，从而推动了惠普在20世纪90年代的大爆发。

世界著名管理大师彼得·德鲁克提出："我们无法左右变革，我们只能走在变革的前面"，"变革是无法避免的事情"。这种观点充分表明，环境是多变的，管理者必须不断地变革管理才能保证企业生存和发展。

20世纪70—80年代，由于美国最大的汽车制造企业——通用汽车公司和联合汽车工会故步自封，放弃变革，日本汽车公司通过变革管理，将日本制造的汽车打入美国市场，短短的10年间，日本汽车在美国轿车市场的占有率迅速上升到30%。

另外，20世纪90年代，瑞士斯沃琪公司在保留原有欧米加、浪琴这些欧洲经典品牌手表的同时，在美国和亚洲新兴市场推出时尚型斯沃琪手表，迅速提高了瑞士手表在新兴市场的占有率，同时通过变革管理，不断开拓市场，成为品牌形象高于日本卡西欧手表的全球知名时尚品牌，挤压了日本电子手表的市场空间。

这两个案例都说明，变革管理不仅是必要的，而且是紧迫的。世界上任何企业都需要变革管理。而想要做好变革管理，广大组织运营管理者首先要学会的，就是像华为一样，建立起一套规范化的变革程序，以此保证变革的顺利展开。

6.3.2 变革手段方法化

组织变革仅有规范的流程是不够的，还必须有正确、实用的方法。方法虽然也被人们称为活动的手段，但它不是物化了的手段，而是人类认识客观世界和改造客观世界应遵循的某种方式、途径和程序的总和。

因此，黑格尔把方法也称为主观方面的手段。他说："方法也就是工具，是主观方面的某个手段，主观方面通过这个手段和客体发生关系……"英国哲学家培根则把方法称为"心的工具"，认为方法是在黑暗中照亮道路的明灯，是条条蹊径中的路标，它的作用在于能“给理智提供暗示或警告”。

在研究过不少西方哲学著作的任正非看来，方法是人的大脑扩开的一种工具或手段，就如指挥计算机进行计算、判断、处理信息的程序系统。没有正确的方法，想要企业整个大机器正常运行并且持续改善，无异于痴人说梦。

为此，早在1998年，任正非便在《不做昙花一现的英雄》一文中指出：“有管理进步的愿望，而没有良好的管理方法与手段，必定效率低下，难免死亡。华为公司的人均效益和西方公司相比差距很大，那么我们浪费的是什么呢？是资源和时间，这是因为管理无效造成的。我们正在引进西方的各种先进管理，借鉴西方的先进方法，我们要通过消化来融会贯通。”

【辅助阅读】企业管理变革的五大类型

(1) 战略变革。转变企业生产经营和长期发展的战略和目标，是企业变革管理的中心。在战略变革的前提下，企业长期发展的目标也会随之转变，并导致企业的组织、产品、服务、流程发生根本性变革。企业的战略变革往往具有创新性和革命性。

(2) 结构变革。企业组织结构的变革大多由于内部和外部环境因素引发。彼得·德鲁克提出联邦分权制的原则，即由自主管理的产品事业部形成组织。这种联邦分权制的扁平化管理，可以使每个业务单位的主管有足够的授权，职责明确、分工合理，这样企业可以有效地进行目标和绩效管理。

(3) 技术变革。技术变革包括生产技术和管理技术的变革。因为技术变革是由于经济环境发生变化导致需求变化而产生的，生产技术的变革必然引发管理技术的变革。

(4) 流程变革。传统的管理流程是自上而下的，而变革管理过程中，由于组织结构和技术的变革，流程必然发生变革。由于市场竞争的加剧，流程再造要求组织具有灵活性和适应性，这样工作方式和流程的变革是连续的，而且长期处于循环改进的状态。

(5) 企业文化变革。企业文化是一个企业由其价值观、信念、习俗仪式、处事方式和企业环境组成的特有的文化形象。战略变革、结构变革、技术变革、流程变革势必带来企业文化的变革，企业文化变革的核心是价值观的变革。管理者必须为企业建立新的价值观，以团队精神为核心，建立团队导向、成果导向、相互信任、分工明确、企业利益高于一切的企业文化是企业成功变革的重要保证。

在任正非看来，任何性质的管理变革都需要辅之以不同的方法才能顺利展开，并且达到预期的效果。比如，华为的战略变革始终是基于“以客户为中心”展开的；华为的机构变革始终是借力于西方的成熟经验；华为的流程变革是基于企业实践与流程专家的指导；华为的文化变革则是通过华为大学，通过组织活动建设循序进行的。

具体来说，以华为的技术变革为例。在前文我们已经说过，华为有一个“鲜花插在牛粪上”的理论，不主张凭空创造东西，而是号召踩在现有的基础上前进。这与华为的历史背景有很大关系。

华为起步较晚，1988 年创立，1994 年才拥有第一款独立研发的交换机设备，但华为却在 1996 年便开始了国际化。受到时间因素的影响，注定了华为在研发上的薄弱，也注定了其无法在短时间内与爱立信、西门子等竞争对手相抗衡，而独立自主的研发又不是短时间内能够有所突破的。这样一来，华为便必须寻找一条适合自己的发展之路。任正非等华为高管苦思冥想，最后终于确定了“采用直接购买技术的方式来缩短差距并构筑领先优势”的方法。

2006 年，任正非在《实事求是的科研方向与二十年的艰苦努力》的演讲中说道：“在产品的工程实现技术方面，我们也经常遇到瓶颈，包括算法、散热技术、工艺技术、能源、节能等在内都时常成为我们在竞争中获得优势的障碍。为了解决这些问题，克服发展障碍，我们也不全靠自主开发，因为等自主开发出来了，市场机会早没有了，或对手已在市场上构筑了优势，我们没法在竞争的市场上获利，所以，我们经常采用直接购买技术的方式来缩短差距并构筑领先。”

纵观华为近 20 年的发展史，尤其是近 20 年与 10 年之间的那段时间，华为的每一款全球领先而且份额占据第一的产品，在功能、性能上超越竞争对手的关键技术，几乎都是华为通过购买某外国公司的技术而获得的。

21 世纪初，华为曾寻找并选择了一家超长光传送技术和产品解决方案研究上非常领先的厂家，该公司累计投入已经超过 7 亿美元，其技术主要应用在骨干长途光传送系统中，网络地位非常重要。经华为高层分析，一致认为其产品和技术具有很高的市场价值，最后决定购买该技术。经过技术转移和二次开发，以及必要的法律手续，华为在短短的 9 个月时间内完成了集成开发，成功推出应用了新关键技术的产品，实现了大容量、长距离（4 600 公里）无电中继的光传输。

2003 年，华为推出该解决方案以后，在相关市场上得到快速发展，该厂从最初的全球名不见经传的长途传输厂家，到 2005 年就已经快速成长为全球在长途传输市场第一的厂家，并保持稳固的地位。特别值得一提的是：依靠该厂来带来的优异的性价比，华为在拉美最大的固定运营商 Telemar 的 653 光纤系统上，凭借比其他厂家更强的带宽传送能力实现了市场突破性应用。

赫尔曼・西蒙曾经说过，任何管理上的变革都是有迹可循的，都能总结出一套方法，用于指导未来的实践。确实是这样，华为在找到适合自身的变革方法的同时，也为其他广大组织运营者提供了一个很好的方法上的借鉴。找对方法，谋定而后动，变革的胜算其实并不低。

6.3.3　能力变现与考核相结合

无论是哪一行当的企业，其最终的经营目标一定是盈利。就如联想创始人柳传志所言，企业组织必然是以盈利为目的的，否则，它就失去了“盈利性组织”的本性。而企业盈利的实现，则必须依托于企业组织成员的能力变现，只有每一个企业人的能力都充分地发挥出来，并且完美地嵌入企业发展需求当中去，赚钱的目标才能得以实现。因此，企业进行组织变革的最终目的，说白了，就是要实现企业成员的能力变现。

为了更好地实现对员工能力的培养和激发，华为除了举行大量培训以提升华为人的各项技能以外，最核心的做法还是以绩效考核的方式来鞭策与激励员工，推动他们去接受变革并主动融入变革，实现业绩上的持续增长。

【辅助阅读】中国企业内部考核现状及原因

在国内，很多企业考评目标不清楚、绩效衡量只凭主观评估而没有量化标准、没有计划未来的能力发展、没有和薪酬管理挂钩等，要么缺乏有效的绩效管理，要么就是形式化的绩效管理。

造成这种情况的原因主要有两个：第一，中国人习惯中庸之道，对于绩效好坏的区分，没有差异化，一来得顾着人情和颜面，二来不知怎么面对绩效差的员工。第二，考评重视打分数，分数打完后就了结了，没有再进一步去运用这个结果。

华为最初没有什么明确的绩效考核标准，就是看哪支队伍销售的产品多，哪支队伍能够拿到的奖金便多，这样一来，不同团队之间虽然存在竞争性，但团队内部却经常存在吃“大锅饭”的行为。一些人自己偷懒，却仰仗着同事的努力而得到远超自己付出的回报，这对其他组织成员的奋斗积极性无疑是一种打击。

因此，任正非果断意识到，只有通过绩效考核的差异化，才能使企业员工素质不断提高。所以，华为将绩效管理的重点放在了“推动全体员工的素质提高，推动企业内优秀员工走上领导岗位，推动企业更好为客户服务并持续发展”上，始终要求华为管理者要通过考核的方式，促进组织成员能力的提升。

同大多数西方企业一样，华为绩效评价程序的第一步也是绩效考核计划的设计，略有不同的是，华为在进行绩效计划设定的过程中，首先明确了建立统一的价值考核体系的理念。任正非认为，任何人都会有犯错和失误的时候，犯错了，失误了，在绩效考核中就会得低分。怎样才能让华为人理性地接受这一点，关键就是要“以规则的确定性来应对环境的不确定性”。

2001 年，任正非在《华为的冬天》一文中指出：“全公司一定要建立起统一的价值评价体系、统一的考评体系，才能使人员在内部流动和平衡成为可能。比如有人说我搞研发创新很厉害，但创新的价值如何体现？创新必须通过转化变成商品，才能产生价值。我们重视技术、重视营销，这一点我并不反对，但每一个链条都是很重要的。研发相对于用户来说，同等级别的一个用服工程师可能要比研发人员综合处理能力还强一些。所以如果我们对售后服务体系不给予认同，那么这个体系就永远不是由优秀的人来组成的。不是由优秀的人来组织，就是高成本的组织。因此，我们要强调均衡发展，不能老是强调某一方面。”

任正非认为，怎样去识别哪些员工为公司做出了贡献，哪些员工有价值，是一个企业最关键的任务之一。华为内外，之所以大家一致认为华为的评价工作做得好，就是因为华为有一套很好的方法，能够有效地对人员做出评价，能够保证分配的公平性。

2007 年，华为咨询顾问包政曾经指出：“评价系统，是一个公司在发展与变革过程中不得不做的事情。花多少代价都要去做，就像一个企业用了很多财务人员做分录，然后做会计、报表。我们也一样，要把员工的点点滴滴贡献记录下来。然后形成制度性的周报，由相关部门去解读。在这个领域当中，我们一定要去做这件事，这是绕不过去的。所以评价系统值得我们进一步去努力、去做到，但是也很难做到。”而向前逆推 10 年，1997 年，正是在包政等中国人民大学的专家教授的支持下，任正非狠抓华为的价值考核，反复调整了3年，最终才在“导向奋斗”上取得关键性建树。

具体来说，华为绩效考核遵循着一般绩效评价的基本程序，但又有所不同，一言以盖之，就是华为很好地将员工能力变现与绩效考核结合在了一起。

首先，华为强调绩效考核的结果导向，即目的性。华为规定，任何绩效考核都是为了促进企业与员工的长期发展而服务的，公司决不提倡只关注短期利益的考核行为，必须在目标的指导下制定考核计划，以激发员工的能力。

其次，在考核频率、考核原则、适用范围等实施细则上，华为也都做出了明确规定。比如，在原则上，华为的绩效考核必须遵从客观公正原则、公开透明原则、及时反馈原则、结合奖惩原则、分层分类原则，以及绩效考核与绩效开发并重等原则。这样一来，在工作中表现出不同能力的人就不会再被埋没。

再次，有了以上制度和目标引导以后，华为在绩效考核与反馈中，除了根据考核结果对员工进行奖惩外，还增添了申诉环节，被考核者如对考核结果存有异议，首先可以通过沟通方式解决。解决不了时，被考核者有权向直接上级主管申诉；如果被考核者对直接上级主管的处理结果仍有异议，可以向总经理和人力资源部提出申诉，以此保证发挥出自身能力的员工不会受到不公正待遇。

最后，在一个考核周期彻底结束后，华为会将考核结果进行存档，为以后的考核提供数据参考。同时，也以此鞭策员工更好地挖掘自身能力，持续改善。如此往复循环，不断优化和提升。

近年来，华为始终在统一的价值考核体系下健康运转，无论是华为干部还是普通的华为员工，能力都得到了有效的激发和提升。这也是华为人均生产力水平从最初远远落后于西方竞争对手，到如今与竞争对手不相上下，甚至实现了对爱立信、西门子等老牌豪强的赶超的重要原因。

事实上，对于大多数组织运营者而言，在建设初始队伍的过程中往往是非常辛苦的。只有把企业的评价系统制定出来，并在持续优化的过程中，不断地表达给每一个企业成员，员工才能在正确的价值指导下去努力提升自己，并且完成正确的工作。也唯有如此，组织运营者的变革压力才能适当削弱，管理者也能够将更多的精力投入其他战略改进上去。

6.4　保持开放的心态

华润集团原董事长陈新华告诫他们的干部："华润干部，需要有大目标、大视野、大胸怀。"而保持开放的心态，其实也是任正非对所有华为人的要求。

任正非认为，没有比人更高的山，企业也永远没有最大、最好之说。当初，华为还很弱小的时候，便开始坚持吸收竞争对手和其他先进企业身上的精粹，不断地壮大自身，而当华为超越西门子、爱立信等竞争对手，并且处于全球领先的地位之后，仍然没有忘记破旧立新、放眼全球，没有忘记向竞争对手学习并尝试打造一个开放性的生态系统。正是在这种开放的心态之下，华为才能持续进步，始终向前。

6.4.1　破旧立新，放眼全球

任正非始终认为，华为应该是一个开放的体系。他强调："封闭系统必然要能量耗尽，要死亡的。人力资源封闭系统，能量耗尽，企业组织就一定会坍塌，技术系统也不能做封闭系统，否则就会停滞不前。"

事实也确实如此，无论是中国封建社会晚期的闭关锁国，还是2009年的克莱斯勒汽车公司，都是因为故步自封导致了自身的落后，而反过来再看那些能够追随时代步伐、不断革新的企业，诸如苹果、惠普、IBM、麦肯锡等，却都在一次次的时代浪潮的冲击下坚持了下来。而在这些企业的变革过程中，"破旧立新，放眼全球"的变革意识，无不发挥着重要的作用。

【辅助阅读】全球化视野及全球化视野战略

全球化视野是指企业面对任何一个经营问题，都要从全球的角度来思考。全球化视野战略适用于发展中国家，特别是发展中国家还没有形成国际竞争力的企业，因为这些企业的产品和服务仍然处在国内竞争战略阶段，它需要尽快地成长，而全球化视野战略正是给它们提供了快速成长的路径。

应用全球化视野战略的最重要价值在于逐步培养企业整合各项活动的能力，为不久的将来实施全球化竞争战略打下基础。

所有没有实施和准备实施全球化战略的企业都应首先具有全球化视野。如何做到有全球化视野或是如何实施全球化视野的战略？回顾管理学大师德鲁克关于经营理论的精彩论述可以深得启示："一种经营理论有三个部分。第一，对组织所处的环境的设想：社会及其结构、市场、顾客、技术等。第二，关于组织的具体任务的设想。第三，关于实现组织之使命所需的核心能力的设想。"

在华为，任正非早就认识到了开放的重要性，并且通过多年的持续努力，将华为建设成了一个拥有极强开放性的大组织。以华为最为人称道的一点为例。每当发现一个战略机会点，华为总是可以千军万马压上去，实现后发式追赶。这确实与华为强大的群狼作战的狼性文化有着密不可分的关系，但是，更多的因素则在于，华为敢于用投资的方式去推翻过去的规则，建立新的市场秩序，而不仅仅是以人力的方式把资源堆上去，这就是华为和小公司创新不一样的地方。华为总是能够珍惜那些从不被别人在意的失败中积累起来的成功，不会故步自封，而是敢于打破自己既得的坛坛罐罐，敢于去拥抱新事物。

关于开放，任正非还提出了一个著名的"自主创新是闭关自守"的主张。作为国内自主创新科技企业的杰出代表，很多人都赞赏华为自主创新的勇气，但在任正非看来，"自主创新"本来就存在一个误区：很容易为了"自主"而建立一个封闭的系统，很容易故步自封。

事实上，华为走过的这 20 多年的道路，每一次看见、预见的困难，解决的措施都刚好和时代的发展同步了、同拍了，所以取得了成功，才会发展到今天。而《华为基本法》上之所以提出“三个顺应”，就是为了告诫华为人，不能与规律抗衡，不能逆潮流而行，只有与潮流同步，才能极大地减少风险。

早在 2002 年 6 月 7 日，在研发常委会议上和 2002 年 7 月 7 日在市场部三季度例会上，任正非便在《认识驾驭客观规律，发挥核心团队作用，不断提高人均效益，共同努力渡过困难》的讲话中指出：“开放的心态对于保证研发的方向至关重要，否则就会‘闭门造车’，我们今天的创造发明不是以自力更生为基础的，是一个开放的体系，向全世界开放，而且通过互联网获得了巨大的能力，华为也获得了巨大的基础。”

在邀请西方专家、向西方学习、与国际先进企业合作等一系列开放政策的指引下，进入 21 世纪以后，华为的海外市场赢来了收获的季节，取得了令人难以置信的成绩。从 2000 年到 2004 年的几年时间里，华为的海外复合增长率高达 122%。仅仅在 2004 年，华为的海外整体销售额已经高达 460 亿元，净利润达到了 50 亿元，比 TCL、联想和海尔三家国际化企业的总利润还多。

为了鼓励华为干部在变革中摆脱陈腐思想，站在更高、更远的角度看问题，任正非在近几年还开始号召华为管理者做好两件事：一是要学会“仰望星空”“用一杯咖啡吸收宇宙的能量”；二是从“人才的开放性”做起。

2014 年，任正非在华为 IT 产品存储产品线业务汇报会上发表了《洞庭湖装不下太平洋的水》的讲话，并在讲话中强调：“为什么西方总能冒出新的厉害的公司，但我们却总是落后？就是因为我们没有仰望星空，没有全球视野。你看不见世界是什么样子，就把握不住世界的脉搏，容易被历史所抛弃。我们现在要仰望星空，要有正确的假设，要用一杯咖啡吸收宇宙的能量。”

同年，任正非还在华为成研所业务汇报会上着重指明：“华为一定要加强开放性，首先要从人才的开放性做起。中国和世界的一些科学院士在存储方面有非常清晰的宏观价值体系，很多参考文件都是从他们那里来的，和他们多交流就能领悟到世界鼻祖的思想精髓。在一个新生事物萌发的过程中，要和世界高级人才多开一些务虚会，讲清楚我们是干啥的、到哪儿去、用什么方式解决这个问题，只有先理清目标，技术的框架和解决方案才会更加清晰。”

今天，世界经济的联系越发紧密，越来越多的企业正在越发惨烈的市场竞争中走向融合，广大企业经营者必须意识到，那些不能解除自身封锁和限制，不能放眼全球的企业，必然要被时代所淘汰。反之，如果能够保持一颗开放之心，去不断吸收全世界的能量，便有机会成就一番伟业。

6.4.2 向竞争对手学习

彼得·圣吉曾有一个著名的观点，即：那些真正将开放做到极致的企业，大多是向竞争对手学习的佼佼者。事实也是如此，据麦肯锡公司调查数据显示，在同一领域的竞争者中，最后能够胜出的，往往是那些能够将对手身上优点学以致用并优化升级的企业。

对于这一点，华为诠释得最为到位。早在1998年出台的《华为公司基本法》中，华为人便明确规定：“华为势必要广泛吸收世界电子信息领域的最新研究成果，虚心向国内外优秀企业学习，向竞争对手学习，在独立自主的基础上，开放合作地发展领先的核心技术体系，用华为卓越的产品自立于世界通信列强之林。”

【辅助阅读】向竞争对手学习的几点原因

1. 最了解自己的往往是对手。企业想要持续优化，就要不断地克服自身过去的种种问题，而很多时候，能够发现这些问题的，并不是企业自己，而是我们的竞争对手，因为对方了解我们，知道我们的要害所在，所以才能牵制我们，与我们相抗衡。

2. 对手的长处，正是自己短处。成功的企业往往能够视敌手为诤友，从中体察自己的强弱得失，及时补强，让己长彼消，终立不败之地。

3. 想要打败对手，就要了解对手。向竞争对手学习还有利于企业发现对手身上的不足，从而迅速聚集资源，集中能量攻击竞争对手的弱点，从而消灭对手，或是拉开与竞争对手的差距。

新晋合一集团总裁、优酷联席总裁杨伟东曾经说过一句很豪爽的话："土豆没有竞争对手，只有学习对象。"这句话曾一度引起互联网圈内的热议，殊不知，类似的话，任正非早在二十几年前便说过。

华为从不将竞争对手称作对手，而是亲切地叫作"友商"，那些使用"友商"产品的用户找到华为，华为员工甚至还会很开心地为其提供服务，期望从中获得客户的认可，并从竞争对手身上得到些许进步。之所以能做到如此，就是因为华为将"向竞争对手学习"做到了实处。

1992 年，任正非第一次赴美考察后，触动很大，写下了一篇《赴美考察散记》，供华为管理者们学习和反思。在《赴美考察散记》中，他写道："CP 公司在美国算是一家小公司。从这个窗口，我看到美国人十分执著的钻研与认真精神，看到如绅士风度一般有条不紊、井井有条的管理。各类文件十分清晰、准确，并有良好的覆盖，是一项成功的系统工程。我们一直将美国视作赶超对象，但我们是否意识到了他们身上的优点？整个考察期间，我深感这个民族踏踏实实、不屈不挠的奋斗精神是值得我们学习的。航天飞机、大规模硅片、超大型计算机、超微型的终端、发达而优良的电信设备，是美国人民的勤劳创造的，是掠夺不来的。"

1996 年 6 月 30 日，任正非在华为市场庆功及科研成果表彰大会上的讲话《再论反骄破满，在思想上艰苦奋斗》一文中强调："我们的竞争伙伴 04 机、大唐、中兴新都有十分明显的进步。04 机市场的覆盖面比我们大，中央对他们也比较支持；大唐有着十所十来年国家级科研打下的底子，在科研的深度上、广度上都得天独厚，他们对电信的系统认识比我们深刻；中兴新公司与我们同处深圳，朝夕相处，文化比较相近。中兴新在‘做实’这个方面要值得我们基层员工好好学习。华为在‘做势’方面比较擅长，但在做实方面没有像中兴新那样一环扣一环，工作成效没有他们高。与国际著名公司相比，我们还缺少可比性。在国际市场的竞争中已明显地暴露出了我们的弱点，还需要百倍的努力。”

在号召发现竞争对手身上优点的同时，华为也逐渐掌握了向竞争对手学习的方式，包括聘请对方专家进行咨询指导、从对方企业高薪挖来人才、研究对方的产品及战略，等等。近年来，华为还提出了适当地和竞争对手展开合作的方式。任正非、孙亚芳等华为高管多次在欧美会见业界同业公司的最高层领导，数次讨论了在竞争的基础上加强彼此间的相互了解和合作问题。甚至与竞争对手联合起来搞研发，共同研发一个产品，这样不仅降低了研发成本，更是让华为的研发人才从竞争对手的研发专家那里学到了很多通过其他方式无法学来的东西。

可以说，与竞争对手合作已经渐渐成为了华为文化的一大特点。一般来说，公司要么选择进攻，要么选择妥协；换句话说，要么竞争，要么合作。在华为发展的前半程，华为为了生存、成为更好的服务提供商，主要采取主动出击的策略。很显然，任正非当时认为竞争可以推动公司向前发展。不过，他认为竞争的核心是尊重竞争对手，并向竞争对手学习。

华为采用“竞合”策略是受到英格兰光荣革命的启示。1688 年，奥兰治亲王威廉推翻英格兰詹姆斯二世的统治，这场无血革命给任正非留下了深刻的印象，让他意识到合作也可以取得胜利。任正非对历史事件有着浓厚的兴趣。在华为发展早期，华为会定期邀请东西方学者，一起探讨各国历史。

华为在英国也同样采取了竞合策略。例如，华为在英国班伯里成立网络安全认证中心，确保设备质量，并与英国信号情报机构英国政府通信总部

（GCHQ）进行合作，保证网络设备和软件安全、可靠。华为的这些举措旨在让英国政府和广大客户相信华为和华为的流程。实际上，华为之所以能在欧洲发展壮大，除了其坚持以服务为中心的理念外，在一定程度上也要归功于其竞合战略。起初，欧盟官员确实想针对华为产品发起反倾销调查。但爱立信和诺基亚相信华为不存在倾销行为，鼎力支持华为。

基辛格曾经说过：世上没有永远的敌人，也没有永远的朋友，只有永远的利益。所以，广大组织运营管理者在带领自己团队与竞争对手打得不可开交的时候，不妨学些华为的应对策略，尝试与自己的对手合作，在合作中向它们学习，从而赢得共赢和持续发展，一起为社会做出更大贡献。

6.4.3　打造开放性的生态系统

在过去的20多年间，华为从一家名不见经传的小企业一步步走到今天，成为在营业额上远超爱立信，在5G领域领先思科、高通的世界第一大通信设备供应商，俨然已经发展成为了一个任何竞争对手都不敢小觑的庞然大物。

与西方企业做大做强后便开始试图垄断市场不同，华为并没有玩起称霸游戏，而是始终坚持既往理念，尝试打造一个开放性的商业生态系统。对此，华为终端CMO张晓云便曾表示："华为是一个注重共生的企业，我们自立但不独行。随着华为国际化战略不断深入，我们更加重视嫁接全球顶级资源。无论是产品开发，还是品牌建设，华为都会站在一个更高的角度去审视。"

【辅助阅读】商业生态系统理念

所谓商业生态系统（Business Ecosystem），即以相互作用的组织和个体为基础的经济群落，随着时间的推移，它们共同发展自身的能力和作用，并倾向于按一个或多个中心企业指引的方向发展自己。

简单地说，商业生态系统包括企业自身及其顾客、市场媒介（包括代理商、提供商业渠道以及销售互补产品和服务的人)、供应商，这些可以看成商业生态系统的初级物种。此外，一个商业生态系统还包括这些初级物种的所有者和控制者，以及在特定情况下相关的物种，包括政府机构和管理机构，以及代表消费者和供应商的协会和标准。

在生态建设方面，华为可供研习的案例有很多。华为始终在寻找着客户、供应商、竞争对手与自身之间的利益平衡点，希望与多方一起，共生共赢。

比如，几年前，华为与谷歌合作的 Nexus 6P 手机是一个极佳例证。华为已不仅是硬件的代工，更在 Android 原生系统的设计方面与谷歌展开了深度合作，并通过驱动系统设计的上游合作商，共同为全球消费者提供安全、稳定、个性化的定制系统。再如，2016 年 11 月，华为宣布，将在 2017 年年初在日本东京建立研发中心，与日本企业携手合作，一起开发物联网、5G 无线网络技术。

2016 年 2 月 16 日，华为在北京、伦敦同时召开“2016 世界移动大会华为沟通会”。共建全联接世界，是华为此次大会上发布报告的主题。华为常务董事兼战略营销总裁徐文伟在伦敦表示：“数字化转型，不仅是电信产业自我超越的机遇，更是推进各行各业变革的创新动力。华为将坚持开放平台能力，使能运营商，构建开放、合作、共赢的产业生态，加速数字化转型进程。”华为常务董事兼产品与解决方案总裁丁耘先生在北京表示：“华为聚焦管道战略，长期战略投入，厚积薄发，以产品和解决方案的创新和实践，支撑运营商的数字化转型。”

事实上，不只是华为，建设开放性生态系统已经成为众多国内大企业的必然选择，无论是阿里巴巴、腾讯等国内最顶端的互联网企业，还是与华为一样具备传统企业血统的海尔、联想，都是如此。

近年来，联想的生态化发展模式十分明显。早在 2000 年，联想创始人柳传志在一次中欧工商管理学院的讲授课上，便首次透露了联想意欲拓展商业范围，完善产业结构，实践非相关多元化的打算。课后，一位地产界高管甚至嘲讽地说："联想做电脑还可以，做房地产？我看还是算了吧。"

十年后，联想旗下的子公司纷纷崛起，不仅融科智地在地产界打响了名头，联想投资和弘毅投资也纷纷成为国内投资界中的佼佼者。2014 年 11 月，《中国工商》杂志这样评价联想："回顾联想发展史，从联想集团到联想控股，柳传志正在把这家企业从一艘大船打造为一支舰队。"

对此，联想控股常务副总裁朱立南则表示："联想控股的兵马和布局，一切都以联想控股的愿景为根基。联想控股的愿景是：以产业报国为己任，致力于成为一家值得信赖并受人尊重、在多个行业拥有领先企业、在世界范围内具有影响力的国际化投资控股公司。"

正如那句欧洲谚语所言，罗马并非一日建成的。无论是联想的银河舰队也好，还是华为覆盖全球、竞合互利的生态系统也罢，在表面看来，它们的形态是截然不同的，但是，在新时代的商业模式下，完美的企业架构必然是一个错综复杂的商业生态，这却是一定的。

因此，在建设生态商业，实现企业蜕变的过程中，组织运营管理者还必然做好准备，去面对各种错综复杂的局面。如何实现各方利益的平衡和协调，实现各个产业模块之间均衡发展，都将是摆在企业领导者面前无法逃避的问题。

但我们也必须坚信，一个生态系统的生命力一定会强于一个帝国。正如马云所说："我们相信，只有打造一个开放、协同、繁荣的商业生态系统，令生态系统的成员有能力充分参与其中，才能真正帮助到我们的客户，帮助到我们自身，让企业如同大自然一般，生生不息。"

6.5　在实践中持续成长

企业持续的成长和发展有多重要？每个组织运营管理者心中都有一杆秤，

遵循不进则退的规则，企业不成长、不发展意味着它将不断地被边缘化，最后被市场消灭，简言之就是“不成长就死亡”。这个道理，任正非的表述更入人心，在《华为的冬天》一文中，任正非直言：十多年翻来覆去想的不是成功，而是失败。

企业作为一个组织必须培育成长力，成长力是指有助于企业持续获利的竞争能力。企业组织是有生命周期的，它就像树木，从一棵幼苗长成参天大树，便是一个成长的过程。而我们所需关注的不仅是它的成长结果，还要关注它的成长过程，以及成长过程中所需的空气、水、土壤等养分。这些养分在企业经营领域可能是企业文化氛围、组织打造、氛围建设等等。而在华为，则着重表现在鼓励员工勇敢试错、建立学习型组织、鼓励基于时间的持续变革三个方面。

6.5.1 在变革中勇敢试错

试错是解决问题、获得知识常用的方法，即根据已有经验，采取系统或随机的方式，去尝试各种可能的答案，通过对错误经验的积累，总结出正确的方式，从而从根本上解决问题。华为就是在不断地试错中成长起来的。

曾有华为高管指出：不要把华为和任老板完美化，华为历史上做错的事和做对的事比例差不多，犯过很多愚蠢和幼稚的错误，老板也不是神。确实如此。任正非自己也承认：我一个山沟里出来的秀才，20 年前哪有什么放眼中国、放眼世界？无非是敢于试错，错了从头再来。

对此，华为不少高管持有相同的观点：没有不断试错与纠错，就不会有华为的今天，华为 20 多年就是始终扭住一个基本前提——以客户为中心，围绕这个根本反复强调自我批判，任正非关于勇于试错并自我批判的论述和关于华为核心价值观的强调在频次上几乎是相同的。

【辅助阅读】勇于试错的方法论和特征

用试错法解决企业问题的方法应用在简单的问题上时较容易成功，并且通常在没有其他可以利用的明显规则可以套用于解决待解问题时使用。试错法并不代表使用者一定要不经意地乱试解法，使用者可以有条理地操控各个变因，来整理出最有机会成功解决问题的解法。

试错法有几个特征：

（1）解决问题导项：试错法不试着去探讨为什么某种解法会成功，只要成功解决问题即可。针对某个特定问题，试错法不试着去找出可以被广泛应用、拿来解决其他问题的解法。

（2）没有最佳化：试错法只找出某种解法，并不会去尝试出所有的解法，亦不会找出问题的最佳解法。

（3）仅需最低限度的知识：即便对问题的领域只有少量的知识，试错法仍然可以被拿来应用。

任正非认为，在组织成长的过程中，必要的包容心也是十分重要的。正所谓“人非圣贤，孰能无过”，员工在执行中犯下一些错误是在所难免的，管理者断然不能因为某个员工做错了一点事情便将其一锤子“砸死”。他指出，“如果哪个干部和员工没有犯过错，只能说明他们的不作为。”

不同于大多数企业在员工犯错后一味地批评教育，华为是允许员工在实践中犯错的，对此，任正非还曾专门提出过两点要求：“第一，华为公司一定要允许大家讲错话，大家要觉着说错话光荣，公司就是真的公司，不是假公司；第二，李云龙一辈子就是犯错误，但是他犯错之后能够改正，能够带来成果，我需要李云龙这种犯错误的干部。”

华为允许员工在实践中不断试错，尤其是在涉及推动企业变革、进步的关键领域。早在2008年10月，任正非便曾在华为中央平台研发部表彰大会上指出："我们要进行创新，最大的可能是错误，而不是成功。如果不宽容错误，不宽容从泥坑中爬起来的人，那就不是真创新。因此要宽容失败，不怕失败，敢于探索，我们才有光辉的未来。"

为此，华为在变革中强调，要宽容基层主管。任正非在一位主管的检讨邮件上批示："我们要像美国当年宽容麦克阿瑟在菲律宾的失败那样宽容基层主官；没有常胜将军，没有失败就没有胜利。失败是成功之母。他指出，失败更是创新之母。什么叫创新？就是在没有路的荒原中踩出路来，不允许失败，不鼓励失败，不对那些勇敢的冒险者、失败者予以激赏，何谈什么对对手的追赶和颠覆性的超越？何谈什么进入战略无人区？所谓的'范弗里特弹药量'的饱和攻击，其中相当一部分'弹药'是用于'有价值的浪费'、用于偿付对未知领域探索者的'必要的学费'的……"

第二次世界大战中，珍珠港被日本炸掉以后，美国总统和参谋长联席会议主席连续发电报给麦克阿瑟，要他警惕菲律宾可能遭遇日军袭击，可麦克阿瑟还是掉以轻心。十几天后，日军发动袭击，把美军在菲律宾的200多艘军舰全部炸毁了。日本军队登陆菲律宾，俘虏了7万美军，包括中将都投降了。遭遇这样的惨败，美国政府并没有把麦克阿瑟赶出军队。几年后，麦克阿瑟又率领美军打回来，一鼓作气收回了菲律宾、中国台湾和日本本土。可以说，正是因为美国政府的宽容，才让麦克阿瑟得到戴罪立功，并且立下大功的机会。

华为创立的早期10年，是一个英雄辈出的10年，而华为之所以能做到这一点，就是因为华为做到了"英雄不问出处"，让什么样的人都敢去试一试；做到了"过而能改，善莫大焉"，让什么样的人都敢尝试一些新鲜的东西，即便是错的，也能够有机会去纠正。华为公司都敢于让企业成员挑战"不可能"，20岁出头的"娃娃专家""娃娃总裁"一大把，他们一边尝试错误，一边快速成长。可以说，正是挫折与错误、不断地学习与不断地纠错为华为奠基了权力走廊上一大批的优秀管理者和科研平台上一大批的世界级专家。

《左转 · 宣公二年》中有言："人谁无过，过而改之，善莫大焉。"实际上，华为的"试错"文化就是一种"改过"文化。犯错并不可怕，真正可怕的是屡犯不改。华为最成功的一点在于，其内部已经形成了一种良好的试错应对机制。就如任正非在 2010 年一次内部讲话时所强调的："什么叫进步，就是改正昨天的不正确。当我们在 NGN 上重获成功的时候，我们 G9 又在泰国 AIS 再次摔了大跟头，被退网。HLR 在泰国、云南的瘫局，又一次警钟敲起。没有我们已经形成的自我批判的习惯，就不会有我们在中国移动的 T 局交付上获得的成功。"

当然，允许试错并不意味着可以肆无忌惮地做错事。在华为，有些错误允许犯，有些错则绝对不许犯。用华为高管的话来说，就是"允许犯创新性的错误，但绝不允许犯流程性的错误"。其实，大多数企业都应该如此。流程是固定的、必须遵守的，重复犯流程性的错误是没有自我反省、自我批判的表现，对待这类人，必须要给予其应有的教训。

在这一方面，华为专门建立了对各级流程责任人、区域管理者的内控考核、问责及弹劾机制，专门用以评估员工工作失误的性质，尽可能地杜绝流程错误的出现，一旦出现，则必须追究责任，问责到底。

今天的华为已经是一个管理相对规范的全球化大公司，经过近 20 年向西方公司"削足适履"式的学习，华为已经告别了"活力 + 混乱"的原始积累期，但在变革中勇敢试错的理念却仍然流淌于华为人的血脉之中，而这正是华为全球性扩张成功的根本之一，也是广大运营管理者需要认真探索的关键，这将关系到你的企业中能否出现一个甚至很多个麦克阿瑟式的将军。

6.5.2　建设学习型组织

除了鼓励华为人勇敢试错之外，任正非还十分注重持续学习的力量。泰伦 · 卢瑟指出，企业成长主要是企业从结构、投入、组织氛围建设等多个方面而展开的能力提升，是促动企业发生质变的过程。企业成长的发生表现在各个方面，比如，开放合作、内部管理变革、研发型投入、学习型组织，等等，都会给企业带来一定的影响。其中，建设学习型组织，就是保证企业持续成长的助力之一。

【辅助阅读】学习型组织的概念和内涵

学习型组织是一个能熟练地创造、获取和传递知识的组织，同时也要善于修正自身的行为，以适应新的知识和见解。当今世界上所有的企业，不论遵循什么理论进行管理，主要有两种类型：一类是等级权力控制型，另一类是非等级权力控制型，即学习型企业。

学习型组织这一概念主要来自管理学者彼得·圣吉的著作《学习型组织的艺术与实践》。彼得·圣吉指出，学习型组织的两大内涵是：

（1）学习型组织的方法——发现、纠错、成长。

组织学习普遍存在“学习智障”，这需要个体之间不断去学习、探索，达到互动的目的。所以，方法只能在动态的过程中找到，最后成长。发现、纠错、成长是一个不断循环的过程，也是学习的自然动力。

（2）学习型组织的核心——在组织内部建立“组织思维能力”。学会建立组织自我的完善路线图。

华为始终将人视作企业成长的动力源。为了更好地培养人才，助力华为提升自己的成长力，任正非很早便决定将华为打造成一个学习型组织。为此，华为做出了各方面的努力，并于2005年正式注册成立华为大学。

华为大学是华为打造学习型组织的第一阵地，是华为培养和输出各类人才的大本营。华为大学的建立，旨在借助中西管理智慧和华为管理实践经验，来培养一大批优秀的职业化经理人，简言之，华为大学被视为华为培养人才、选拔干部的重要阵地，而按照任正非的话来说就是“把华为大学变成培养将军的摇篮”。目前，华为大学已经拥有了多达300余名专职和逾千名兼职培训管理和专业人士，他们遍布于华为位于中国和世界各大洲的分部/代表处。

华为大学简称“华大”，被业界内外称作“中国企业的黄埔军校”。为了把华为打造成一个学习型组织，华为在2005年正式注册成立了华为大学，为华为员工及客户提供众多培训课程，包括新员工文化培训、上岗培训和针对客户的培训等。

坐落在中国深圳的华为大学是一个系列建筑群，总占地面积27.5万平方米，分为教学区和生活住宿区，教学区占地面积15.5万平方米。建筑面积超过九万平方米，绿化覆盖率超过百分之八十五；拥有近九千多平方米的机房、一百多间教室、五百多个办公座位，能同时容纳两千多名客户和员工进行培训；华为大学百草园生活区拥有三星级酒店、西餐厅、咖啡厅、网吧、祈祷室、超市、健身房、游泳池、美容中心等各种休闲健身场所，配套服务设施齐全，能充分满足不同国度、不同宗教信仰的学员学习和生活需要。

华为大学是华为发展战略的重要组成部分，它不仅是企业内部人才培养体系的重要一环，还超越这一职能成为企业变革的推手以及外部企业的培训和咨询服务不可缺少的支柱。

在实践中，华为大学对内依据企业发展总战略和人力资源战略，建立了企业人员培训管理体系，并通过培养工作人员和管理人员，来推动企业的战略落地、业务发展和人力资本增值等目标的实现。对外，华为大学积极配合企业业务发展和客户服务策略，为客户和合作伙伴提供了极为全面的技术和管理培训解决方案，极大地提升了客户满意度；同时，通过积极分享企业管理实践经验，华为也与同行业者共同提升了企业竞争力。

为了更好地建设华为大学，以推动华为学习型组织的进化，华为在讲师资源、教学案例、学习思想方面都做出了特别要求。在讲师资质方面，华大讲师必须是有实践经验的人，没有实践经验的讲师不允许授课，只能担任组织管理工作，而且以后全部被派遣到服务一线上去。在教学案例方面，华为大学的所有教学案例都是来自华为或社会的真实的企业管理案例，那些本本主义的案例完全被禁止使用，学习者可以从中学以致用或加以完善补充。在学习思想方面，华为奉行“不断学习”的思想，一方面强调“终身学习”，另一方面强调“全员学习”，即：企业上下都要全心投入学习，坚持持续学习。

要求员工善于不断学习，这也是学习型组织的典型特征。1999 年，在“总裁答新员工问”的活动中，有新员工问任正非，华为如何技术培训新员工？任正非回答说：“技术培训主要靠自己努力，而不是天天听别人讲课。其实每个岗位天天都在接受培训，培训无处不在、无时不有。如果等待别人培养你成为诺贝尔，那么是谁培养了毛泽东、邓小平？成功者都主要靠自己努力学习，成为有效的学习者，而不是被动的被灌输者，要不断刻苦学习，提高自己的水平。”

此外，华为不仅鼓励员工自主学习，鼓励新员工和老员工同时学习进步，甚至还鼓励员工家属努力学习。

在一封致员工家属的信中，任正非这样写道：“不要以为过了学生的时代，就不用读书了，要让读书成为生活的一部分。很多人都说自己没有时间读书，那要看我们如何挤出读书的时间。对一个职业女性来说，要想有一个完善的几个小时的学习读书时间几乎是不可能的……”由此足见华为的学习氛围的浓厚。

美国管理学者约翰·瑞定提出了一种被称为“第四种模型”的学习型组织理论。他认为，任何组织运行都包括准备、计划、推行三个阶段，而学习型组织不应该是先学习再准备、计划、推行，而应强调学习与准备、学习与计划、学习与推行的同步。而华为的“全过程学习”和“全员学习”的理念，与约翰·瑞定的理念不谋而合。

总体上说，华为的学习型组织主要要求人们通过保持学习的能力，及时铲除发展道路上的障碍，不断突破组织成长的极限，从而保持持续发展的态度。而事实上，任何企业组织的成长都应伴随着企业发展的始终。企业组织运营管理者应认识到这一点，也必须认识到这一点，从而寻找各种方法和策略，去深入思考如何提升企业成长力的问题。华为如是，其他企业亦然。

6.5.3　基于实践，持续变革

华为资深顾问吴春波教授曾经说道："管理永远是实践的艺术。最好的管理理论与实践在企业、在咨询公司，不在课堂里。管理学来自对人类管理实践的总结与提炼，并以此对落后管理实践的指导与借鉴；必须警惕诞生于书斋的管理学理论，它对管理实践有误导作用。"

吴春波的这一理念，正是任正非在华为组织变革与成长过程中始终坚持并强调的。任正非指出，任何变革与发展都要基于实践而展开。

【辅助阅读】管理从来没有静止的完美

任正非认为，管理从来没有静止的完美，从来都是因应变化而左右互搏的。他曾指出，英雄创造了历史，但"英雄"们也曾经将历史弄得脏兮兮甚至血淋淋的。所以，企业告别原始积累期的重要标志之一，就是以矫枉过正乃至极端化手段给英雄划定边界，但是，任何制度与规则都不能压抑组织中个体与群体的创造性、激情、冲锋意识，不能脱离实践。

早在 1998 年，任正非便在《不做昙花一现的英雄》的演讲中指出："我经常看到一些员工给公司写的大规划，我把它扔到垃圾桶里去了，而那些在自己的管理岗位上本身进步了，改进了自己的工作，这时候向我提的建议和批评我倒是很愿意听的。把生命注入管理中去，不是要你去研究如何赶上 IBM，而是研究你那个管理环节如何是全世界最优的，要赶上 IBM 不是你的事情，你也不具备这样的资历和资格，所以要面对现实，踏踏实实地进行管理的改进，这样公司才会有希望。"

为此，华为坚持从基层寻找有成功实践经验的人到机关做干部，坚持干部出于有成功实践经验者，以此保证组织变革和企业架构变革不会脱离实际而走向错路。

2008年，在解答员工疑惑的内部问答中，华为销售管理部的员工李兵向任正非求教："现在委内瑞拉发展很快，不仅仅是片区，包括总部，包括总部的各个业务部门，产品行销、TK等，对代表处都非常关注，就我本人来讲有个困惑，就是总部向我们要的各种数据、表格等非常多，我想总部机关能不能对这些信息做一个信息平台，加强共享，减少多方索要重复信息的现象?"

任正非回答说："以后你就回去管理机关，让机关的人下来。你每天还给他晚上发一些无用的报表叫他填，让他体会一下。他不在前线，他脱离实际，他能指挥好这个战争吗？你把我的话传给他们呀。要从基层寻找有成功实践经验的人到机关做干部，没有基层成功实践经验的人不能做机关干部。一定要逐步实施，不然哪一天才国际化呀。"

自1997年华为展开全局性管理变革以来，已经取得了无数硕果，而今天的华为仍在进行的变革也同样无不是基于华为自身的管理实践而展开的。

以华为的主流业务流变革为例，其创新的主业务流变革（IPD+）就是基于市场实况而展开的，华为2015年发展报告中便指出："华为要聚焦市场创新、全流程集成的产品E2E管理体系，只有这种基于市场的、从市场中来到市场中去的创新流程推行，才能支撑起公司级EBO有效运作，构建起开放创新的生态圈，持续提升产品与解决方案竞争力和端到端效率，缩短客户可感知的上市时间，支撑公司有效增长和端到端运营效率提升。"

系统性地总结华为的变革趋势，你就会发现，华为一直在强化四点：第一，向基层释放更大权力，让听得见炮火的人指挥炮火，破除官本位文化，让少将连长脱颖而出。第二，改革薪酬体系，用物质激励满足团队对物质渴求的饥饿感，最大程度地激发千万追随者的欲望，培育雄心，遏制野心。第三，两手都要硬，进一步强化以财务变革为核心的管控体系，要求各个基层的单元都有 CFO，做好管控，形成组织正副手及 CFO 三位一体的平衡。第四，发挥战略愿景的精神牵引力。从之前全球“三分天下”到 2016 年 8 月提出的“超越美国”，任正非为自己的团队描绘出一个远大的梦想。并且，以华为这些年的技术储备、人才储备、技术能力完全有可能实现。

可以说，无论是向下放权也好，改革薪酬也罢，抑或发挥远景的牵引力也罢，其实都是基于华为最迫切的需求和最现实的情况而提出的。在企业组织管理变革的过程中，也只有这种基于实际、立足于实际并且有利于实际改善的变革，才能取得关键性的成功和突破，为组织的优化和进步提供支撑和保障，最终作用于整个企业。

参考文献

［1］黄卫伟主编．以奋斗者为本．北京：中信出版社，2014.

［2］杨少龙．华为靠什么．北京：中信出版社，2014.

［3］田涛，吴春波．下一个倒下的会不会是华为．北京：中信出版社，2012.

［4］王永德．狼性管理在华为．武汉：武汉大学出版社，2007.

［5］冠良．任正非谈管理．深圳：海天出版社，2009.

［6］程东升，刘丽丽．华为真相．北京：当代中国出版社，2004.

［7］汤圣平．走出华为．北京：中国社会科学出版社，2004.

［8］李信忠．华为的思维．北京：东方出版社，2007.

［9］程东升，朱月容．任正非如是说．杭州：浙江大学出版社，2008.

［10］张利华．华为研发．北京：机械工业出版社，2009.

［11］程东升，程海燕．任正非管理日志．北京：中信出版社，2008.

［12］文丽颜等编著．华为人力资源．深圳：海天出版社，2006.

［13］吴春波．华为没有秘密．北京：中信出版社，2014.

［14］周留征．华为哲学．北京：机械工业出版社，2015.

［15］李玉琢．一路直行我的企业理想．北京：当代中国出版社，2013.

[16] 刘劲松，胡必刚．华为能，你也能．北京：北京大学出版社，2015.

[17] 黄卫伟主编．以客户为中心．北京：中信出版社，2016.

[18] [美] 德鲁克．公司的概念（珍藏版）．北京：机械工业出版社，2009.

[19] [美] 德鲁克．管理：使命、责任、实务．北京：机械工业出版社，2009.

[20] [美] 德鲁克．管理的实践（珍藏版）．北京：机械工业出版社，2009.

[21] [加] 明茨伯格．卓有成效的组织（珍藏版）．北京：中国人民大学出版社，2012.

[22] [加] 明茨伯格．管理工作的本质（珍藏版）．北京：中国人民大学出版社，2012.

[23] [美] 杰克·韦尔奇等．商业的本质．北京：中信出版社，2016.

[24] [美] 罗宾斯，[美] 库尔特．管理学．北京：中国人民大学出版社，2012.

[25] [美] 罗宾斯．管理学：原理与实践．北京：机械工业出版社，2015.

[26] 《华为人报》，1997—2016，第 7、21、44、51、59、66、70、72、75、81、85、90、94、103、107、113、114、123、130、134、141、158、162 ~ 325 期．

实业转型升级成果：华为系列培训课程

课程1：华为组织运营管理

课程介绍：创立以来，华为持续不断地坚持组织优化和管理变革，花费数百亿资金学习、植入IBM、HAY Group、西门子等企业的组织文化，并通过自我迭代、演化，逐渐发展成一套具有华为特色的组织运营方法，实现了以确定性来应对任何不确定性的规范管理体系，构建了强大的组织能力。	**学习目标：**了解华为战略决策、组织建设、业务运作、规章制度背后的顶层设计逻辑，掌握组织建设能力并保持组织活力的方法。 **授课对象：**总经理、人力资源干部、高级主管

课程2：华为业务设计与管理

课程介绍：华为如何以客户为中心，以市场为驱动，打通端到端，使全体华为人着力于价值创造？华为的战略、组织和运营机制如何确保导向冲锋，提升一线战斗力？华为的市场铁三角与后方组织平台之间如何实现同步连接和敏捷化资源调动？华为如何一步步蚕食行业巨头的市场，做到了世界第一？	**学习目标：**了解华为如何满足客户需求，如何以市场机会驱动公司发展，掌握构建企业市场竞争力的关键方法。 **授课对象：**总经理、高级主管、市场部经理

课程3：华为干部九大能力训战

课程介绍：任正非说，经过对公司几十位成功的高级领导进行访谈，从各方面归纳总结他们为什么成功，他们具有哪些素质，从而得出了华为成功干部需要的九条。因此，华为干部九大能力不是从哪本书上抄来的，也不是从海外搬来的，而是从华为干部身上归纳总结出来的，以教育培养员工、引导干部进行自我学习总结。	**学习目标：**了解华为管理者训战的九大能力结构模型，掌握将秀才变成将军的训战方法。 **授课对象：**公司经营管理层、人力资源干部、中基层主管、班组长

课程 4：华为干部管理八大手段

课程介绍： 华为成功的一大关键就是有一大批始终保持着危机感和饥饿感，具有使命感和责任担当意识的干部群体。当下，许多干部表现出的权力硬化、拉帮结派、实施责任转包、只作原则性管理、不能深入一线以及各种半退休状态等问题，严重影响企业的发展。为此我们要借鉴华为经验，抓住企业中关于“人”的主要矛盾点，探索干部群体的系统管理方法。	**学习目标：** 了解华为如何激活干部群、导向冲锋，如何对干部群体优胜劣汰，掌握华为干部管理的八大手段。 **授课对象：** 总经理、高层管理者、人力资源干部

课程 5：华为绩效管理法

课程介绍： 面对绩效管理中因“分利不均”引发各类矛盾或者“分利无效”导致群体不作为等普遍性问题，华为构建了完整的实践型绩效管理体系。华为绩效管理不仅实现了科学的利益分配，而且通过价值评价手段，传递公司核心价值观和价值评价导向，牵引员工表现出公司所倡导的奋斗行为，使 17 万知识分子紧密团结在一起，力出一孔、利出一孔。	**学习目标：** 了解华为绩效管理中关于价值创造、价值评价与价值分配的管理方法，掌握如何设计出驱动全员艰苦奋斗的绩效管理体系。 **授课对象：** 公司经营管理层、人力资源干部、中基层主管

课程 6：打造华为狼性奋斗者

课程介绍： 华为的成功得益于拥有一个庞大、勤劳、勇敢的奋斗群体，这个群体的特征是艰苦奋斗、开放进取和善于学习。华为是如何建立规则制度并激发群体奋斗的？华为又是如何植入狼性文化和打造狼性团队的？本课程将全面解读华为“以奋斗者为本”的人力资源管理体系。	**学习目标：** 了解华为如何做到对人的能力的有效管理，以及如何通过人力资源制度激发奋斗者将其能力转化为价值贡献。 **授课对象：** 公司经营管理层、人力资源干部、中基层主管、核心业务骨干

课程 7：华为高价值工作法

课程介绍： 在华为改变命运的道路只有两条：一是努力奋斗，二是做出重大贡献。华为从来就不承认茶壶中的饺子，也就是不能为客户输出任何有益结果的能力是不被认可的，同样，不能为客户创造价值的多余动作也要被去除。华为人如何在工作中以价值创造为指引，如何始终保持较高的人均效益？华为的执行力如何对准客户需求，全流程打通，并转化为企业竞争力？	**学习目标：** 了解华为如何做到层层落实以形成高效执行力，掌握华为人以客户为中心的高价值工作方法。 **授课对象：** 公司经营管理层、人力资源干部、中基层主管、班组长、核心业务骨干

图书在版编目（CIP）数据

华为组织运营方法论 / 易生俊，孙科柳，王杰著. —北京：中国人民大学出版社，2017.3

ISBN 978-7-300-24029-9

Ⅰ. ①华… Ⅱ. ①易… ②孙… ③王… Ⅲ. ①通信企业-运营管理-研究-深圳 Ⅳ. ①F632.765.3

中国版本图书馆 CIP 数据核字（2017）第 021443 号

华为管理方法论丛书

华为组织运营方法论

易生俊 孙科柳 王 杰 著

Huawei Zuzhi Yunying Fangfalun

出版发行	中国人民大学出版社		
社 址	北京中关村大街 31 号	**邮政编码**	100080
电 话	010－62511242（总编室）		010－62511770（质管部）
	010－82501766（邮购部）		010－62514148（门市部）
	010－62515195（发行公司）		010－62515275（盗版举报）
网 址	http://www.crup.com.cn		
	http://www.1kao.com.cn（中国 1 考网）		
经 销	新华书店		
印 刷	涿州市星河印刷有限公司		
规 格	170 mm×230 mm 16 开本	**版 次**	2017 年 3 月第 1 版
印 张	21 插页 2	**印 次**	2017 年 3 月第 1 次印刷
字 数	267 000	**定 价**	59.80 元